Andrea und Tobias Kostial · Bernhard Pollmann

Norwegen

Jotunheimen · Rondane · Dovrefjell

52 ausgewählte Touren

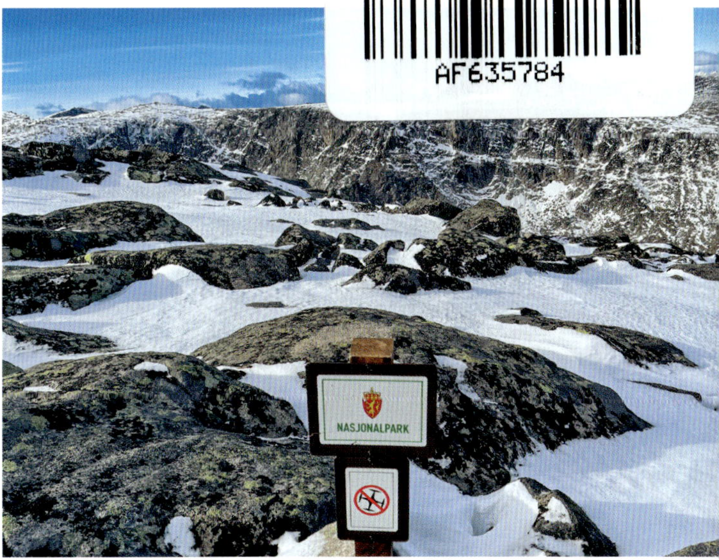

ROTHER
BERGVERLAG

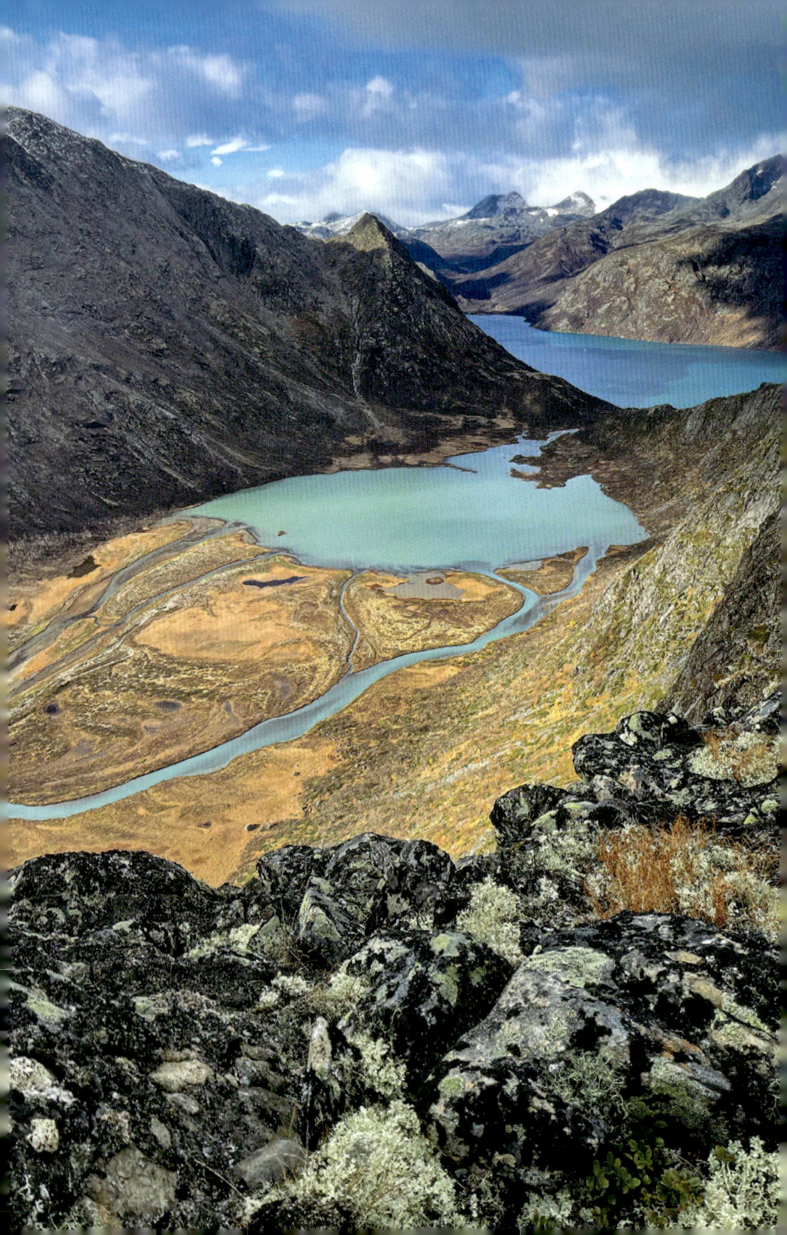

VORWORT

In 52 Touren erschließt der Wanderführer die Nationalparks Jotunheimen, Rondane und Dovre sowie die höchste Partie des Dovrefjell im Nationalpark Dovrefjell-Sunndalsfjella. Das Gebiet am Übergang von Ost-, West-, Süd- und Mittelnorwegen bildet das Dach Skandinaviens: Der Galdhøpiggen im Jotunheimen, dem »Heim der Riesen«, ist mit 2469 m der höchste Gipfel Nordeuropas, auch das benachbarte Rondane-Gebirge, das 1962 wegen seiner landschaftlichen Schönheit und ökologischen Vielfalt als erster Nationalpark Norwegens unter Schutz gestellt wurde, wartet mit zehn Zweitausendern auf. Der Nationalpark Rondane geht nordwärts in die Dovre-Nationalparks über, deren markanteste Gestalt die vergletscherte Snøhetta ist. Diese galt bis zur Vermessung im 19. Jahrhundert als höchster Gipfel Norwegens, da kein anderer Bergstock sein Umland so weit überragt.

Vinjes Rondane-Berggedicht »Ved Rondane« ist seit der Vertonung durch Edvard Grieg eines der bekanntesten Lyrikwerke in norwegischer Sprache, unter Bezug auf das Dovrefjell als Nationalgebirge wurde 1814 die norwegische Verfassung beschworen: »einig und treu, bis Dovre fällt«. Dovrefjell, Jotunheimen und Rondane avancierten im 19. Jahrhundert zu Symbolen für die Urwüchsigkeit und Großartigkeit der norwegischen Bergwelt: Gipfel, Kare, Kletterfelsen und gletschermilchgrüne Seen, alpine Flora, eine artenreiche Tier- und Vogelwelt, glasklare Forellenseen, Wälder mit fast schneeweißem Flechtenuntergrund, fruchtbare Almtäler und aussichtsreiche Hochebenen, über die Rentiere ziehen.

Der Wanderführer präsentiert in diesem durch markierte Pfade und Berghütten bestens erschlossenen Outdoorgebiet eine Vielzahl an Wanderungen verschiedener Längen und Schwierigkeitsgrade. Neben einfachen Strecken führt die Mehrzahl der Pfade naturbelassen »über Stock und Stein« durch eine grandiose Bergwelt auf dem Dach Skandinaviens.

Genießen Sie jeden Schritt und gehen Sie mit diesem beeindruckenden Geschenk der Natur achtsam um. Über Anregungen und Kritik Ihrerseits freuen wir uns jederzeit.

Engstingen, Frühjahr 2023 — Andrea und Tobias Kostial

Das Delta des Leirungsåe und der See Gjende.

INHALTSVERZEICHNIS

Rondane

Dovrefjell

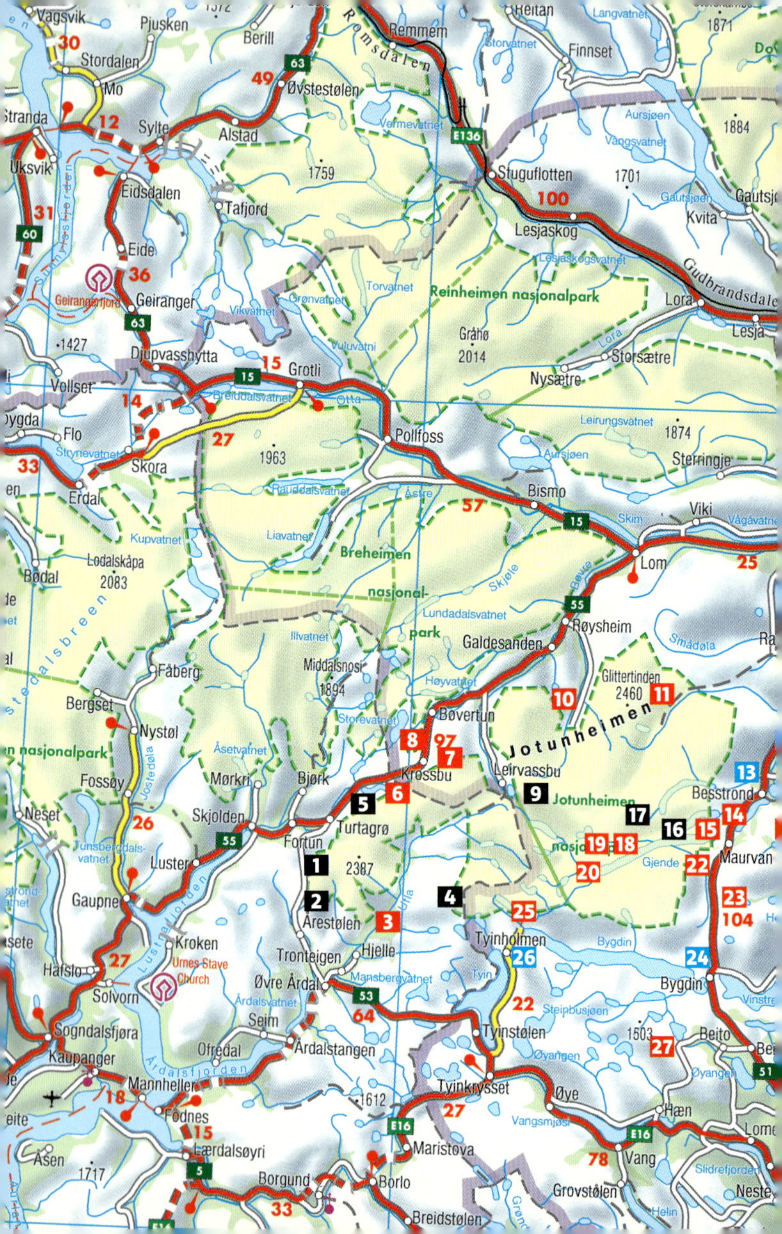

Vagsvik
Pjusken
Berill
Remmem
Romsdalen
Heitan
Langvatnet
Storvatnet
Finnset
1871
Stordalen
Mo
Øvstestølen
Vermevatnet
Stranda
Sylte
Alstad
Aursjøen
1884
Vangsvatnet
Uksvik
1759
Stuguflotten
1701
Eidsdalen
Tafjord
Gautsjøen
Kvita
Lesjaskog
Lesjaskogsvatnet
Eide
Torvatnet
Reinheimen nasjonalpark
Gudbrandsdalen
Lora
Lesja
Geirangerfjord
Geiranger
Grønvatnet
Vikvatnet
Vuluvatni
Gråhø
2014
Storsætre
•1427
Djupvasshytta
Grotli
Vollset
Breiddalsvatnet
Otta
Nysætre
Flo
Leirungsvatnet
1874
Strynevatnet
Skora
1963
Pollfoss
Aursjøen
Sterringje
Erdal
Raudalsvatnet
Åstre
Bismo
Skim
Viki
Vågåvatnet
Kupvatnet
Liavatnet
Breheimen
Lom
Lodalskåpa
2083
Bødal
nasjonal-
park
Skjøle
Bøvre
Stedalsbreen
Lundadalsvatnet
Illvatnet
Røysheim
Galdesanden
Smådøla
Fåberg
Middalsnosi
1894
Høyvatnet
Glittertinden
2460
Bergset
Nystøl
Storevatnet
Bøvertun
Jotunheimen
nasjonalpark
Åsetvatnet
Fossøy
Jostedøla
Mørkri
Bjørk
Krossbu
Leirvassbu
Besstrond
Neset
Skjolden
Turtagrø
Fortun
Jotunheimen
nasjonalpark
Junsbergdalsvatnet
Luster
2387
Gjende
Maurvangen
Gaupne
Lustrafjorden
Årestølen
Kroken
Tyinholmen
Bygdin
Hafslo
Urnes Stave Church
Tronteigen
Hjelle
Solvorn
Øvre Årdal
Mansbergvatnet
Tyin
Bygdin
Vinstre
Årdalsvatnet
Steinbusjøen
Seim
Sogndalsfjøra
Tyinstølen
1503
Beito
Kaupanger
Ofredal
Årdalstangen
Øyangen
Øyangen
Årdalsfjorden
Mannheller
Tyinkrysset
Øye
1612
Fodnes
Hæn
Vangsmjøsi
Lærdalsøyri
Maristova
Vang
Lomen
Åsen
1717
Borgund
Borlo
Slidrefjorden
Grovstølen
Neste
Breidstølen
Helin
E136
E16
E39

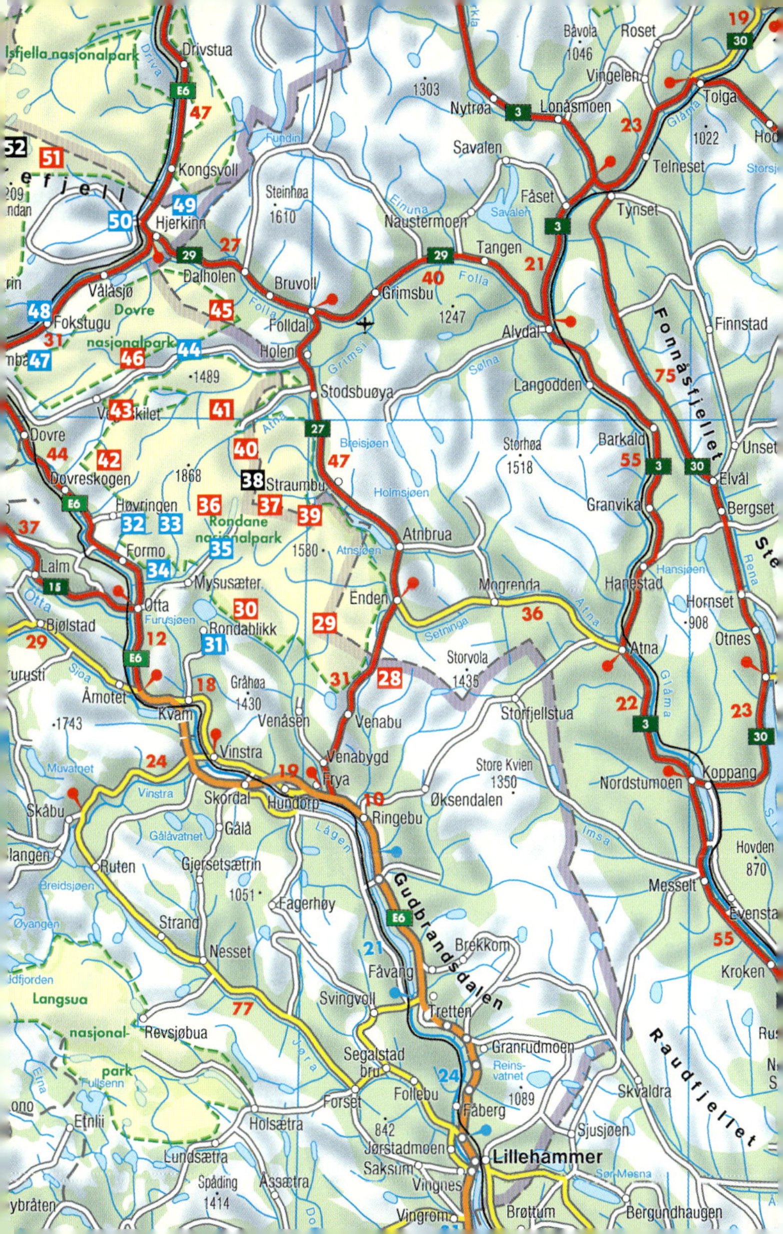

Drivstua
Kongsvoll
Hjerkinn
Dalholen
Bruvoll
Folldal
Grimsbu
Holen
Stodsbuøya
Vålåsjø
Fokstugu
Dovre nasjonalpark
Steinhøa
1610
Naustermoen
Tangen
Alvdal
Langodden
Savalen
Fåset
Tynset
Telneset
Tolga
Vingelen
Båvola
1046
Roset
Nytrøa
Lonåsmoen
1303
1022
Finnstad
Fonnåsfjellet
Unset
Elvål
Bergset
Barkald
Granvika
Storhøa
1518
1247
1489
Dovre
Dovreskogen
Høvringen
Formo
Lalm
Otta
Bjølstad
Mysusæter
Rondablikk
Straumbu
Rondane nasjonalpark
1868
1580
Atnbrua
Enden
Mogrenda
Hanestad
Hornset
908
Otnes
Atna
Storvola
1435
Storfjellstua
Koppang
Nordstumoen
Hovden
870
Messelt
Evensta
Kroken
Åmotet
1743
Kvam
Vinstra
Gråhøa
1430
Venåsen
Venabu
Venabygd
Fryа
Store Kvien
1350
Øksendalen
Ringebu
Hundorp
Skordal
Skåbu
Gålå
Gjersetsætrin
1051
Fagerhøy
Ruten
Strand
Nesset
Gudbrandsdalen
Brekkom
Fåvang
Svingvoll
Tretten
Granrudmoen
Revsjøbua
Langsua nasjonalpark
Segalstad bru
Forset
Follebu
Fåberg
1089
Skvaldra
Raudfjellet
Sjusjøen
Holsætra
842
Jørstadmoen
Lillehammer
Saksum
Vingnes
Lundsætra
Spåding
1414
Åssætra
Vingrom
Brøttum
Bergundhaugen
Etnlii

TOP-TOUREN

Store Soleibotntinden
Der Aufstieg auf keinen anderen Hochgipfel bietet von Anfang an ein derart bombastisches Panorama wie der nur mit Steinmännchen markierte Steig auf den Soleibotntinden in der Hurrungane-Gruppe *(Tour 1, 6.45 Std.).*

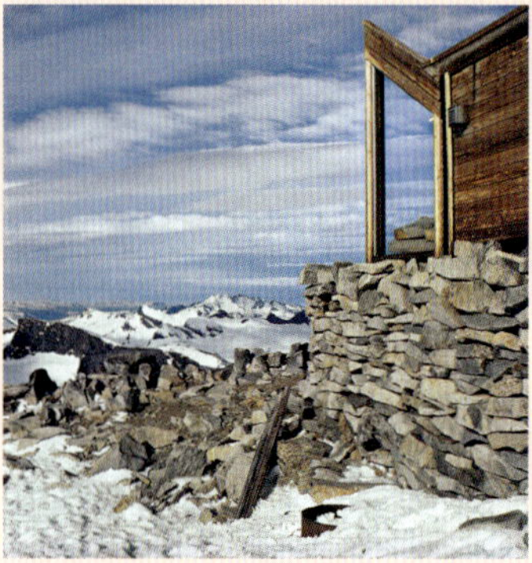

Galdhøpiggen
Der von Gletschern umgebene höchste Gipfel Skandinaviens ist geradezu ein Wallfahrtsziel; wer um 3 Uhr nachts aufbricht, hat Chancen, ihn allein zu erleben *(Tour 10, 8.45 Std.).*

Glittertinden
Die von einer Gletscherkappe bedeckte »Glitzerzinne« war einmal der höchste und ist heute der zweithöchste Berg Nordeuropas *(Tour 11, 3 Tagesetappen von 2.00, 13.15 und 2.00 Std.).*

Besseggen
Der bekannteste Felsgrat Norwegens ist ein Wanderklassiker mit faszinierender Aussicht auf Seen, Gipfel und Gletscher; wie kaum ein anderes Bergziel macht er die vielfältige Schönheit des norwegischen Hochgebirges erlebbar *(Tour 16, 2 Tagesetappen à 7.45 bzw. 3.30 Std.).*

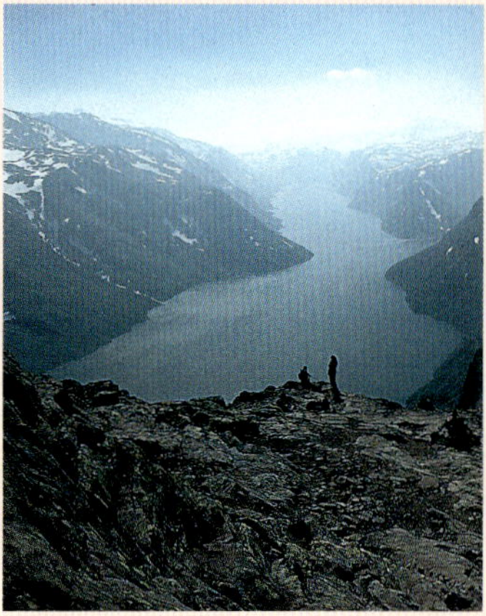

Skjenegge
Unter den vielen kleinen Bergzielen empfiehlt sich diese Fels- und Heidehöhe, deren Gipfel- und Gletscherpanorama den Schriftsteller Vinje zum Gedicht »Jøtunheim« inspirierte, das dem Gebirge den Namen gab. Edvard Grieg regte die Aussicht zum Prolog seiner musikalischen »Reiseerinnerungen von Fjeld und Fjord« an *(Tour 26, 3.45 Std.).*

Kampen – Peer Gynt-hytta
Die fast durchgehende superbe Aussicht auf nahezu alle Rondane-Hauptgipfel sowie den See Furusjøen und der spannende Canyon an der Einkehrhütte Peer Gynt-hytta prädestinieren diese leichte Höhenwanderung als Einstiegstour in den Rondane-Nationalpark *(Tour 34, 2.10 Std.).*

Rondslottet
Der höchste Rondane-Gipfel bietet einen fantastischen Ausblick auf das schluchtartige Langglupdalen und zur weiß leuchtenden Snøhetta, auch der aussichtsreiche Zwischengipfel Vinjeronden ist ein herausragendes Ziel *(Tour 38, 9.00 Std.).*

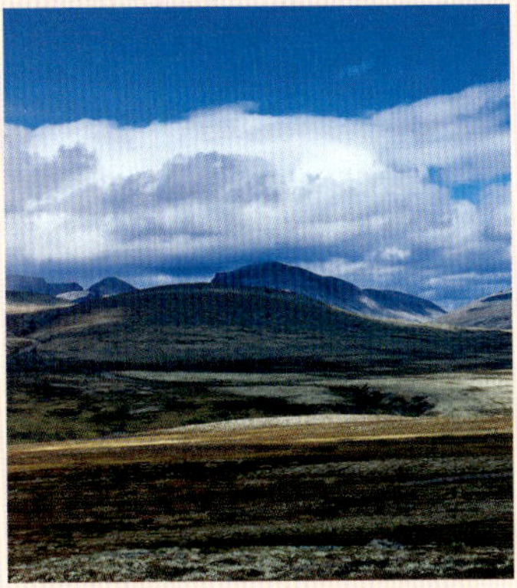

Høgronden
Der dominante Berg im Norden des Rondane-Nationalparks fordert jeden, der den Gletschergarten bei Dørålseter durchstreift, zu einer langen, unvergesslichen Tour heraus *(Tour 40, 9.15 Std.)*.

Fokstumyra
Ein Bohlenweg mit Aufblicken in die Bergwelt des Dovrefjells führt durch Norwegens berühmtestes Moor, Heimat vieler seltener Orchideen *(Tour 48, 2.10 Std.)*.

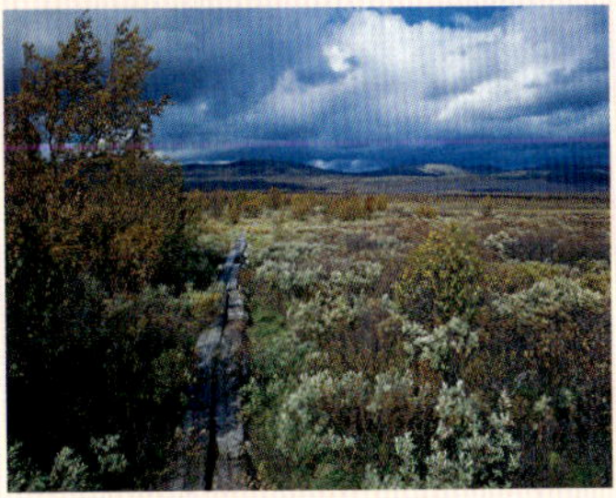

Viewpoint Snøhetta
Der Aussichtsraum Viewpoint Snøhetta am Tverrfjellet hat sich zum meistbegangenen Wanderziel im Raum Jotunheimen-Rondane neben dem Besseggen entwickelt und ist als erstklassiger Aussichts- sowie als Rentier- und Moschusochsen-Beobachtungspunkt bestens zu empfehlen *(Tour 50, 1.35 Std.)*.

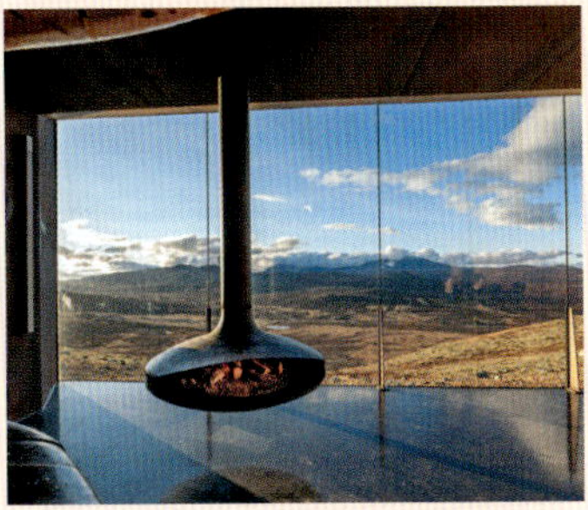

Snøhetta
Die Snøhetta ist der höchste Berg Skandinaviens außerhalb des Jotunheimen-Gebirges. Der Hauptgipfel der vergletscherten »Schneekapuze« im Dovrefjell ist relativ rasch erreicht und ein überaus lohnendes Aussichtsziel; allerdings führt die obligatorische »Skyttelbus«-Anfahrt durch das Sperrgebiet zum Ausgangspunkt Snøheim dazu, dass man im Pulk loswandert, sofern man überhaupt einen Platz im Bus ergattert *(Tour 51, 5.40 Std.)*.

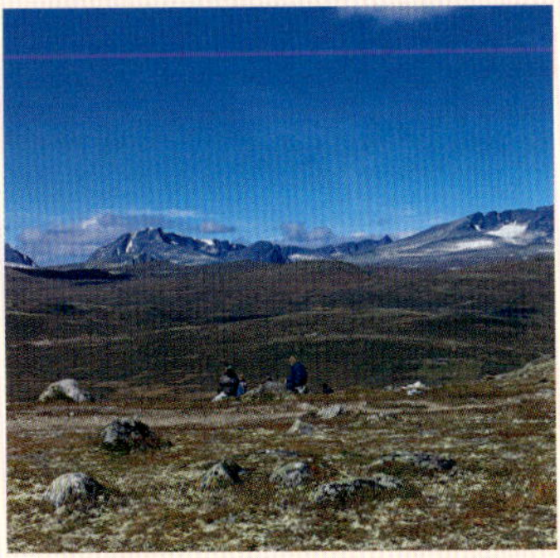

WANDERN IM JOTUNHEIMEN, RONDANE UND DOVREFJELL

Anforderungen

Die meisten Wanderungen in den Nationalparks Jotunheimen, Rondane, Dovre und Dovrefjell-Sunndalsfjella sind mittelschwer bis anspruchsvoll. Sie folgen naturbelassenen Pfaden und Steigen im Wechsel aus felsigen, steilen, flachen, wurzeligen und vermoorten Passagen. Meist verlaufen die Pfade oberhalb der Nadelwaldgrenze, oft in Geröll und Blockwerk. In grobblockigem Gelände muss gelegentlich eine Hand als Haltepunkt zu Hilfe genommen werden; diese Kletterstellen sind leicht zu meistern. Nur in wenigen Fällen sind ausgesetzte Stellen durch Drahtseile oder Ketten gesichert bzw. durch Trittstufen begehbar gemacht. Das Gelände ist bis weit in den kalendarischen Sommer hinein mit Schnee bedeckt. Sämtliche Wanderungen erfordern Trittsicherheit und Kondition sowie Orientierungssinn und Wetterkenntnis.

Entsprechend der Anforderungen sind die Tournummern mit verschiedenen Farben hinterlegt. Diese erklären sich wie folgt:

SCHWIERIGKEITSKATEGORIEN

■ = Leicht

Leichte Wanderungen folgen mit geringen Steigungen (bis zu 400 Hm) markierten Wegen und Pfaden, die an keiner Stelle ausgesetzt sind.

■ = Mittel

Mittelschwere Wanderungen sind mit teils steilen Auf- und Abstiegen verbunden und folgen passagenweise wurzelig-steinigen, schmalen Pfaden; alle erfordern Trittsicherheit und Kondition, meist auch Schwindelfreiheit. Zuweilen ist der Einsatz einer Hand als zusätzlicher Haltepunkt notwendig.

■ = Schwierig

Die als schwierig eingestuften Routen erfordern wegen passagen- oder stellenweiser Ausgesetztheit in grobblockigem und/oder Gratgelände Schwindelfreiheit und fundierte Bergerfahrung, auch bei der Fortbewegung auf Firn und Schneeuntergrund. Da die schwierigen Touren in der Regel recht lang sind, durch hochalpines Gelände verlaufen und fast ausnahmslos auf über 2000 m Höhe führen, ist Wetterkenntnis besonders wichtig: Lokale Wetterumschwünge müssen rechtzeitig erkannt und die angemessenen Vorkehrungen getroffen werden.

Kennzeichnung der Schwierigkeitsgrade in Norwegen

Neben dem roten »T« des Norwegischen Wandervereins hat sich in Norwegen ein Markierungssystem für ausgeschilderte Wanderwege etabliert, das

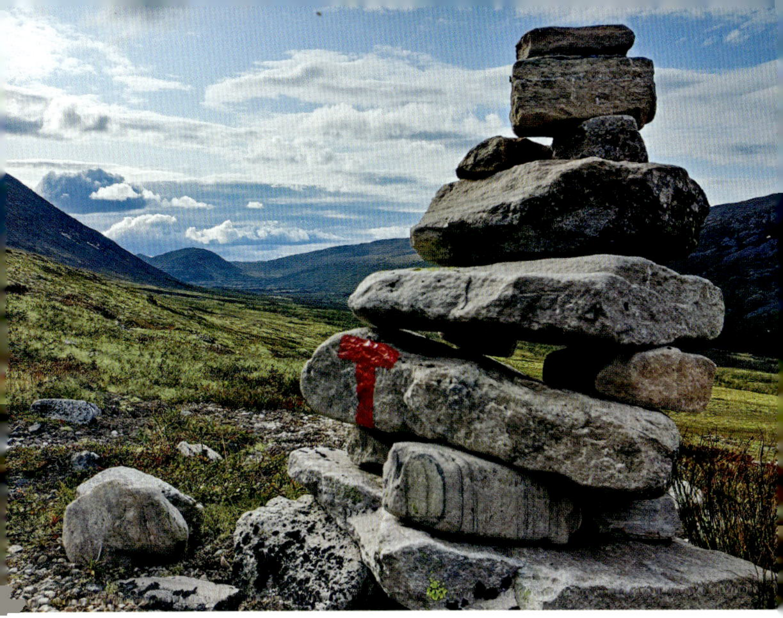

Das allseits bekannte Touren-T.

die Schwierigkeitsgrade – in die auch die Tourenlänge und Höhenmeter einfließen – mit folgenden Farben ausweist:
Grün bezeichnet für Anfänger geeignete leichte (enkelt) Wanderpfade mit Anstiegen bis zu 300 Höhenmeter.
Blau steht für mittelschwere (middels) Anfängertouren mit Anstiegen bis zu 600 Höhenmeter.
Rot ausgeschildert sind anstrengende (krevende) Touren mit Anstiegen bis zu 1000 Höhenmeter. Sie werden nur erfahrenen Wanderern mit einer guten Konstitution, passender Ausrüstung und Erfahrung im Bergwandern empfohlen.
Schwarz markiert sind schwierige (ekspert) Touren, die weder eine Höhen- noch eine Längenbegrenzung haben.

Gehzeiten

Bei den angegebenen Gehzeiten handelt es sich um reine Gehzeiten eines Wanderers mit durchschnittlicher Kondition, also ca. 4 km/h in ebenem Gelände und ca. 400 Höhenmeter pro Stunde im Aufstieg. DIe Wetterlage, die Beschaffenheit des Geländes, die persönliche Verfassung, die Rücksichtnahme auf Wanderpartner und viele andere Faktoren beeinflussen die tatsächliche Gehzeit.

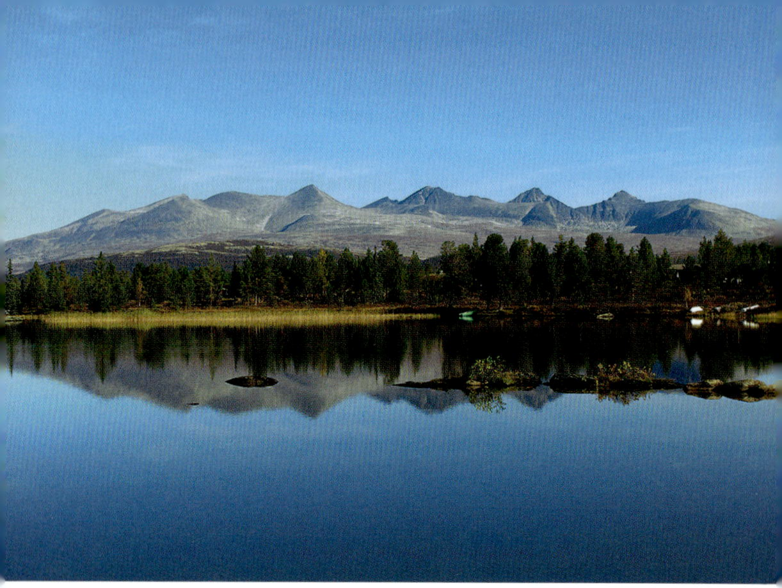

Smiubelgin-Massiv im Nationalpark Rondane.

Friluftsliv und allemannsretten

Das Leben vieler Norweger ist ohne Betätigung an der frischen Luft undenkbar: Die Bewegung in der freien Natur – wandernd, fischend, jagend, Ski laufend oder in jedweder anderen nichtmotorisierten Form – gehört heutzutage zum norwegischen Selbstverständnis. Damit eng verbunden ist die Idee des friluftsliv, was sinngemäß »Leben unter freiem Himmel« bedeutet. War in den früheren Jahrhunderten die Bewegung an der frischen Luft noch eine notwendige Arbeitshandlung, so entwickelte sie sich – angetrieben durch das romantisierende Erwachen eines Volksgedankens und beschleunigt durch die heroischen Abenteuer von Fridtjof Nansen und anderen Polarforschern – für die wohlhabenden Bevölkerungsschichten zu einem Freizeitvertreib. Mit der Entwicklung Norwegens zu einem Wohlfahrtsstaat wurde das Konzept des friluftsliv zum gesetzlich verankerten Teil des Lebens aller Bürger. Hierbei geht es um die Bewegung außerhalb örtlicher Bebauungen, Parks oder Gärten, ohne jedwede Motorisierung an Land und im Wasser und ohne sportliche Ambitionen. Jeder soll die Möglichkeit haben, sich in seiner näheren Umgebung und der freien Natur im Allgemeinen, umweltfreundlich zu bewegen, sodass es seiner Gesundheit und seinem Wohlbefinden zugutekommt. Der Zugang zum friluftsliv soll allen Bevölkerungsgruppen ermöglicht werden. Dies soll umweltschonend geschehen und drückte sich bisher u.a. auch dadurch aus, dass das Anlegen von Wanderwegen in Norwegen bisher zurückhaltend erfolgte. Mit zunehmenden Besucherzahlen an fotogenen Orten und Attraktionen, die in sozialen Medien gepostet werden (instagrammable Hotspots), wird es jedoch immer häufiger notwendig, durch bauliche Sicherungsmaßnahmen (z.B. den Bau von Treppen) oder Einschränkungen (Campingverboten) die Gesetze anzupassen.

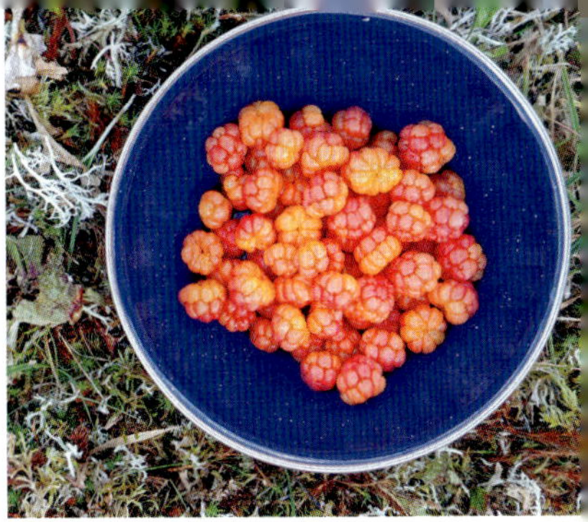

Multebeeren - begehrte Vitaminlieferanten.

Grundlage der Liebe zu jeglichen Naturaktivitäten und der Ermöglichung dieser ist das allemannsretten (Jedermannsrecht), welches für nichtmotorisierte Aktivitäten (zu Fuß, im Boot, zu Pferd, auf Skiern oder Schlittschuhen) in der sogenannten utmark (der Landschaft außerhalb bebauter und landwirtschaftlich genutzter Flächen) gilt. Als Grundvoraussetzung wird der respektvolle Umgang mit der Natur und die Rücksichtnahme auf Bauern, Landeigentümer und andere Besucher erwartet. Das wilde Campen mit Wohnmobilen an allen nur erdenklichen Stellen ist nicht erwünscht. Steigende Touristenzahlen (ausländische wie inländische) und damit einhergehender wachsender Missbrauch des Rechts führten bereits zu Überlegungen, dieses in Zukunft zu beschränken. Daher sollten alle Reisenden, ob wandernd oder fahrend, die Grundregeln beachten! Die vollständige Version des allemannsretten auf Deutsch findet man auf der Website der Umweltbehörde Miljødirektoratet unter: miljodirektoratet.no/publikasjoner/2020/juni-2020/das-jedermannsrecht.

AUSZUG AUS DEM ALLEMANNSRETTEN

- Auf offenem, »uneingezäuntem«, unbebautem Land darf sich jeder zu Fuß oder auf Skiern frei bewegen und überall rasten.
- »Eingezäuntes« Land (dieses muss nicht unbedingt tatsächlich eingezäunt sein!) ist Privatbesitz und umfasst bebautes Land, Felder, Weideland, Gärten, Plantagen, Baugrundstücke und Industriegebiete.
- Außer auf bewirtschafteten Feldern und Parkplätzen darf man mit einem Abstand von 150 m zum nächsten Haus sein Zelt aufschlagen oder unter freiem Himmel schlafen. Geschieht dies länger als zwei Tage, muss der Landbesitzer um Erlaubnis gefragt werden.
- Vom 15. April bis 15. September ist offenes Feuer in und in der Nähe von Waldgebieten verboten.
- Das Pflücken von Beeren, Pilzen und (nicht geschützten) Blumen ist im Allgemeinen erlaubt.

SYMBOLE

	Symbole im Tourenkopf		Rastplatz
	mit Bahn/Bus erreichbar	P	Parkplatz
	Einkehrmöglichkeit		Gipfel
	für Kinder geeignet		Pass, Sattel
	Symbole im Höhenprofil		Brücke, Steg
	Herberge mit Bewirtschaftung		Panorama
	Selbstversorgerhütte		Wasserfall
	Nothütte, Schutzhütte		Schiffspassage

Karten

Die norwegische Kartografie- und Katasterbehörde Statens Kartverk stellt auf ihrem Internetportal norgeskart.no das amtliche Kartenwerk Norwegens sowie Luftbilder zur Verfügung. Hier können auch selbstständig Kartenabschnitte ausgedruckt werden. Des Weiteren leistet die Appversion Norgeskart Outdoors hervorragende Dienste.

Der Wanderverein DNT bietet auf dem Internetportal ut.no ein digitales Kartenwerk mit Wegbeschreibungen, Inspirationen und Informationen über Hütten an.

Die Vorteile von Papierkarten (die heutzutage in der Regel aus wasserfestem Material sind) liegen jedoch auf der Hand: Sie funktionieren auch ohne Strom und Batterien und sie verschaffen einen weiträumigen Überblick über das erwanderte Gebiet.

Der norwegische Kartenverlag Nordeca gibt folgende Kartenserien heraus: Die gemeinsam mit dem DNT konzipierte Turkart in den Maßstäben 1:25.000, 1:50.000 und 1:100.000, die Serie Topo 3000 im Maßstab 1:50.000 sowie die topografische Norge-serien im Maßstab 1:50.000, welche ganz Norwegen abdeckt. Handelt es sich bei den Serien Turkart und Topo 3000 um Wanderkarten, ist die Norge-serien eine rein topografische Karte, die keinerlei Wanderinformationen beinhaltet. Für die im Buch beschriebenen Wandergebiete gibt es auch Karten des norwegischen Verlags Cappellen und des schwedischen Verlags Calazo.

Für die Touren im vorliegenden Wanderführer finden in erster Linie die Karten der Serien Turkart sowie Karten des Verlages Calazo Anwendung.

Markierung

Der DNT markiert seine Wanderwege mit dem ikonischen roten »T«, welches für norwegisch tur (Tour) steht. Es wird mit kräftiger roter Farbe in (meist) sichtbaren Entfernungen auf Steinen, Bäumen und Almhütten aufgemalt. Neben den Farbmarkierungen dienen Steinmännchen bzw. Steinpyramiden, die sogenannten varder, und Ausschilderungen an Wegverzweigungen der Orientierung. Neben den Markierungen des DNT gibt es auch von Kommunen und anderen Institutionen mit in der Regel gut erkennbaren blauen Farbklecksen, -strichen und -ringen gekennzeichnete Pfade. Hinzu kommen die auf Seite 11 beschriebenen Ausschilderungen mit den Schwierigkeitsgraden in den Farben Grün, Blau, Rot und Schwarz. Diese sind an Wegweisern mit Richtungspfeilen platziert.

GPS-TRACKS UND KOORDINATEN DER AUSGANGSPUNKTE

Auf **gps.rother.de** stehen zu diesem Wanderführer GPS-Tracks und die Koordinaten der Ausgangspunkte zum kostenlosen Download bereit. Dieser QR-Code führt direkt zum Download.
4. Auflage, Passwort: **443504kat**
Die GPS-Tracks können in die **Rother App** importiert werden. In der App kann man unterwegs stets sehen, wo man gerade ist und wo es langgeht. **Anleitungen dazu: rother.de/gps**
Trotz sorgfältiger Prüfung können wir Fehler und zwischenzeitliche Veränderungen nicht ausschließen. Verlassen Sie sich für die Orientierung niemals einzig und allein auf die GPS-Daten, sondern beurteilen Sie die Verhältnisse vor Ort.

Ausrüstung

Die Wanderungen erfordern die klassische alpine Ausrüstung. Grundelemente sind neben guten, wasserdichten Wanderschuhen Sonnen-, Kälte-, Wind- und Regenschutz. Die Kleidung sollte nach dem Zwiebelprinzip kombinierbar sein. Warme Funktionsunterwäsche (Wolle) sowie Mütze und Handschuhe sollten nicht fehlen. Ein GPS-Gerät hilft bei der Eigen-Lokalisierung und der Orientierung und dient auch als Höhenmesser und Barometer. Wer längere Touren unternimmt, sollte stets eine Stirnlampe im Rucksack mitführen.
Hauptmückenzeit ist die Zeit während und nach der Schneeschmelze, besonders in dieser Zeit wird man Mückenschutzmittel benötigen.
Bei Mehrtagestouren muss ein passender Rucksack mit ausreichend Proviant, Schlafsack, Isomatte und Wechselkleidung mitgeführt werden. Gegebenenfalls benötigt man ein Zelt, wenn man nicht auf den Hütten übernachten möchte.
Wasserdichte (!) Wanderschuhe mit griffigen Sohlen und die Knöchel umschließenden Schäften ermöglichen ermüdungsfreies Gehen, sorgen für Rutschfestigkeit auf feuchtem Fels, bieten relative Sicherheit in sumpfigem Gelände und verhindern ein Umknicken des Fußes. Zusätzlichen Nässeschutz in Gras- und Buschgelände bieten Gamaschen, die bis unter die Knie reichen.

Wandersaison

Die Hauptwandersaison sind die Ferienzeiten von Mitte Juli bis Mitte August. In der spätsommerlichen Nachsaison ab Mitte August fallen die wenigsten Niederschläge, die Hütten sind nicht mehr überbelegt, auch die Mücken sind verschwunden. Malerisch ist der lichtintensive, farbenprächtige September, in dem die Temperaturen nachts oft unter 0 °C sinken und der erste Schnee fallen kann. Hauptskisaison sind die Osterferien.

Die jährlich wechselnden Öffnungszeiten der bewirtschafteten Hütten sind der wichtigste Hinweis auf die Wandersaison; verzeichnet sind sie beim Outdoorportal ut.no.

Die Ausflugsschiffe auf den Seen Gjende, Bygdin und Rondvatnet verkehren von ca. Anfang Juli bis ca. Ende August.

Klima und Wettervorhersage

Geringe Niederschläge, warme Sommer und beträchtliche Tag-und-Nacht-Temperaturunterschiede im Sommerhalbjahr prägen das Kontinentalklima Ostnorwegens. Wanderpfade in höher gelegenem Gelände können bis weit in den kalendarischen Sommer hinein schneebedeckt sein. Wenn in den Talorten am Vorabend des 24. Juni die Johannisfeuer brennen, ist in den höheren Lagen von Jotunheimen und Rondane meist erst die Schneeschmelze im Gang.

Das Wetterportal des Norwegischen Meteorologischen Instituts (yr.no) stellt die Wetterdaten einschließlich der Zehn-Tages-Tendenz (langtidsvarsel) bereit. In das Suchfeld können auch kleinste Orte und Berge eingegeben werden, ohne dass man sich um die Rechtschreibung den Kopf zerbrechen muss, die Eingabe wird auf Grundlage der neuen Rechtschreibung automatisch vervollständigt.

Die Otta bildet im größten Seitental des Gudbrandsdalen lang gestreckte Seen.

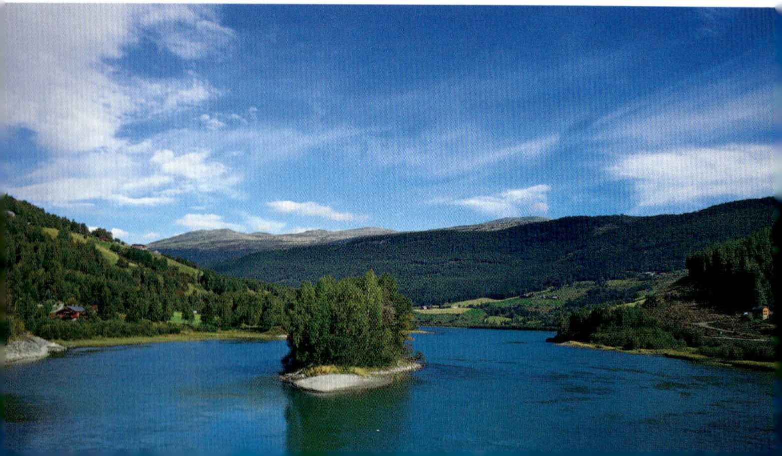

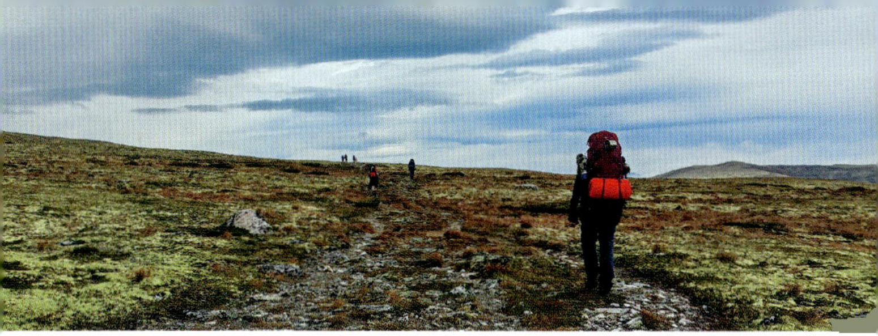

Unterwegs im Rondane ...

Fjell

Nahezu alle Wanderungen verlaufen im Fjell, dem Bergland oberhalb der Nadelwaldgrenze. Das Wort ist verwandt mit dem deutschen »Feld«, bezog sich ursprünglich aber auf glazial überformte Rumpfflächen, aus denen wie im Dovrefjell und im Rondane-Gebirge Gipfel aufragen.
Prinzipiell ist Fjell das Bergland oberhalb der Waldgrenze unabhängig von der Höhe über dem Meeresspiegel. Es umfasst in großer Vielfalt alle Geländeformen: Gipfel und Grate aller Schwierigkeitsgrade ebenso wie Gletscher, fruchtbare Almen und idyllische Seen, sanfte Kuppen und steile Geröllflanken, Moore, Schluchten, Canyons und Wasserfälle. Die landschaftlich schönsten Fjellregionen stehen als Nationalparks unter Schutz. Ab dem 19. Jh. wurde das Fjell für Bergsportaktivitäten und Zivilisationsfluchten entdeckt, heute sind die Fjellgebiete ein Eldorado für nahezu alle outdoororientierten Aktivitäten. Die Höhe der Nadelwaldgrenze variiert erheblich. In Ostnorwegen liegt sie bei 900–1100 m und im Fjordland bei nur 400–500 m, in Nordnorwegen sinkt sie bis auf Meeresniveau ab.

Vegetationszonen

Das Fjell gliedert sich in drei Vegetationszonen: Die artenreichste, aus der Wanderperspektive jedoch unbequemste untere Zone ist der feuchte, vergleichsweise fruchtbare Weidengürtel (lavalpin region / vierbeltet). Er wird geprägt von verschiedenen Weidenarten (Lappland-, Blaugrüne, Wollige Weide u.a.), einzeln stehenden Fjellbirken und kälteresistenten Laubbäumen wie Espe und Eberesche sowie einer üppigen Flora entlang von Bachläufen, in Mooren und Heiden mit typischen Pflanzen wie Moltebeere, Wollgras, Zwergbirke, Heidekraut und Heidelbeere. Der Weidengürtel, der sich im 20. Jh. stark ausgebreitet hat, erreicht im Jotunheimen-Nationalpark Höhen von bis zu 1500 m. In der Vegetationszone oberhalb des Weidengürtels dominieren Gräser und grasartige Pflanzen (mellomalpin region). Diese aussichtsreiche Zone kann beim Wandern als am komfortabelsten empfunden werden. Wo die zusammenhängende Pflanzendecke endet und Fels, Verwitterungsgestein, Moose und Flechten dominieren, liegt der Hochgebirgsgürtel (høyalpin region).

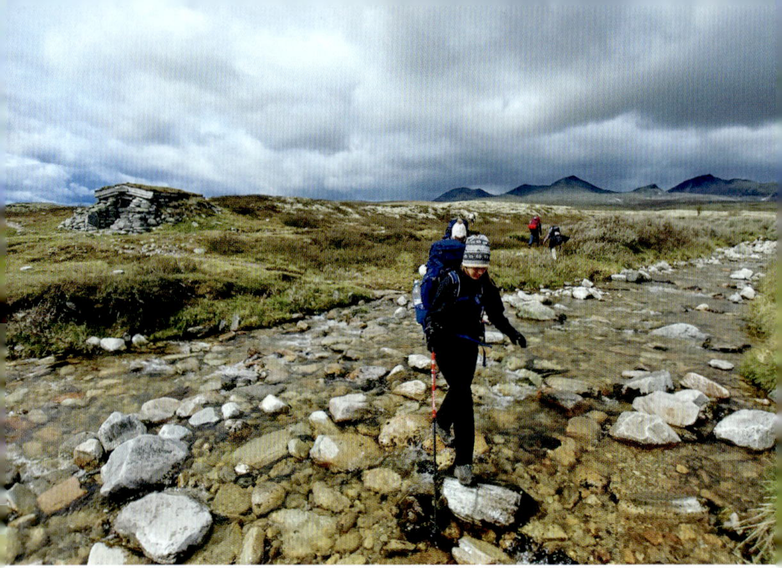

... auf abenteuerlichen Wegen.

Bachdurchquerungen

Nahezu alle Bäche, auch die breiteren, werden auf Trittsteinen durchquert. Diese können wackeln sowie rutschig und je nach Witterung so hoch überflutet sein, dass sie nicht mehr sichtbar sind. Ein Handtuch gehört also zur Rucksack-Grundausstattung, nicht nur wegen der vielen Badeseen. Als praktisch haben sich Wandersandalen oder Turnschuhe erwiesen, die vor Verletzungen auf dem Stein- und Felsuntergrund schützen; Wanderstöcke können beim Balancieren unterstützen.

Während der Schneeschmelze oder nach starken Niederschlägen können größere Wasserläufe so reißend sein, dass vom Versuch einer Durchquerung dringend abzuraten ist. Einige Wasserläufe werden auf Brücken überquert. Eine Sommerbrücke wird im Unterschied zur festen Ganzjahresbrücke nach der Schneeschmelze montiert und bei Einsetzen der Schneefälle wieder abgebaut. Sommerbrücken sind meist geländerlose und oftmals schmale Holzstege, gerne auch schräg; manchmal handelt es sich nur um einen Baumstamm (der rutschig sein kann).

Ganzjahresbrücken sind häufig mit Geländern ausgestattet. Hängebrücken erschrecken so manchen Wanderer durch ihre Trampolinwirkung, wenn sie bei unvorsichtigem Schritttakt zu schwingen beginnen. Die Hängebrücken sollten nur langsam begangen und dürfen nur einzeln betreten werden. Für nicht Schwindelfreie können Hängebrücken sowie Brücken über felsige Schluchten ein mentales Problem darstellen.

Wildren

In Norwegen gibt es einen Wildrentierbestand von 37.000 Tieren, die auf insgesamt 24 Wildrentiergebiete verteilt sind. Die Tiere leben in Fjellregionen, wie z. B. dem Jotunheimen und dem Rondane. Sollten Sie auf ihren Wanderungen Rentieren begegnen, beachten Sie bitte folgende Verhaltensregeln: Halten Sie Abstand, laufen Sie den Tieren nicht entgegen oder hinterher und rufen Sie nicht nach ihnen. Beobachten und fotografieren Sie die Tiere respektvoll und ruhig.
In einigen Regionen führt der Wandertourismus bei den Rentieren zu einem hohen Stresspegel. Daher hat der DNT beschlossen, einige seiner Hütten zu bestimmten Zeiten zu schließen bzw. nur eine eingeschränkte Nutzung zu erlauben. Betroffen sind hiervon vor allem die Hütten Grimsdalshytta, Rondvassbu und Bjørnhollia im Rondane.

Wanderverein DNT

Der norwegische Wanderverein DNT (Den Norske Turistforening) ist mit über 300.000 Mitgliedern Norwegens größte Outdoororganisation. Das oberste Ziel des 1868 gegründeten Vereins lautet, sich für ein einfaches, aktives, vielseitiges und naturfreundliches Leben im Freien einzusetzen sowie die dazugehörenden natürlichen und kulturellen Grundlagen zu sichern. Organisiert sind die Mitglieder in 57 regionalen Mitgliedsvereinen im ganzen Land. Neben dem Unterhalt von 20.000 km markierter Wanderwege und über 7000 km Wintermarkierungen werden Gletscher-, Kletter- und andere Kurse sowie gemeinsame Touren für Jung und Alt organisiert. Insgesamt werden über 550 eigene Wanderherbergen und -hütten betrieben, die, zumindest wenn sie bewirtschaftet sind, auch Nichtmitgliedern offen stehen.
Eine Mitgliedschaft lohnt sich bei einem Aufenthalt in den Herbergen und Hütten des DNT allemal und kann über die Internetpräsenz des DNT (deutsch.dnt.no) erworben werden. Man erhält gegen eine geringe Kaution den Generalschlüssel (nøkkel) für die Selbstversorgerhütten. Als Nichtmitglied zahlt man für die Übernachtung und Verpflegung einen weitaus höheren Preis. In den meisten anderen Hütten (nicht DNT) hingegen erhält man häufig als DNT-Mitglied ebenfalls eine Ermäßigung, wenn auch nur eine geringe.

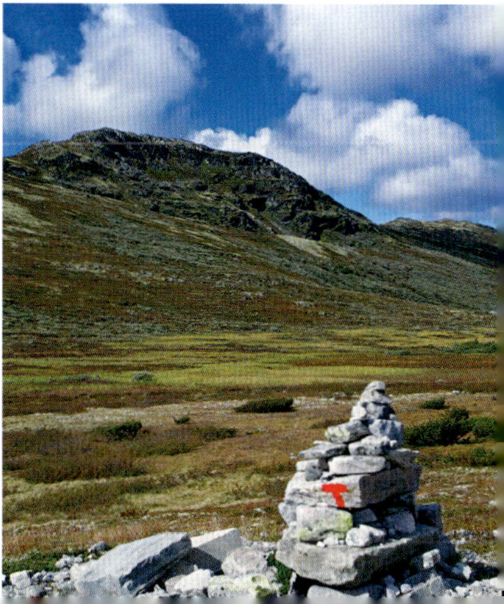

Gut markiert.

Übernachtung in Hütten

Ist man nicht mit seinem eigenen Zelt unterwegs, ist der traditionelle Übernachtungsstandard in Norwegen die hytte (Hütte). Diese Hütten werden nicht nur vom DNT, sondern auch vom Staatsforst, dem Norwegischen Jäger- und Anglerverein, Gemeinden oder privaten Unternehmungen geführt. Die Hütten sind unterschiedlich ausgestattet und bieten eine Bandbreite, die vom Berghotel mit Vollpension bis hin zur einfachen Selbstversorgerhütte mit nur zwei Schlafplätzen reicht. Die Hütten werden in drei Kategorien unterteilt:

- Betjent (bewirtschaftete Hütte): Hierbei handelt es sich um Hütten (Herbergen, Berghotels) mit zum Teil hohem Standard: mit 1- bis 4-Personen-Zimmern, Schlafsälen und Matratzenlagern sowie buchbarer (Voll-)Verpflegung. Auf den DNT-Hütten muss man als Mitglied bei Vollverpflegung (inklusive Wegproviant) für Erwachsene mit einem Preis von mindestens 90 € aufwärts (je nach Übernachtungskategorie) rechnen. Der reine Übernachtungspreis beträgt ca. 40 € aufwärts, es können auch einzelne Mahlzeiten gebucht werden. Ebenso kann nur die Verpflegung in Anspruch genommen werden. Mitgebrachtes Essen darf in der Regel nicht verzehrt werden. Die Unterkünfte sind nicht ganzjährig geöffnet, teilweise haben sie für die unbewirtschaftete Zeit separate, mit einem Schlüssel zugängliche Räumlichkeiten.
- Selvbetjent (verproviantierte Selbstversorgerhütte): Hierbei handelt es sich um verproviantierte Selbstversorgerhütten mit 1- bis 8-Personen-Schlafräumen, Küchenausrüstung und einem umfangreichen Trocken- und Konserven-Lebensmittellager. Die Hütten sind (wenn sie dem DNT gehören) mit dem Generalschlüssel (nøkkel) verschlossen und können gegen Gebühr auch für einen Tagesbesuch genutzt werden.
- Ubetjent (unverproviantierte Selbstversorgerhütte): Diese Selbstversorgerhütten haben keinerlei Lebensmitteldepot. Sie bieten 2 bis 30 Schlafplätze, verfügen über eine Küchenausstattung und sind sehr gemütlich. Auch diese Hütten sind gegebenenfalls mit einem Generalschlüssel verschlossen und können für eine Rast tagsüber genutzt werden.

Die im Sommer bewirtschafteten Hütten haben für die Nebensaison häufig einen Selbstversorgertrakt, der mit einem Schlüssel zugänglich ist (während der bedienten Zeit ist dieser Trakt nicht zugänglich!).

Mittlerweile sind alle Hütten reservierbar, bei einigen ist dies dringend anzuraten, andere wiederum haben eine Reservierungspflicht. Aktuelle Öffnungszeiten sowie weitere Informationen zu den Hütten findet man auf ut.no. Prinzipiell sollte man einen Hüttenschlafsack oder einen eigenen Schlafsack mitführen. Ein Schlafplatz in einer der Selbstversorgerhütten kann meistens reserviert werden. Bezahlt wird dann nach erfolgter Übernachtung (und eventueller Lebensmittelentnahme) bequem per Hüttenbezahl-App (DNT-Hyttebetaling) oder per Überweisung. Jeder ist dazu aufgefordert, aufzuräumen und alles so zu verlassen, wie er es vorgefunden hat.

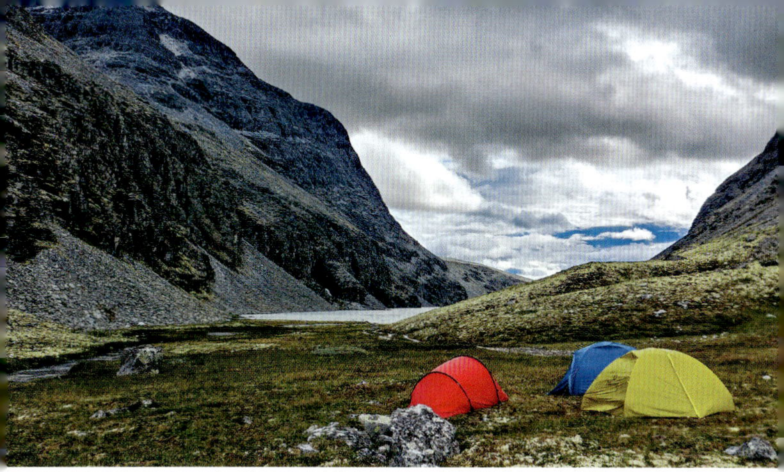

Ein guter Zeltplatz ist schnell gefunden.

Wandern im Nationalpark

Bei Wanderungen innerhalb eines Nationalparks gelten im Großen und Ganzen die Regeln des allemannsretten. Es gibt jedoch von Park zu Park verschiedene gesonderte Regeln, die es zu beachten gilt. Geregelt wird dort u. a. das prinzipielle Übernachten, das Fliegen von Drohnen und die Nutzung von nichtmotorisierten Fahrrädern (E-Bikes sind verboten). Die jeweiligen Regeln findet man auf Informationstafeln und in Informationsbroschüren.

Zelten

Zum Aufstellen des Zeltes in der utmark siehe allemannsretten S. 12. Einige DNT-Herbergen haben einen kleinen Zeltplatz (ist in der Kurzinfo vermerkt), der sich gut als Basislager eignet, da man einiges von der Infrastruktur der Herberge mitbenutzen kann.

Wandern mit Kindern

Wir haben einige der Touren mit dem Symbol »für Kinder geeignet« versehen. Diese Wanderungen sind für jüngere Kinder oder aber auch für prinzipiell weniger geübte Wanderer gut geeignet. Sie zeichnen sich durch verschiedene Qualitäten aus: Entweder sind sie besonders kurz und einfach zu wandern oder sie bieten eine abwechslungsreiche Tageswanderung an. Je nach Alter, Fähigkeiten und Kondition der Kinder sind natürlich viele der im Wanderführer vorgestellten Touren auch für (Kinder und) Jugendliche machbar. Bei Wanderungen in heterogenen Gruppen sollte prinzipiell klar sein: Das schwächste Glied bestimmt das Tempo und den zu meisternden Schwierigkeitsgrad.

DIE WANDERGEBIETE

Jotunheimen, Rondane und Dovrefjell warten mit den 100 höchsten Gipfeln Skandinaviens auf. Die Hochgebirgslandschaften liegen überwiegend in Ostnorwegen im Einzugsbereich des Gudbrandsdalen, durch das seit dem Mittelalter die Verkehrswege von Süd- nach Mittelnorwegen führen.

Jotunheimen Nationalpark

Der Nationalpark Jotunheimen umfasst 1155 km² im Grenzgebiet der ostnorwegischen Provinz Innlandet und der westnorwegischen Provinz Sogn og Fjordane. Im alpin geprägten Westen, wo zwischen Gletschern der Galdhøpiggen (2469 m), der höchste Gipfel Nordeuropas, aufragt (Tour 10), stürzt das Gebirge auf nur 15 km Luftlinie steil von über 2400 m zum inneren Sognefjord ab, während es ostwärts in vergleichsweise sanfter Neigung Richtung Gudbrandsdalen abdacht. Die Geländevielfalt mit leichten nordischen Formen sowie alpinen Felsgipfeln und Graten ermöglicht Unternehmungen für unterschiedliche Ansprüche. Die Hurrungane-Gruppe (Touren 1 und 2) im Westen des Jotunheimen ist ein Extremklettergebiet mit 24 Gipfeln oberhalb der 2000-m-Kote, darunter der vergletscherte Storen (der Große), der mit 2406 m dritthöchste Berg Skandinaviens. Das »Tal der Wasserfälle« Utladalen (Touren 3 und 4) schneidet als Verlängerung des Sognefjords tief in die vergletscherten Gipfelmassive ein. Die Fannaråki (Tour 5) trägt die höchstgelegene Unterkunftshütte Skandinaviens. Das

Im Hurrungane-Gebiet im westlichen Jotunheimen schweift der Blick über das Richtung Sognefjord hinabführende Bergsdalen hinweg zum Nationalpark Breheimen.

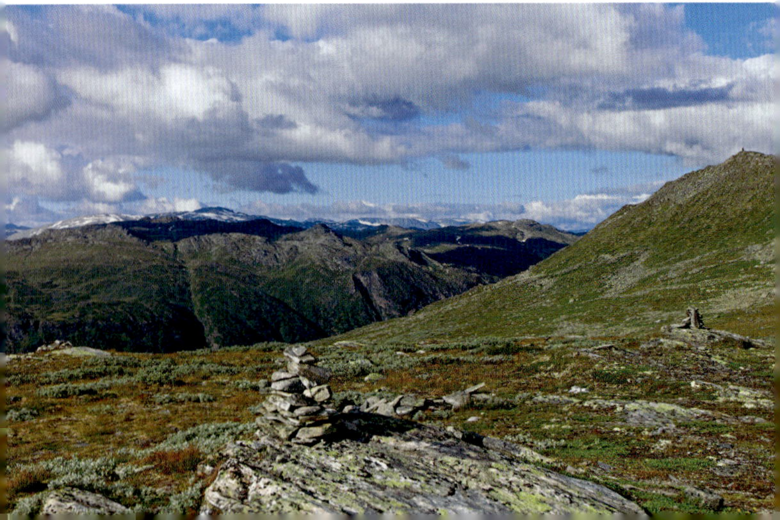

Sognefjellet (Touren 6–8) bildet den Passübergang zwischen Sognefjord und Ostnorwegen, auf der Wasserscheide zwischen vier Tälern erhebt sich der Felsgipfel Kyrkja (Tour 9). Der Glittertinden ist Skandinaviens höchster ganzjährig von Eis bedeckter Gipfel (Tour 11), weitere Gipfel-Highlights sind Surtningssue (Tour 17) und Besshøe (Variante von Tour 14). Die bekannteste Wanderstrecke ist der Grat Besseggen, zwischen dem blauen See Bessvatnet und dem von den Gletschereinträgen smaragdgrün gefärbten See Gjende (Tour 16).
Durch die Ausweisung des Jotunheimen als Nationalpark wurde 1980 eine Hochgebirgs- und Gletscherlandschaft mit Seen, Wasserfällen, fruchtbaren Tälern und seltenen Pflanzen vor der Zerstörung durch die Wasserkraftindustrie bewahrt. Die Schönheit der Szenerie war für viele Künstler eine Quelle der Inspiration. Der Romantikdichter Aasmund Olavsson Vinje übertrug im 19. Jh. die mythologische Bezeichnung »Heim der Riesen« auf das aus mehreren Einzelgebirgen bestehende Gebiet. Edvard Grieg verarbeitete Lieder, die er auf der Alm und heutigen Herberge Gjendebu von der Sennerin Gjendine Slaalien gehört hatte, in seinen »Norwegischen Volksweisen«. Henrik Ibsen beeindruckten die steil aufragenden Grate über dem See Gjende: In seinem dramatischen Gedicht »Peer Gynt«, zu dem Grieg die Bühnenmusik komponierte, unternimmt die Titelfigur auf einem Renbock eine Tour auf dem Besseggen, dem Sensengrat, und stürzt ab, ohne Schaden zu nehmen – Vorbild für diesen Grat war entweder der Besseggen oder die Knutshøe (Tour 22).

Bøverdalen und Sognefjellet

Das Sognefjellet zwischen den Nationalparks Jotunheimen und Breheimen ist seit dem Mittelalter der Gebirgsübergang zwischen dem Sognefjord in Westnorwegen und dem Ottadalen in Ostnorwegen; die Talbewohner benannten den Fjellübergang nach dem Fjord, auf dem sie ihre Waren in die Hansestadt Bergen verschifften. Die Landschaftsroute Sognefjellet ist die höchste Passstraße Skandinaviens und ein Hauptanfahrtsweg zu den höchsten Gipfeln Nordeuropas. Von der Stabkirche von Lom im Ottadalen folgt sie der Fv 55 108 km weit ohne Tankstelle durch das Bøverdalen, das untere Leirdalen sowie über den Bøverkinnhalsen und das ebenfalls von der Bøvre durchflossene Breidsæterdalen zur Passhöhe am Fantesteinen (1440 m) auf dem Sognefjellet und schraubt sich dann hinab zum Kirchort Gaupne am inneren Sognefjord. Mautstraßen zweigen zu den Ausgangspunkten von Wanderungen im Jotunheimen-Nationalpark ab: An der Herberge Spiterstulen beginnt die Wanderung auf den Galdhøpiggen (2469 m, Tour 10), an der Herberge Leirvassbu die Gipfeltour auf die Kyrkja (2032 m, Tour 9); die Herberge Juvasshytta am Galdhøpiggen-Sommerskizentrum ist Ausgangspunkt geführter Gletscherwanderungen auf den Galdhøpiggen. Auch an den Herbergen an der Landschaftsroute beginnen mehrere Wanderwege (Touren 5 bis 8).

Sjodalen und Heidal

Der 98 km lange Forellen- und Raftingfluss Sjoa durchfließt das größte Tal zwischen Jotunheimen und Gudbrandsdalen, der obere Abschnitt heißt Sjodalen, der untere Heidal. Die Sjoa verlässt den See Gjende am Schiffsanleger bei der DNT-Herberge Gjendesheim (Touren 15 und 16 sowie mit Schiff 17, 18, 19 und 20), wendet sich am Besseggen Fjellpark Maurvangen nordwärts und bildet Seen zwischen bewaldeten Berghängen, ehe sie im Wald verschwindet. Während der Jotunheimstien von Maurvangen zur Sikkilsdalshøa (Tour 21) ebenso Kondition erfordert wie der Aufstieg zum See Bessvatnet (Tour 14), sind die Wanderungen durchs Russdalen (Tour 13) und auf dem Hulderstigen in den Stuttgonglie-Urwald (Tour 12) naturschön und leicht. Oberhalb der als Sehenswürdigkeit ausgeschilderten Schlucht Ridderspranget, zu der man die 10 Minuten auf einem steilen Wurzelweg im Wald immer wieder spazieren kann, endet das Sjodalen, während die Fv 51 Sjodalsvegen noch wenige Kilometer geradeaus zum Camping- und Hüttengelände Randsverk führt: Dort zweigen links der Mautweg Richtung Glitterheim (Tour 11), geradeaus der Fjellvegen (weiterhin Fv 51) ins Ottadalen und rechts die Straße 257 Heidalsvegen nach Heidal ab, weshalb die Kafeteria von Randsverk an diesem Knotenpunkt mitten im Wald gut besucht ist. Die Sjoa hingegen tost durch die Schlucht Ridderspranget und durchfließt bis zur Mündung das bewaldete Heidal, in dem 60 % der 1300 Häuser mehr als 100 Jahre alt sind; die Ursprünge der Bjølstad-Kapelle reichen bis zu den Anfängen der Christianisierung zurück.

Start ins Leirdalen im Jotunheimen.

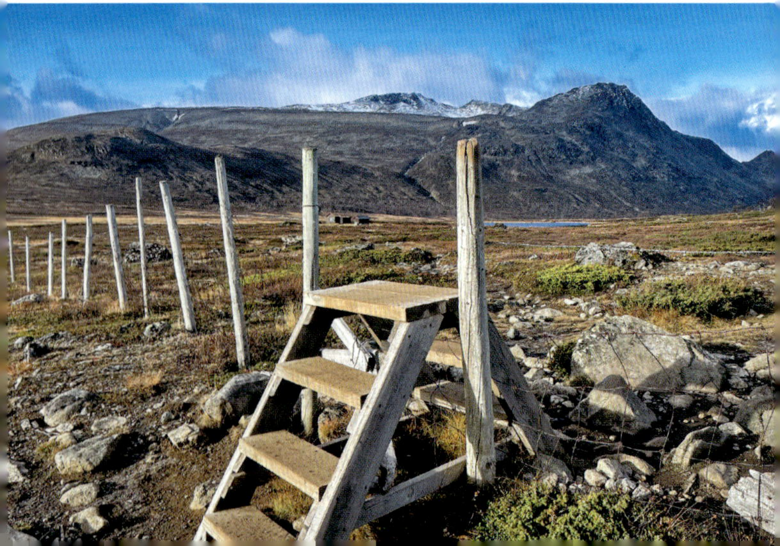

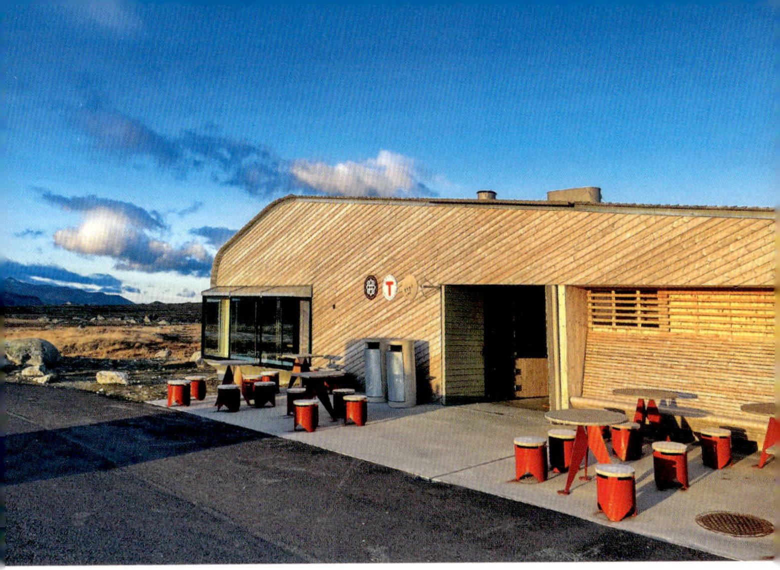

Das Bergcafé Flye 1389 auf der Valdresflye.

Valdresflye

Die Valdresflye ist die arktisch geprägte Hochebene im Südosten des Jotunheimen-Gebirges. Die Landschaftsroute Valdresflye folgt der aussichtsreichen Fv 51, die auf etwa 40 km die Wintersperren-Schranke beim Wintersportplatz Beitostølen in Valdres, die Seen Bygdin und Gjende und das Berghotel Hindsæter Fjellhotell im Sjodalen mit einer Passhöhe von 1390 m verbindet. Am Berghotel in Bygdin startet das Ausflugsschiff zur Herberge Torfinnsbu, von der über dem Seeufer der Wanderweg zurückführt (Tour 24). Am Rastplatz Vargebakkan beginnt die Wanderung zur Knutshøe und ins Leirungsdalen (Tour 22). An der DNT-Herberge Gjendesheim starten jährlich Zehntausende zur Tour über den Besseggen (Tour 16) und Hunderte stehen an schönen Sommertagen in zwei Schlangen, um einen Platz auf den kleinen Ausflugsschiffen zu den Herbergen Memurubu und Gjendebu (Touren 17, 18, 19 und 20) zu ergattern.

Rondane – Norwegens erster Nationalpark

Das Rondane-Gebirge zwischen den Tälern Gudbrandsdalen und Atndalen wurde 1962 als Norwegens erster Nationalpark unter Schutz gestellt mit dem Ziel, ein Hochgebirgsökosystem zu erhalten und die Lebensbereiche eines Wildrenstamms zu sichern. 2003 wurde das Schutzgebiet auf 963 km² erweitert. Das Almtal Grimsdalen bildet die Grenze zum nördlich anschließenden Nationalpark Dovre.

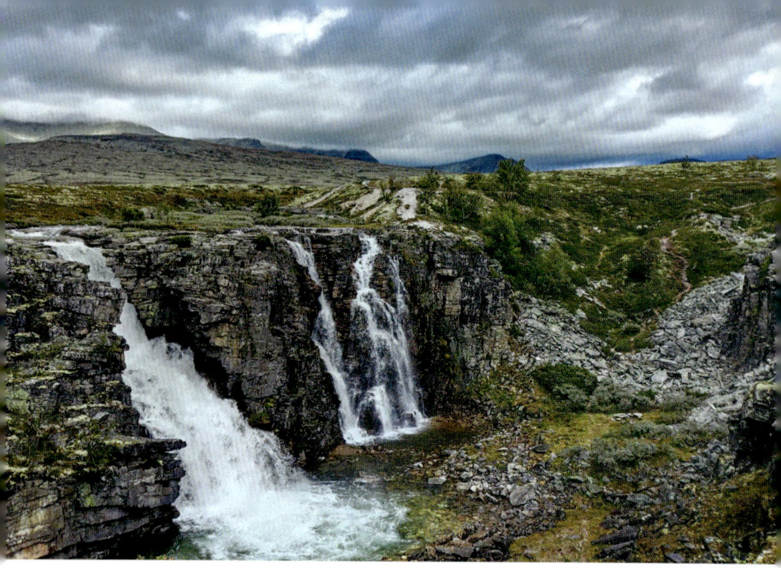

Am Wasserfall Brudesløret.

Aus der glazial überformten Rumpffläche des Gebirges ragen die Gipfelstöcke fast unvermittelt auf. Eine entsprechend enorme Weite der Aussicht charakterisiert die von Plateaugletschern modellierten Verebnungen und Hochflächen ebenso wie die Gipfel. Die Ruhe, die diese Weite ausstrahlt, wird durch die landschaftsprägenden Farben noch verstärkt: Teppiche aus Rentierflechten und Zwergsträuchern verleihen den Ebenen und kollinen Kuppen unterhalb der Blockzone ein weiß-gelb-grün phosphoreszierendes Aussehen, in das sich im Herbst das Glutrot der Zwergsträucher mischt, während in den Mooren die weißen Schöpfe Zehntausender Wollgräser leuchten.
Der höchste der zehn Zweitausender ist das Rondslottet (2178 m, Tour 38) in der zentralen Gipfelgruppe, zu der auch der benachbarte Vinjeronden (2044 m) und als zweihöchster Gipfel des Gebirges der Storronden (2138 m, Tour 37) gehören. Die Bergkette erhebt sich über dem See Rondvatnet, an dem die zu Fuß und mit dem Fahrrad erreichbare DNT-Herberge Rondvassbu den Ausgangspunkt für die Ersteigung bildet.
Der schmale See Rondvatnet im Herzen des Nationalparks trennt wie eine wassergefüllte Kluft die zentrale Gipfelgruppe vom Smiubelgin-Massiv im Westen. Ein außerordentlich schönes Panorama von See und Rondslottet-Massiv bietet der Smiubelgin-Gipfel Veslesmeden (2015 m, Tour 36), auf den ebenfalls von der Herberge Rondvassbu ein markierter Pfad führt. Die Smiubelgin-Gipfel weiter westlich, darunter der Trolltinden (2018 m) als

höchste Erhebung sowie der Bråkdalsbelgen (1915 m, Variante von Tour 33), werden von der Vesperhütte Peer Gynt-hytta aus erstiegen; dieses kleine Hüttenensemble am Canyon Imbertglupen ist vom Höhenort Kampen im Süden zu Fuß und mit dem Mountainbike sowie von Norden von der Herberge Smuksjøseter aus im Rahmen einer Talwanderung zu erreichen und bildet ebenso wie Rondvassbu einen wichtigen Wanderpfadeknotenpunkt (Touren 33 und 34).

Der Høgronden ist der dritthöchste Rondane-Gipfel und der höchste des nordöstlichen Gipfelquartetts. Mit ihrer surrealen Stufengratgestalt bildet die Vierergruppe Høgronden (2115 m), Midtronden Ost (2042 m), Midtronden West (2060 m) und Digerronden (2016 m) die Landschaftsdominante über dem Dørålen am Oberlauf der Atna. Auf allen Gipfeln liegen Gästebücher aus, ein T-Pfad führt von den Dørålseter-Herbergen auf den Høgronden, wobei die Landschaft auch hier die charakteristischen Rondane-Geländeformen und -farben aufweist: gletschergeformte Hänge, Hochflächen mit weiter Aussicht, dann der lange, steile Aufstieg in der Blockzone im Sparagmit-Sandstein (Tour 40).

Auch in den Randgebieten vor dem Nationalpark lohnen zahlreiche Wanderberge, etwa jene bei der Höhensiedlung Høvringen (Tour 32) sowie beim See Furusjøen, der »blauen Perle« des Rondane-Gebirges (Touren 30 und 31).

Im Rondane genießt man die berauschend schöne Landschaft.

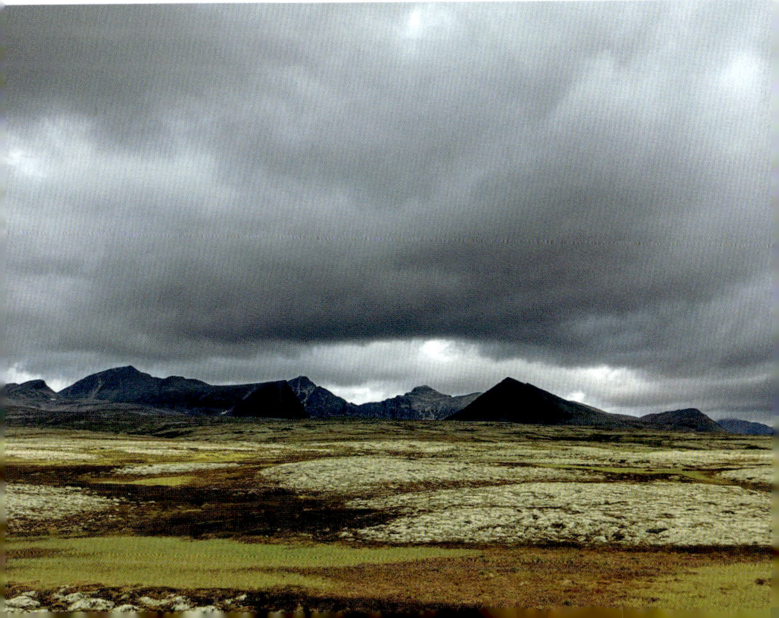

Atndalen

Die östlichen Rondane-Gipfel sind in wechselnden Perspektiven der Hauptblickfang an der Landschaftsroute Rondane durch das Atndalen im Osten des Nationalparks (Fv 27). Die Aussicht vom Rastplatz Sohlbergplassen erinnert an Harald Sohlbergs berühmtes Gemälde »Vinternatt i Rondane«. Am Rastplatz Straumbu beginnt die Wanderung zur DNT-Herberge Bjørnhollia (Tour 39), auf der sich das Sohlbergpanorama ohne Autoverkehr erleben lässt. Weiter nördlich zweigt der Mautweg zu den Almherbergen Døralseter ab, an denen die Wanderungen auf den Høgronden (Tour 40) und auf dem Fernwanderweg Rondanestien zur Grimsdalshytta (Tour 41) beginnen. Noch ein Stück weiter nördlich zweigt der Mautweg ins Grimsdalen ab.

Grimsdalen

Das weite Almtal Grimsdalen zwischen den Nationalparks Rondane und Dovre ist das lieblichste Tal im Raum Jotunheimen-Rondane. Für den Verkehr erschlossen ist es durch einen nicht asphaltierten Mautweg, den viele wegen des meist nur sachten Gefälles als Radwanderweg benutzen. Etwa in der Mitte des Tals lädt in exzellenter Aussichtslage die DNT-Herberge Grimsdalshytta am Fernwanderweg Rondanestien zur Einkehr und Übernachtung ein (Touren 41 und 46). Der Wanderpfad, der an der Alm Tollevshaugen beginnt, ist als »Paradiesrunde« beschildert (Tour 44): Man durchwandert ein entrücktes Hochland mit fulminantem Blick auf das nordöstliche Rondane-Gipfelquartett; auch der Tollevshaugen bietet Über-

Die Schlucht Tverrgjelet im oberen Grimsdalen im Nordwesten des Rondane-Massivs.

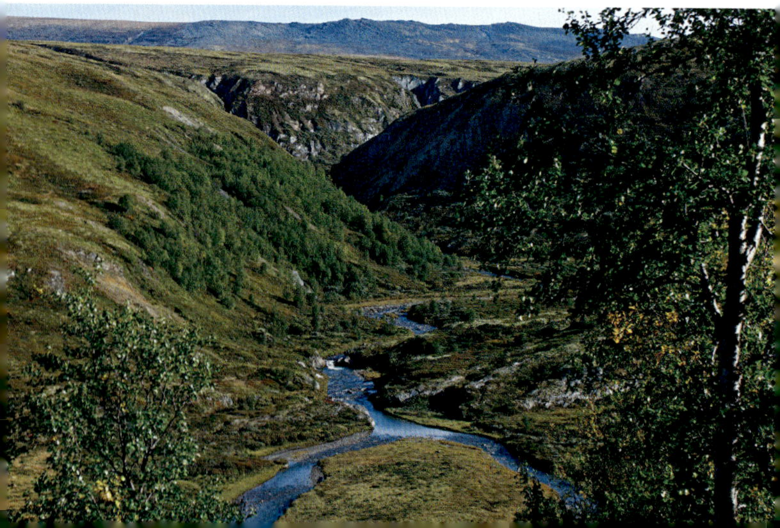

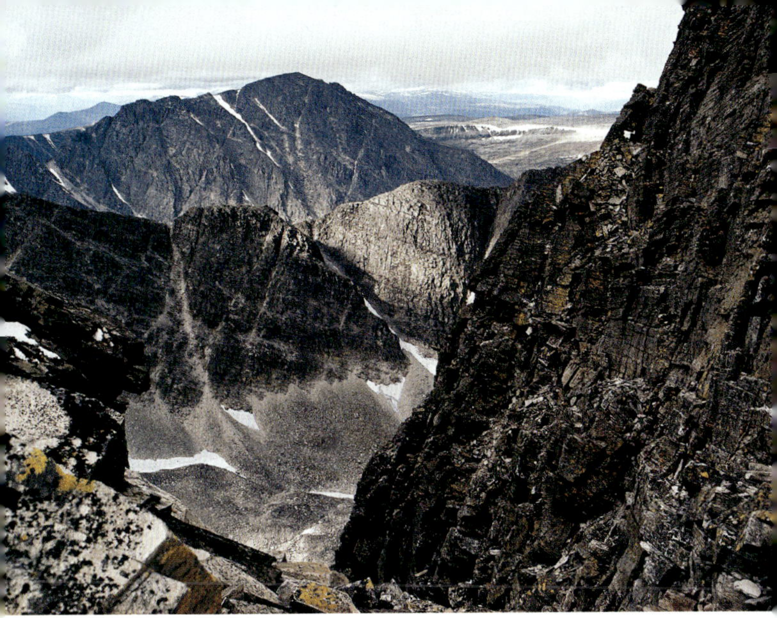

Am Veslesmeden (Tour 36) schweift der Blick über zwei Quellkare des Flusses Atna hinweg zum Trolltinden (2018 m), dem höchsten Gipfel des Smiubelgin-Massivs.

nachtung an (Bergsengsæter). Am unteren Eingang des Tals ist der leichte Wanderweg zum Wasserfall Fallfossen ausgeschildert, oberhalb des schroffen Schlussbereichs zweigt der Mautweg zur Almherberge Haverdalseter ab (Touren 42 und 43). Im eindrucksvollen Schlussbereich befindet sich die Schlucht Tverrgjelet.

Dovre Nationalpark

Der Nationalpark Dovre umfasst auf 289 km^2 die arktisch geprägte Kuppenlandschaft oberhalb der Baumgrenze zwischen den Orten Dombås im nördlichen Gudbrandsdalen und Folldal im nördlichen Østerdalen. Das Almtal Grimsdalen trennt ihn vom südlich anschließenden Nationalpark Rondane, im Norden bildet das von der E 6 erschlossene Dovreplateau die Grenze zum Nationalpark Dovre-Sunndalsfjella. Höchster Punkt ist das Gebiet rund um die Fokstuguhøe (1716 m).

Ungeachtet des arktischen Gepräges wartet die von fruchtbaren eiszeitlichen Schmelzwasserflusssedimenten bedeckte und von kalkreichem Gestein durchsetzte Kuppenlandschaft mit einem großen Artenreichtum auf. Fast alle norwegischen Bergpflanzen sind hier beheimatet. An den Mooren, darunter Norwegens südlichste Permafrostmoore, und rund um die kleinen Seen herrscht ein reges Vogelleben. Steinadler und Jagdfalken sind ebenso zu beobachten wie der vom Wattenmeer bekannte Meerstrandläufer, der im Frühsommer auf den Gipfeln unterwegs ist. Schon seit der letzten Eiszeit lebt ein Wildrenstamm im Nationalpark; der Vielfraß wurde wieder eingebürgert.

Den Wildnischarakter des Dovre-Nationalparks unterstreicht die Tatsache, dass es hier keine Übernachtungshütten gibt und mehrere Wanderpfade nicht mehr markiert werden. Hauptwanderweg ist der Fernwanderweg Rondanestien zwischen der Wandervereinsherberge Grimsdalshytta im Süden und der Herberge Hageseter auf dem Dovreplateau (Tour 46). Der Königs- und Pilgerweg Gudbrandsdalsleden folgt dem West- und Nordrand des Nationalparks. Das Nationalparkzentrum Dombås befindet sich an der E 6, das Nationalparkzentrum Folldal auf einem ehemaligen Grubengelände dokumentiert den Wandel »Vom Erzbergwerk zum Nationalpark«.

Dovrefjell-Sunndalsfjella-Nationalpark

Der 1693 km² große Nationalpark Dovrefjell-Sunndalsfjella am Übergang von Ost-, West-, Süd- und Mittelnorwegen vereint die weiten Hochflächen und vergletscherten Gipfelmassive im Bereich von Norwegens Nationalgebirge Dovrefjell und die Hochgebirgslandschaft Sunndalsfjella, die sich vom Dovrefjell westwärts zum Sunndalsfjord erstreckt. Das Dovrefjell ist das zweithöchste Gebirge Nordeuropas. Es gipfelt in der vergletscherten

Seit etwa 1170 erhebt sich die Stabkirche von Lom über der Mündung des Bøver- ins Ottadalen.

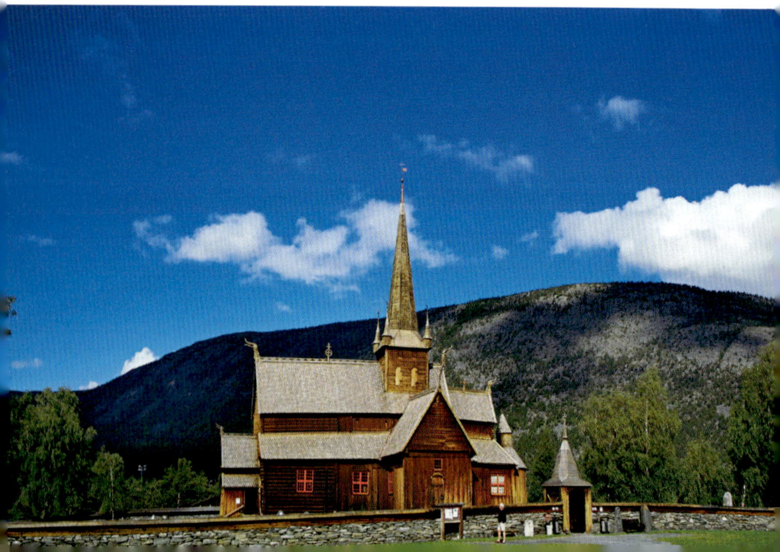

Snøhetta (2286 m, Tour 51), die bis weit ins 19. Jh. als höchster Gipfel Norwegens galt. Internationalen Ruf genießt das Dovrefjell als botanische Schatztruhe, als Rückzugsgebiet selten gewordener Vögel und Insekten sowie als Lebensraum der hier ausgewilderten urzeitlichen Moschusochsen. Die im Snøhetta-Gebiet entspringende Driva zählt zu den besten Seeforellen- und Lachsflüssen Europas und ist wie die Sjoa im Jotunheimen-Gebirge eine Wildwasserparadestrecke; nach 135 km langem Lauf mündet sie in Sunndalsøra zu Füßen des höchsten direkt aus der See aufsteigenden Gipfels Europas, des Storkalkinn (1880 m), in den Sunndalsfjord.

Fernwanderwege

Jotunheimstien (jotunheimstien.no)**:** Der mit dem roten Touren-T markierte und namentlich beschilderte Jotunheimstien verbindet Oslo und die DNT-Herberge Gjendesheim an der Ostgrenze des Nationalparks Jotunheimen. Die Schlussetappe des 320 km langen Fernwanderwegs führt über die aussichtsreiche Sikkilsdalshøa (Tour 21).

Rondanestien (rondanestien.no)**:** Der Rondanestien führt von Oslo zum Bahnhof Hjerkinn im Dovrefjell, die landschaftlichen Höhepunkte des 430 km langen Fernwanderwegs sind die Durchquerungen der Nationalparks Rondane und Dovre. Westlich des Aussichtsbergs Muen (Tour 28) tritt er in den Nationalpark Rondane ein (Tour 29), wo die verproviantierte Selbstversorgerhütte Eldåbu die erste Übernachtungsmöglichkeit bildet. Durch den Süden des Nationalparks schlängelt er sich nordwärts weiter zur DNT-Herberge Bjørnhollia (vgl. Tour 39), dort beginnt die Schlucht- und Talwanderung durch Langglup- und Bergedalen zu den Almherbergen Dørålseter. Es folgt die Pass- und Schluchtwanderung durch den Dørålsglupen und die Überschreitung der Gravhøe (Tour 41), ehe an der DNT-Herberge Grimsdalshytta das Finale durch den arktisch geprägten Nationalpark Dovre beginnt (Tour 46). Der Rondanestien ist wie der Jotunheimstien mit dem roten T markiert und namentlich ausgeschildert.

Olavsweg (pilegrimsleden.no)**:** Der in Deutschland als Olavsweg bekannte Strang der Pilgerwege zum Nidarosdom in Trondheim heißt in Norwegen Gudbrandsdalsleden, da er ab etwa Lillehammer in den Hängen über dem Gudbrandsdalen verläuft. Dort berührt er Sehenswürdigkeiten wie die Stabkirche von Ringebu, die hoch über dem Tal auf einem alten Thingplatz-Hügel mit exzellenter Aussicht thront. An der Kirche beim Bahnhof Dovre beginnt die landschaftlich herausragende Passage auf dem gleichlaufenden historischen Königsweg (Kongeveien) über das Dovrefjell: An dieser Strecke erreicht er am aussichtsreichen Hardbakken im Nordwesten des Nationalparks Dovre die höchste Stelle (Tour 47); am »Tor« auf der Hjerkinnshøe (Tour 49) erfolgt der symbolische Übertritt nach Mittelnorwegen – von hier geht es hinab ans Meer. Ausgeschildert sind Parkplätze am Gudbrandsdalsleden als »Pilegrimsleia« und »Pilegrimsleden«, Markierung ist ein stilisiertes Kreuz.

Der Umwelt zuliebe ...

Auch beim Wandern hinterlassen wir einen ökologischen Fußabdruck, aber im Einklang mit der Natur unterwegs zu sein, ist gar nicht so schwer!

VORBEREITUNG UND ANFAHRT

- Sich vorab informieren, worauf in Bezug auf Natur und Umwelt in der jeweiligen Wanderregion besonders zu achten ist.
- Soweit möglich mit Bahn und Bus anreisen, Wander- und Rufbusse nutzen.
- Ist eine Anfahrt mit dem Auto nötig, Fahrgemeinschaften bilden.
- Bei weiten Anfahrten Mehrtagestouren planen oder von einem Quartier vor Ort aus mehrere Touren absolvieren.
- Flugreisen möglichst reduzieren und durch Beiträge zu Klimaschutzprojekten kompensieren.

KLEIDUNG UND AUSRÜSTUNG

- Beim Kauf von Outdoor-Kleidung auf umweltfreundliche und faire Herstellung achten und Kleidungsstücke möglichst viele Jahre nutzen.
- Ausrüstung kann man eventuell auch gebraucht kaufen oder ausleihen.
- Reparieren statt neu kaufen.

VERPFLEGUNG

- Beim Einkauf Bio-Ware, regionale und saisonale Erzeugnisse bevorzugen.
- Hütten und Gasthäuser auswählen, die regionale Produkte verwenden.
- Auf Einwegflaschen und Plastikverpackungen verzichten, stattdessen wiederverwendbare Trinkflaschen und Brotzeitboxen benutzen.

ÜBERNACHTUNG

- Bei lokalen Anbietern buchen, damit Menschen vor Ort profitieren.
- Auf Hütten und in anderen Unterkünften Strom und Wasser sparen.

UNTERWEGS

- Wege benutzen und Abkürzer vermeiden.
- Sperrungen von Wegen und Schutzgebieten respektieren.
- Keine Blumen pflücken und keine Pflanzen entnehmen.
- Waldbrandgefahr beachten.
- Müll wieder mit nach Hause nehmen und dort entsorgen.
- Toilettengänge in freier Natur möglichst vermeiden.
- Lärm vermeiden.
- Hunde an die Leine nehmen.

ROTHER
BERGVERLAG

NÜTZLICHE INFORMATIONEN VON A BIS Z

Anfahrt

Hauptanfahrtsroute ist die Europastraße 6 von Oslo durch das Gudbrandsdalen und über das Dovrefjell nach Trondheim. Von der E 6 zweigen alle wichtigen Straßen zu den Nationalparks Jotunheimen, Rondane, Dovre und Dovrefjell-Sunndalsfjella ab.

Dovrebahn: Die Dovrebahn verbindet Oslo und Trondheim. Hjerkinn ist der Zielbahnhof des Fernwanderwegs Rondanestien nahe des Ausgangspunkts der Tour zum Viewpoint Snøhetta (Tour 50).

Autofähre: Die Kreuzfahrtfährschiffe der Reederei Color Line (colorline.de) laufen täglich um 14 Uhr in Kiel aus und machen am nächsten Vormittag um 10 Uhr in Oslo fest; sie sind die größten Autofähren der Welt.

Flug: Der Flughafen Oslo Gardermoen ist der größte Flughafen Norwegens; vom Bahnhof Gardermoen fahren Züge die 52 km zum Zentralbahnhof Oslo, darunter alle 10 Minuten der Hochgeschwindigkeitszug Flytoget.

Einkaufen und Einkehren

Bei seinen Planungen sollte man bedenken, dass die Entfernungen zwischen den einzelnen Ortschaften zuweilen sehr groß sein können. Insbesondere wenn man in entlegenen Gebieten wandert, kann im nächstgelegenen kleinen Ort ein Landhandel gänzlich fehlen bzw. er hat nach der Tour bereits geschlossen.

Prinzipiell gilt: je größer die Ortschaft, desto größer das Angebot und die Auswahl. Grundsätzlich gibt es aber selbst im kleinsten Landhandel Frischwaren in guter Qualität. In den letzten Jahren hat sich auch das Angebot für Vegetarier vergrößert. Das Preisniveau für Lebensmittel ist in Norwegen höher als in Deutschland oder Österreich bzw. ähnlich dem der Schweiz.

Einkehrmöglichkeiten gibt es insgesamt relativ viele, insbesondere in größeren Städten und entlang der nationalen Landschaftsrouten. In den Berghotels und Herbergen kann auch ohne Übernachtung gespeist werden. Das Frühstücksbuffet (frokost) gibt es relativ preisgünstig. Das norwegische Mittagessen (lunsj) besteht aus einem Imbiss oder einer reinen Brotmahlzeit. Die Hauptmahlzeit des Tages ist das warme middag, das am späten Nachmittag und frühen Abend serviert wird. Die traditionelle norwegische Küche ist sehr stark von Fisch- und Fleischspeisen geprägt. Sehr beliebt sind zudem Waffeln mit Sahne und Marmelade. Die Auswahl an verschiedenen Molkereiprodukten ist zwar nicht groß, aber dafür von herausragender Qualität. Immer wieder findet man auch kleine Hofläden und Käsereien mit leckeren Spezialitäten. Hinzugekommen sind in den letzten Jahren, wie überall, Pizzen, Burger (besonders beliebt an Tankstellen, auch in vegetarischen Varianten oder mit Kabeljau erhältlich) und Tex-Mex-Gerichte. Die früher allgegenwärtigen pølse (Wiener) mit lomper (ein Kartoffelmehlfladen) sind beinahe vollkommen verschwunden. Für die gesunde

Ernährung wird von staatlicher Seite (sowie der Supermarktketten) ein großer Aufwand betrieben – bis hin zum ordentlichen Schulfach »Gesundheit und Ernährung«. Mittlerweile gibt es immer mehr Spitzenrestaurants mit einer sehr modernen und experimentellen Küche. Nicht vergessen sollte man, dass alkoholische Getränke (mit der Ausnahme von Bier) in Norwegen außerhalb von Restaurants nur in den Läden des Vinmonopolet verkauft werden, welche nur zu eingeschränkten Zeiten geöffnet haben.

Feiertage und Ferien

Offizielle Feiertage sind Gründonnerstag (skjærtorsdag), Karfreitag (langfredag), Ostermontag (andre påskedag), Christi Himmelfahrt (Kristi himmelfartsdag), Pfingstmontag (andre pinsedag) und erster und zweiter Weihnachtsfeiertag (første og andre juledag) sowie Neujahr (første nyttårsdag), der 1. Mai (første mai) und der Nationalfeiertag (grunnlovsdag) am 17. Mai. Der Nationalfeiertag der Samen ist der 6. Februar. Hauptreisezeit in den Ferienzeiten sind jeweils die Woche vor und nach Ostern sowie Mitte Juni bis Anfang August.

FREIZEIT IM GEBIET JOTUNHEIMEN-RONDANE-DOVREFJELL

Angeln
Benötigt werden, auch beim Angeln auf Wanderungen, die staatliche und die lokale Angellizenz (fiskekort). Beide Lizenzen sind am einfachsten online unter inatur.no zu erwerben. Aber auch auf Campingplätzen, in Geschäften, Hotels und DNT-Hütten erhält man die lokalen Lizenzen.

Gleitschirmfliegen
Die Blåhøe (1617 m) zwischen Otta- und Gudbrandsdalen ist der bedeutendste Gleitsegelberg Südnorwegens, die Piloten werden von Shuttle-Vans des Luftsportzentrums in Sørem bei Vågåmo zu den Startpunkten an den Hügeln Vole und Salknappan gefahren.

Gletscherführungen
Alle gletschernah gelegenen Herbergen im Jotunheimen sowie mehrere Outdoorunternehmen bieten Führungen zu und auf Gletschern an. Es ist ratsam, eigene Ausrüstung dabei zu haben, auch wenn sie in einigen Herbergen ausgeliehen werden kann. An der Herberge Krossbu starten Führungen zum auch von Eiskletterern aufgesuchten Bøverbrean (4–6 Std) sowie über den Smørstabbrean zur Herberge Leirvassbu (7 Std). An der Herberge Spiterstulen beginnt der beschwerliche Aufstieg zum Svellnosbrean (7 Std). Die attraktivsten leichteren Gletscherwanderungen führen von der Herberge Juvasshytta auf den Galdhøpiggen (7 Std. hin und zurück). Von der Sognefjellshytta und der Krossbu werden Touren auf den Fannaråkbreen angeboten.

Kanuwandern und Rafting
Sjoa, Otta und Gudbrandsdalslågen sind die großen Rafting- und Kanuwanderflüsse im Raum Jotunheimen-Rondane, die ebenso bekannte Driva sucht sich ihren Weg vom Snøhetta-Gebiet im Dovrefjell nach Mittel- und Westnorwegen. Die Sjoa stellt streckenweise hohe

Ansprüche. Übersichtskarten, die auch die gesperrten Abschnitte verzeichnen, sind an Parkplätzen und Einsatzstellen angeschlagen. An der Sjoa und am Gudbrandsdalslågen sind von der Straße aus überdurchschnittlich viele Raftingschulen und -camps zu finden.

Klettern

Die vergletscherte Hurrungane-Gruppe im Westen des Jotunheimen-Gebirges ist eines der begehrtesten Klettergebiete Skandinaviens. Der Storen (2406 m) ist der dritthöchste Gipfel Nordeuropas und der höchste, der ausschließlich in Kletterei ersteigbar ist, Kletternotquartier in unmittelbarer Nähe ist die winzige Steinhütte Skagastølsbu, erreichbar in 6 Bergwanderstunden vom Hotel Turtagrø aus. – Der Lomseggen-Klettersteig führt mehr als 1000 Hm vom Ottadalen auf die Lomseggje, den Grat im Mündungswinkel zwischen Otta und Bøvre. Ausgangspunkt der Via Ferrata ist der Campingplatz Nissegården 2,5 km nördlich des Ortszentrums von Lom an der Straße 15 Richtung Stryn. Ausrüstung kann an der Rezeption geliehen werden. Gegenüber von Lom erhebt sich über dem Nordufer der Otta das 400 m hohe Tronoberget-Kletterfeld.

Der Kletterpark Brimiskogen umfasst 60 Baumplattformen in Höhen von kinderleichten 1 und Schwindelfreiheit erfordernden 10 m in einem Waldstück des weiträumigen Freizeitgeländes der Herberge Brimi fjellstugu in Tessand zwischen dem See Tesse und dem Ottadalen.

Museen

Das bedeutendste »Museum« im Raum Jotunheimen-Rondane ist die Stabkirche von Lom, deren Geschichte im Stavkirkesenteret (Stabkirchenzentrum) dokumentiert ist. – Das Norsk Fjellmuseum (Norwegische Fjellmuseum) in Lom ist das Informationszentrum der Nationalparks Jotunheimen und Reinheimen. Die Ausstellung beleuchtet Aspekte der Bergwelt von den Zeiten der Mammutjäger bis zum Ressourcenverbrauch der Gegenwart. – Das Jutulheimen bygdamuseum an der torartigen Felsformation Jutulporten am Prestberget an der Straße 2634 oberhalb der Kirche von Vågå umfasst neun Häuser aus dem 18.–19. Jh. – Das Heimatmuseum Lom bygdamuseum auf dem alten Thingplatz Presthaugen in Lom vereinigt Häuser und Katen aus dem 19. Jh. – Das Dovre-Nationalparkzentrum Folldal auf einem ehemaligen Grubengelände dokumentiert den Wandel »Vom Erzbergwerk zum Nationalpark«. – In Hjerkinn steht das Besøkssenter villrein des Nationalparks Dovrefjell.

Radwandern

Der Mautweg Grimsdalsvegen durch das gleichnamige Tal zwischen den Nationalparks Rondane und Dovre ist eine attraktive Radstrecke; man durchfährt sie von Osten aus im Anstieg. – Aussichtsreiche Höhenradwege sind auch die Almwege auf dem Bringsfjellet zwischen Ottadalen und Heidal; man parkt z. B. am höchsten Punkt der Passstraße Lalm – Heidal. Gute Routen sind die für den öffentlichen Verkehr gesperrten Transportwege zu Herbergen in den Nationalparks. Am Parkplatz an der Spranget-Schlucht (Tour 35) am Beginn des Transportwegs zur Herberge Rondvassbu können Räder gemietet werden. –

Mountainbiker loten ihre Grenzen auf dem Mautweg Blåhøvegen von Vågåmo im Ottadalen zur Blåhøe aus.

Internet, Telekommunikation

Unterkünfte bieten meistens einen kostenfreien Zugang zum Internet an. Zu beachten ist, dass bei Fjellwanderungen mit schlechter bzw. keiner Netzabdeckung zu rechnen ist. In Norwegen fallen keine Roaminggebühren an.

NOTRUFE

Europäischer Notruf: 112
Notfalldienst: 113
Arzt: 116 117
Feuerwehr: 110
Polizei: 112
Abschleppdienst Falck: 02 222
Abschleppdienst Viking: 06 000

Öffentliche Verkehrsmittel

Der nationale Online-Reiseplaner entur.no listet alle Verkehrsverbindungen – Bus, Bahn, Schiff, Flugzeug – zwischen Ausgangs- und Endpunkt einschließlich aller Zwischenstopps und Umsteigehaltestellen auf. In besonderen Fällen wird bei den Touren in der Kurzinfo auf lokale Fahrdienstleister hingewiesen.

NOR-WAY Bussekspress (nor-way.no) bedient ein weitläufiges Netz an Expressbusverbindungen und wird bei der Anreise zu Wanderausgangspunkten an großen Straßen viel benutzt.

Abseits der großen Straßen kann man von Glück sprechen, wenn zumindest im Sommerhalbjahr einmal täglich ein Bus fährt. Man sagt dem Fahrer, wo man aussteigen will, und fragt, wann man am nächsten Tag wieder zusteigen kann.

Unterwegs im Rondane.

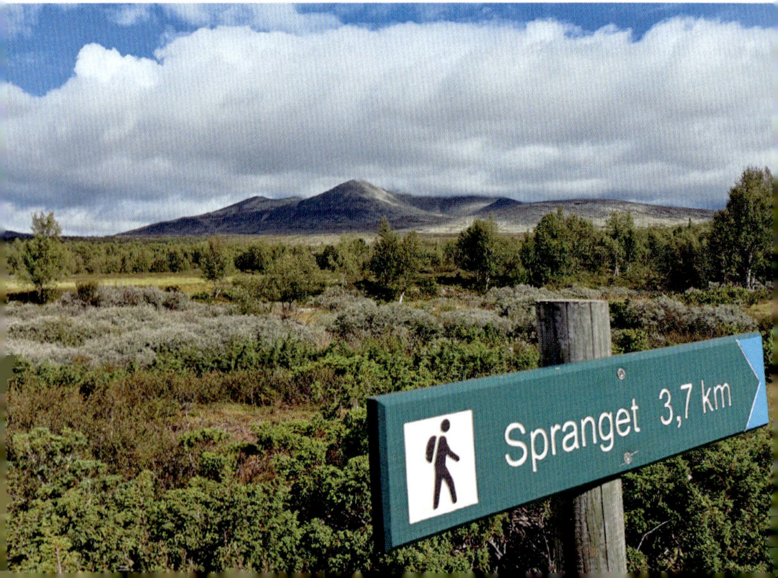

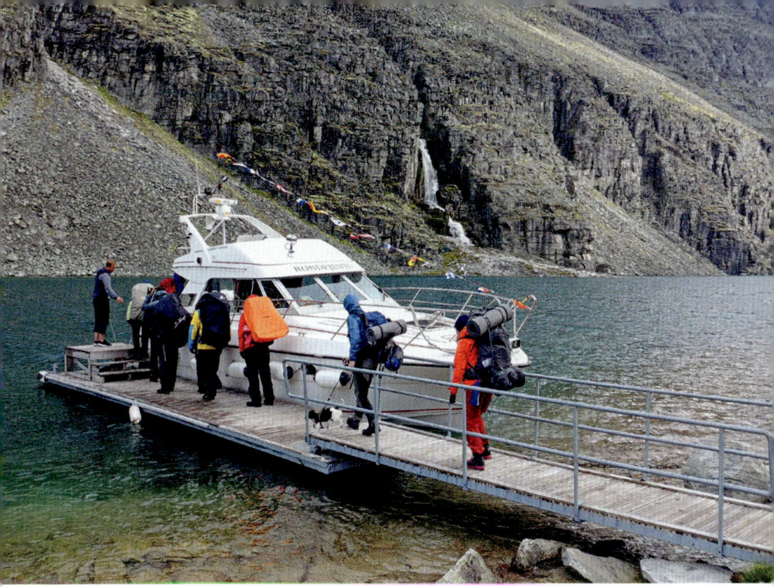

Bootstransfer auf dem Rondvatnet.

Sprachen und Schreibweisen

Amtssprachen sind in Norwegen die zwei Standardvarietäten der norwegischen Schriftsprache, bokmål (von 88 % der Bevölkerung benutzt) und nynorsk (von 12 % der Bevölkerung benutzt), sowie die drei samischen Sprachen nordsamisk, lulesamisk und sørsamisk. Bei bokmål handelt es sich um eine überwiegend auf dem Dänischen basierende norwegisierte Sprachvarietät, während nynorsk vor allem auf ländlichen norwegischen Dialekten basiert. Zu diesen standardisierten und immer wieder reformierten Schriftformen kommen verschiedene Dialekte hinzu. Die Gemeinden (kommune) sowie Schulbezirke entscheiden über die für sie geltende Schriftsprache. In 25 % der Gemeinden (die sich überwiegend in Westnorwegen befinden und in denen 12 % der Bevölkerung leben) ist die Amtssprache nynorsk, in 33 % der Gemeinden bokmål und die restlichen Gemeinden sind neutral. Dies alles erleichtert das Verstehen der norwegischen Sprachen nicht gerade, zumal geschriebenes und gesprochenes Wort häufig auch stark voneinander abweichen.

Die amtliche Schreibweise von Statens kartverk auf Karten und auf Schildern basiert auf der vor Ort angewendeten Schriftsprache. Diese wiederum wird von den Internetsuchmaschinen, den Informationsportalen- und Broschüren sowie dem DNT benutzt. Ebenso wird im vorliegenden Wanderführer verfahren.

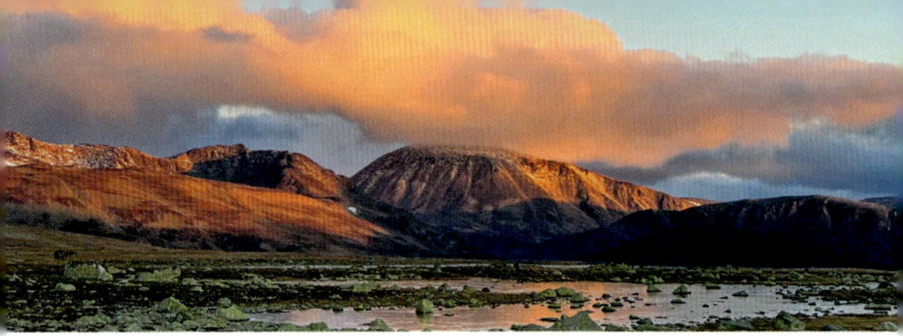

Blick auf den Besseggen, die Besshøe und die Knutshøe im Jotunheimen.

Straßenverkehr und -infrastruktur

Das öffentliche Straßennetz in Norwegen besteht aus über 93.000 km, von denen ca. 10.000 km sogenannte riksveier (Reichsstraßen, zu denen auch die mit einem »E« gekennzeichneten Europastraßen gehören) und 44.000 km fylkesveier (Fylkestraßen) sind. Sie werden auch mit den Kürzeln Rv und Fv benannt. Eine nummerierte Beschilderung der Straßen erfolgt nur bei den Europastraßen (grün), den Rv (grün) und in der Regel bei den zwei- und dreistelligen Fv (weiß). Nichtsdestotrotz werden im vorliegenden Wanderführer bei den Anfahrtsbeschreibungen auch die vierstelligen Straßennummern genannt. Bei älteren Straßenkarten (und auch in Google Maps) muss beachtet werden, dass nach den neuesten Reformen die Nummerierung zum Teil nicht mehr übereinstimmt. Eine sehr gute Orientierung über das Straßennetz gibt die von Statens vegvesen (staatliche Kraftfahrzeug- und Verkehrsbehörde) betriebene Website vegkart.atlas.vegvesen.no.

Zusätzlich zu den öffentlichen Straßen gibt es viele privat unterhaltene Mautstraßen (bomveier), für die eine Maut – entweder bar oder per Kreditkarte – entrichtet werden muss. Eine Maut wird in Norwegen außerdem auf öffentlichen Straßen erhoben, um die Straßennutzung zu steuern (bevorzugt in Großstädten) und um Verkehrsbauprojekte wie Straßen-, Brücken- und Tunnelbauten zu refinanzieren. Zur Begleichung der Maut werden die Fahrzeuge elektronisch per Kamera erfasst. Die Rechnung erhält der Fahrzeughalter von der schwedischen Firma Epass 24 direkt nach Hause. Es ist auch eine vorherige Registrierung unter epass24.com möglich.

Die zulässige Höchstgeschwindigkeit beträgt innerhalb geschlossener Ortschaften 50 km/h, außerhalb 80 km/h, auf Schnellstraßen/Autobahnen 90–100 km/h; die Alkoholgrenze liegt bei 0,2 Promille. Verkehrsverstöße werden mit drastischen Strafen bis hin zu Gefängnis geahndet.

18 Straßenabschnitte sind zu Nasjonale turistvegene (Landschaftsrouten) gekürt worden. Sie bestechen durch eine außergewöhnlich schöne Landschaft kombiniert mit touristischen Attraktionen und architektonischen Highlights sowie Rastplätzen und Aussichtspunkten am Wegesrand.

Schlussendlich führen aber auch viele andere Straßen durch fantastische Landschaften – über Fjelle, entlang der Küsten, über grandiose Brückenbauten, durch (zuweilen gewöhnungsbedürftige) Tunnel und über steile, sich in Serpentinen windende Passstraßen. Mancher Streckenabschnitt ist nicht für jedes Gefährt und auch nicht für jedermanns Nerven geeignet. Hinweise zur Unpassierbarkeit für größere Wohnmobile und Gespanne sollte man unbedingt beherzigen. Lässt die geringe Breite mancher Gebirgsstraßen eine Zweispurigkeit nicht zu, so signalisieren Schilder mit dem Buchstaben »M« (møteplass = Treffpunkt) Ausweichmöglichkeiten.
Gebirgsstraßen und insbesondere private Mautstraßen können bis in den kalendarischen Sommer hinein von Schnee bedeckt sein.
Bei Schneelage sind Straßen ab ca. Oktober gesperrt. Straßenkarten verzeichnen die üblicherweise gesperrten Abschnitte der Straßen 51, 55 und 27. Über Sperrungen (stengninger) und vorgeschriebenes Kolonnefahren (kolonnekjøring) informiert Statens vegvesen auf vegvesen.no/trafikkinformasjon/reiseinformasjon/fjelloverganger, über die Wetterverhältnisse das Wetterportal yr.no. In Otta signalisiert eine Ampel Sperrungen der üblicherweise ganzjährig befahrbaren Rv 15 nach Stryn auch im Sommer.
Obwohl das Tankstellennetz gut ausgebaut ist, sollte man, insbesondere bei entlegenen Straßen im Fjell, daran denken, dass die nächste Tankmöglichkeit weit entfernt sein kann. Viele Tankstellen sind zudem Selbstbedienungs-Tankstellen, sodass man seine Kreditkarte und die PIN parat haben sollte.

Über die Valdresflye.

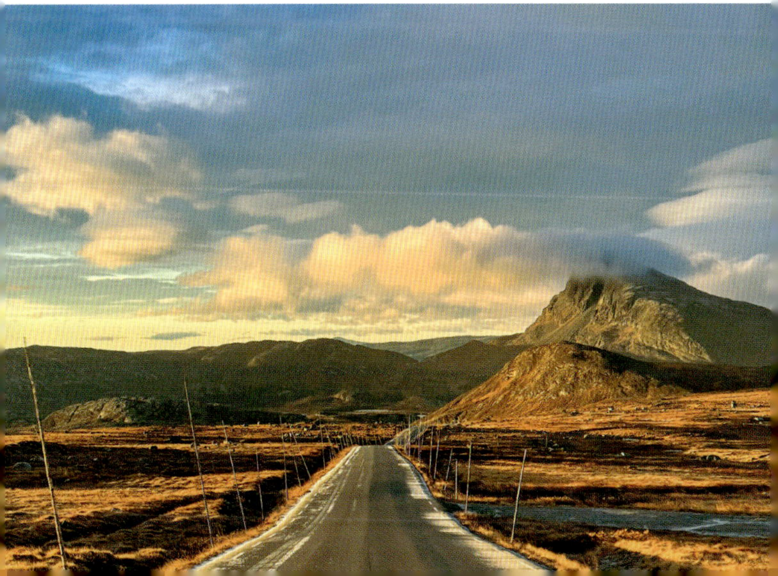

Unterkünfte

Übernachtungsmöglichkeiten gibt es in verschiedenen Preiskategorien. Neben Hotels (mit einem sehr guten Standard) findet man in vielen Gegenden auch Übernachtungsmöglichkeiten in Ferienhäusern oder über Airbnb. Campingplätze gibt es in verschiedenen Preiskategorien, meistens sehr schön gelegen und großzügig angelegt. Die meisten Campingplätze bieten Hütten als alternative Übernachtungsmöglichkeit an.

Zahlungsmittel

In Norwegen kann fast überall mit Kreditkarte und PIN bezahlt werden, sodass prinzipiell kein Bargeld nötig ist. Dennoch ist das Mitführen einer kleinen Summe in Kronen empfehlenswert, da nicht alle Mautstellen im Fjell mit elektronischen Schranken und Kartenautomaten ausgerüstet sind. Geldautomaten (Minibank) gibt es bei den Bankinstituten in den größeren Orten bzw. an Supermärkten; es muss damit gerechnet werden, dass die Geldautomaten nur während der Banköffnungszeiten funktionieren. Ein Bargeldumtausch vor Ort ist nicht möglich.
Achtung: Für das in Norwegen übliche Bezahlen mit der Bezahlapp vipps benötigt man ein norwegisches Bankkonto.

Zollbestimmungen

Die aktuellen Zollbestimmungen erfährt man unter toll.no. In der Rubrik »Reise« stehen alle notwendigen Informationen in deutscher Sprache. Insbesondere sind hier die Bestimmungen für die Einfuhr von Alkoholika und Lebensmitteln sowie die Ausfuhr von gefangenem Fisch von Bedeutung.

Hängebrücke über die Atna im Rondane-Gebirge.

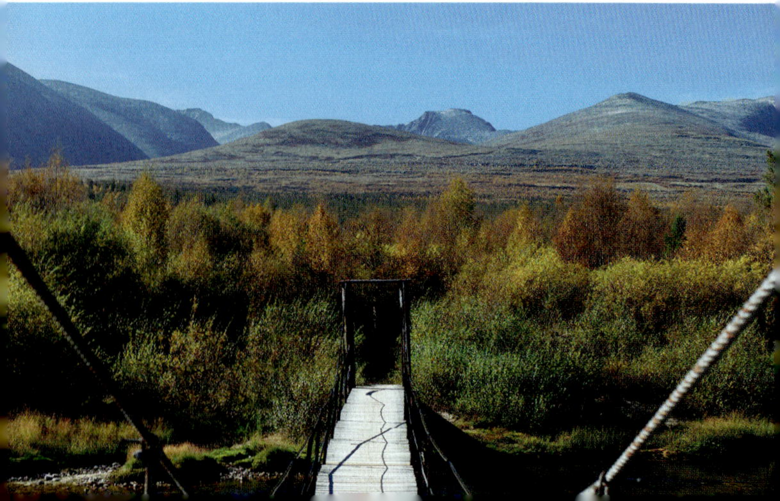

KLEINES WANDER-WÖRTERBUCH

å, åa	kleiner Fluss	regn, -et	Regen
bekk, -en	Bach	rygg, -en	Bergrücken
berg, -et	Berg	seter, -a/-en	Alm
botn, -en	inneres Tal-/Fjordende	sjø, -en	der/die See
bre, -en	Gletscher	skar, -et/skard,-et	Scharte, Sattel
bro, -a/bru, -a	Brücke	skog, -en/skau, -en	Wald
bu, -a	(Alm-)Hütte	snø, -en	Schnee
bukt, -a	Bucht	sol, -a/-en	Sonne
by, -en	Stadt	sti, -en	Pfad, Steig
dal, -en	Tal	strand, -a/-en	Strand
egg, -en	Grat	støl, -en	Alm, Almhütte
eid, -et	Landenge	telt, -et	Zelt
elv, -a	Fluss	tid, -a/-en	Zeit
fare, -en	Gefahr	time, -en	Stunde
ferge, -a/ferje, -a	Fähre	tind, -en	Gipfel (spitz, alpin)
fjell, -et	Bergland über der Baumgrenze	tjørn, -a/tjern, -et	kleiner See
fly, -a/-en	Hochfläche	topp, -a/-en	Gipfel (generell)
fonn, -a/-en	Firn	tur, -en	Tour
foss, -en	Wasserfall	ur, -a/-en/urd, -a	Geröll
fylke, -et	Provinz	utsikt, -a/-en	Aussicht
fyr, -et	Leuchtturm	vann, -et/vatn, -et	See
gjel, -et	Klamm	varde, -en	Steinmännchen
grotte, -a/-en	Höhle	veg, -en/vei, -en	Straße, Weg
haug, -en	Anhöhe, Hügel	vidde, -a/-en	Hochfläche
hav, -et	Meer, die See, Ozean	vær, -et	Wetter
hei, -a/-en	grasbewachsene Hochfläche	øy, -a/-en	Insel
hjelp, -en	Hilfe	bratt	steil
hola, -a/-en	Höhle	farlig/farleg	gefährlich
hule, -a/-en	Höhle	forbudt/forby	verboten
holm/holme, -en	Schäre	full	voll
hytte, -a/-en	Hütte, Berghotel	gå	gehen
hø, -a/-en	Kuppe	krevende	anspruchsvoll
høgd, -a/høyde,-en	Höhe, Anhöhe, Höhenzug	ledig	frei
is, -en	Eis	lille/litle	klein
juv, -et	Schlucht	nedre/nedra	untere/-r/-s
kommune	Gemeinde	nord	Norden
kyst, -en	Küste	nordlig/nordleg	nördlich
myr, -a/-en	Moor	stengt	geschlossen
nasjonalpark, -en	Nationalpark	stor	groß
nykkel, -en	Schlüssel	sør, søre/søndre	Süden, südlich
nøkkel, -en	Schlüssel	ut	hinaus, heraus
ras, -et	Lawine	vandre/vandra	wandern
		vest, vestre	Westen, westlich
		øst/aust,	Osten
		østre/austre	östlich
		øvre	obere/-r/-s
		åpen/open	offen

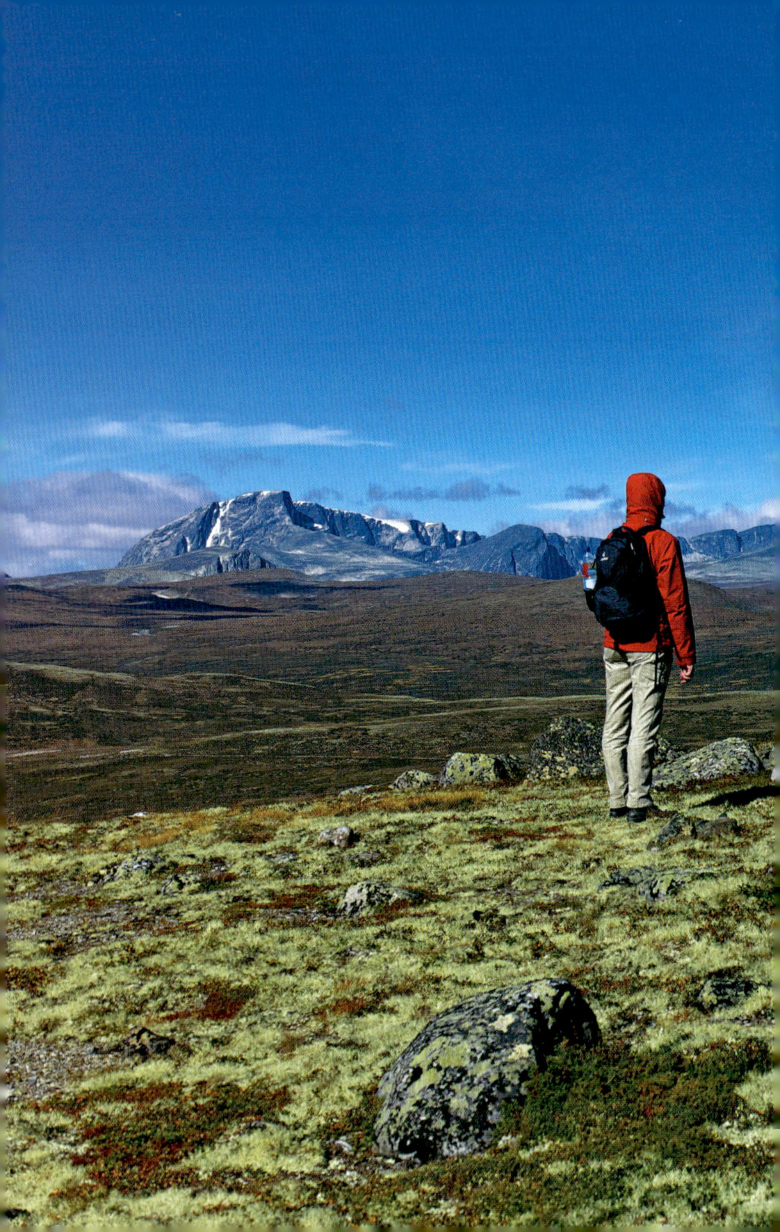

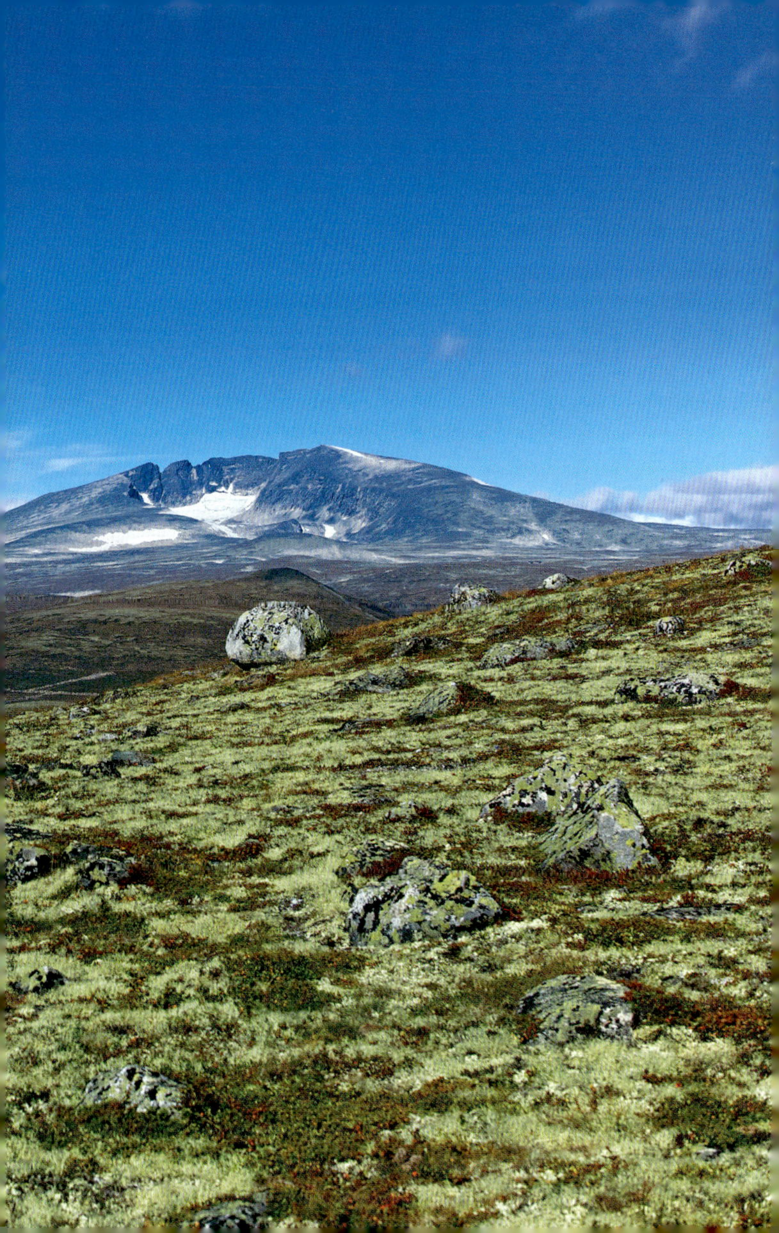

TOP

↗ 880 m | ↘ 880 m | 9.0 km

1 Tverrelvi – Store Soleibotntinden

6.45 h

Traumblick auf Gipfel und Gletscher

Der Store Soleibotntinden gilt als der leichteste ohne Kletterausrüstung bezwingbare Zweitausender der vergletscherten Hurrungane-Gruppe im Westen des Jotunheimen-Nationalparks. Der unmarkierte Anstieg auf den nach dem »Hahnenfußkar« Soleibotn benannten Berg bildet einen optimalen Einstieg in ein großartiges Wandergebiet oberhalb der Baumgrenze.
Die vergletscherte Hurrungane-Gruppe mit 24 Gipfeln oberhalb der 2000-m-Kote ist eines der bekanntesten Klettergebiete Skandinaviens. Sie erhebt sich im westlichen Jotunheimen am Übergang zum inneren Sognefjord; ihre höchste Erhebung, Storen, ist mit 2406 m der dritthöchste Gipfel Nordeuropas. Zu Füßen der Hurrungane-Zweitausender verläuft die schmale Serpentinenstraße Tindevegen (Gipfelstraße), die sich vom Berghotel Turtagrø aufs Berdalsfjellet windet und dort südwärts kurvt.

Ausgangspunkt: Parkbucht an der Passstraße Tindevegen, an der Tverrelvi-Brücke, 1224 m, in der Sognefjord-Gemeinde Luster. Auf der Fv 55 Sognefjellsvegen zum Turtagrø Hotel und dort nach links in Richtung Øvre Årdal abzweigen, nach 8,2 km parken. Von Øvre Årdal aus muss Maut bezahlt werden.
Anforderungen: Trittsicherheit, Kondition und Schwindelfreiheit sowie Grundkenntnisse im Klettern.
Karte: Turkart 1:25.000 Hurrungane.
Hinweis: Wenn sich die Straße ins Tal Berdalen hinabsenkt, heißt es langsam fahren, da man schlecht wenden kann und sich am ersten wild unter der schmalen Straße hindurchschäumenden Bach der Ausgangspunkt befindet.

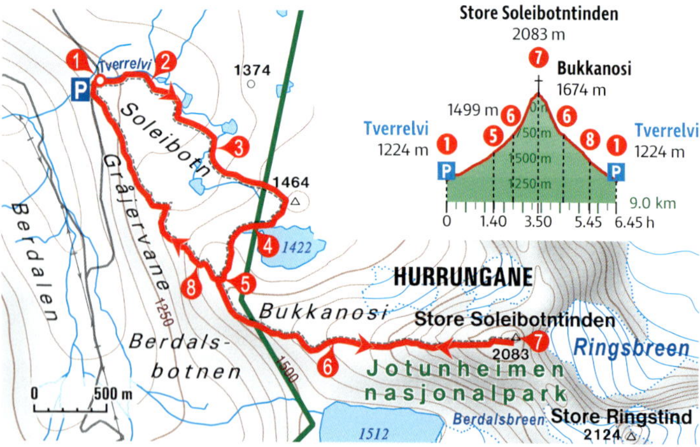

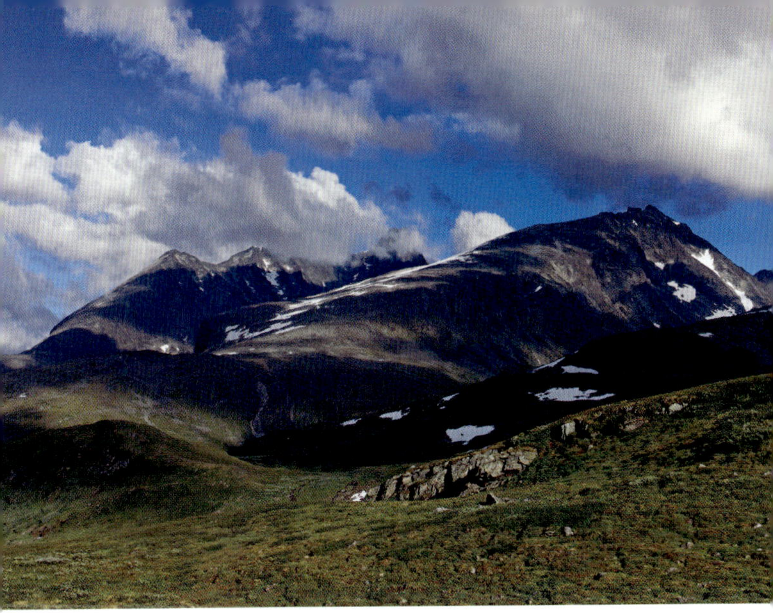

Soleibotn-Kar mit Blick auf Dyrhaugstinden (hinten) und Lauvnostinden.

Wir starten am schäumenden Bach **Tverrelvi** ❶. Bei hoher Wasserführung startet man südlich des Bachs, bei geringeren Wassermengen – im August, dem besten Monat für diese Tour – ist die Nordseite die bessere Wahl.
Längs der Tverrelvi geht es aussichtsreich aufwärts und (sofern man am Nordufer gestartet ist) vor dem **ersten kleinen See** ❷ auf Trittsteinen auf die Südseite des Wasserlaufs, dem im Soleibotn-Kar, in dem unter anderem der seltene Eishahnenfuß beheimatet ist, zahlreiche weitere Bäche zuströmen. **Zwischen dem dritten und vierten See** ❸ queren wir erneut den Hauptbach, dann steigen wir etwas abseits des Wasserlaufs hinauf zum obersten und **größten See** ❹. Am Ufer geht es rechts über den Tverrelvi-Ausfluss und hinauf zur Rückroutenverzweigung auf dem gut sichtbaren **Kammansatz** ❺. Wir folgen dem gelegentlich mit Steinmännchen markierten, aussichtsreichen Pfad auf dem wuchtigen Kamm links hinauf auf den Absatz **Bukkanosi** ❻ zwischen den Gletschern, wenig später bewältigen wir einen Steilaufschwung. Nun geht es in grobblockigem Gelände hinauf auf den **Store Soleibotntinden** ❼.
Der Abstieg folgt bis zum **Kammansatz** ❺ derselben Route, dort aber geht es geradeaus durch einen **felsigen Steilhang** ❽, an dem eine Hand als dritter Haltepunkt zupacken muss, hinunter zum Ausgangspunkt am **Tverrelvi** ❶.

↗ 790 m | ↘ 790 m | 6.6 km

2 Berdalsbandet – Vestre Austanbottstind

5.45 h

Im Reich der Hurrungane-Gletscher

Im Austanbotts-Massiv springt die Hurrungane-Gipfelgruppe im Nationalpark Jotunheimen am weitesten nach Westen vor, der Blick reicht bis zu den Gletschern des Breheimen-Nationalparks. Während die höchste Erhebung, der Store Austanbottstind (2204 m), Kletterern vorbehalten ist, reicht für den Westgipfel Vestre Austanbottstind über dem Gletscher Berdalsbreen Schwindelfreiheit. Dank der Westexposition des aussichtsreichen Kamms sind die Chancen auf Schneefreiheit schon Ende Juli gut.

Ausgangspunkt: Berdalsbandet, 1315 m, Parkmöglichkeit an der Mautstation auf der Passhöhe der Hochgebirgsstraße Tindevegen an der Grenze der Sognefjord-Gemeinden Luster und Årdal. Parken vor, also nördlich, der Mautstation (dann muss keine Maut entrichtet werden). Anfahrt vom Turtagrø Hotel siehe Tour 1, 12 km.

Anforderungen: Trittsicherheit, Kondition und Schwindelfreiheit sowie Grundkenntnisse im Klettern (Dreipunkthaltung).

Karte: Turkart 1:25.000 Hurrungane.

Am **Berdalsbandet** ❶ erreicht die schmale Hochgebirgsstraße Tindevegen eine Passhöhe von 1325 m. Hier parken Autos am Straßenrand und Zelte stehen im Grünen. Ostwärts sind der nur mit Kletterausrüstung ersteigbare Store Austanbottstind und unser Zielgipfel Vestre Austanbottstind links daneben bereits in Sicht.

Nach Unterqueren der Stromleitung geht es im Grünen pfadlos schräg rechts hinauf zu einer **Aussichtskuppe** ❷, 1483 m, auf der sich ein gutes Panorama der Gletscher im Nationalpark Breheimen bietet. Die Grashänge und -senken sind schon hier vom harten Gabbro-Gestein durchbrochen,

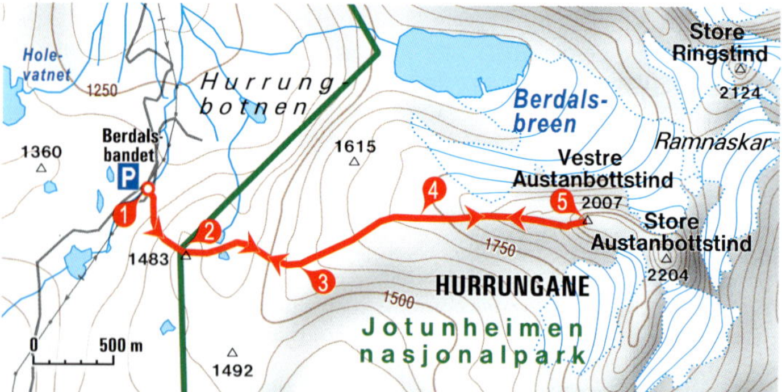

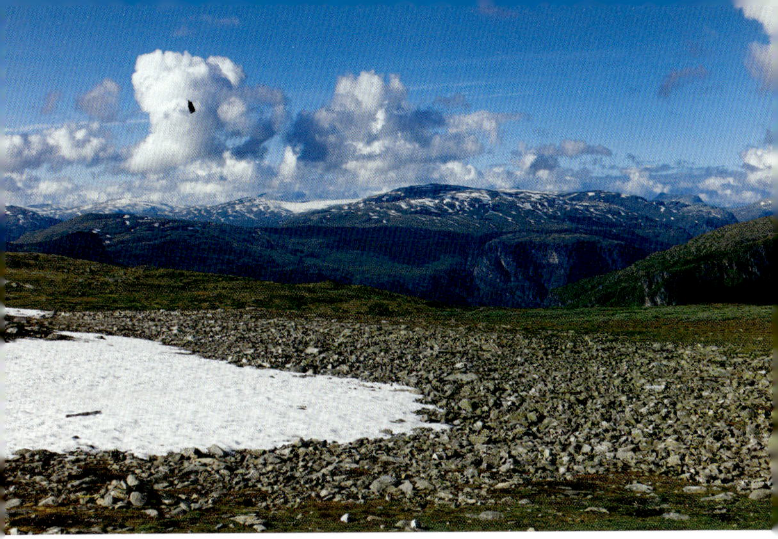

Im Nordwesten zeigen sich während des Aufstiegs die Gipfel im Gletscher-Nationalpark Breheimen sowie weiter links der Jostedalsbreen, der größte Gletscher Festlandeuropas.

auf dem weiter oben der Aufstieg erfolgt. Auf der Kuppe verläuft die Grenze des Jotunheimen-Nationalparks sowie jene zwischen den Sognefjord-Gemeinden Luster und Årdal.

Wir wandern ostwärts zwischen zwei kleinen Seen hindurch. Dahinter wird das Gelände steiler und es geht hinauf in die **Blockzone** 3, die auf etwa 1600 m Höhe beginnt. Ein zu Beginn noch breiter Geröllrücken führt über dem Gletscher Berdalsbreen entlang, der in einen grünen See ausschmilzt. Auf gut 1700 m Höhe **beginnt die steilste Partie** 4, der Rücken verjüngt sich zum grobblockigen Grat, auf dem Pfadspuren erkennbar sind und Steinmännchen zusätzlich der Orientierung dienen. Dann ist in leichter Kletterei sowie nach Passieren eines steilen Schneefelds, das sich ganzjährig halten kann, der Gipfel des **Vestre Austanbottstind** 5 erreicht.

Der Abstieg zurück zum Ausgangspunkt am **Berdalsbandet** 1 folgt der Aufstiegsroute.

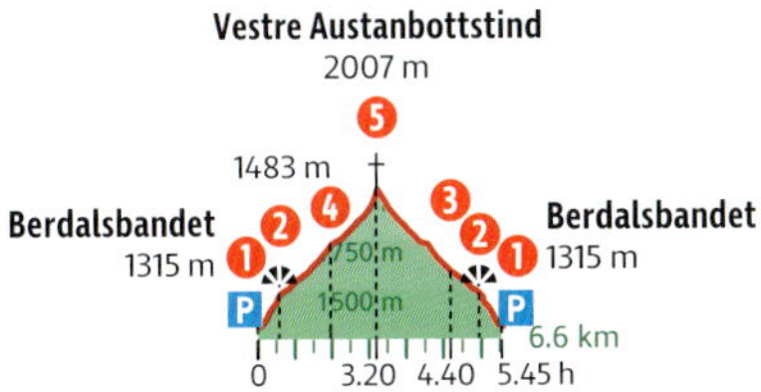

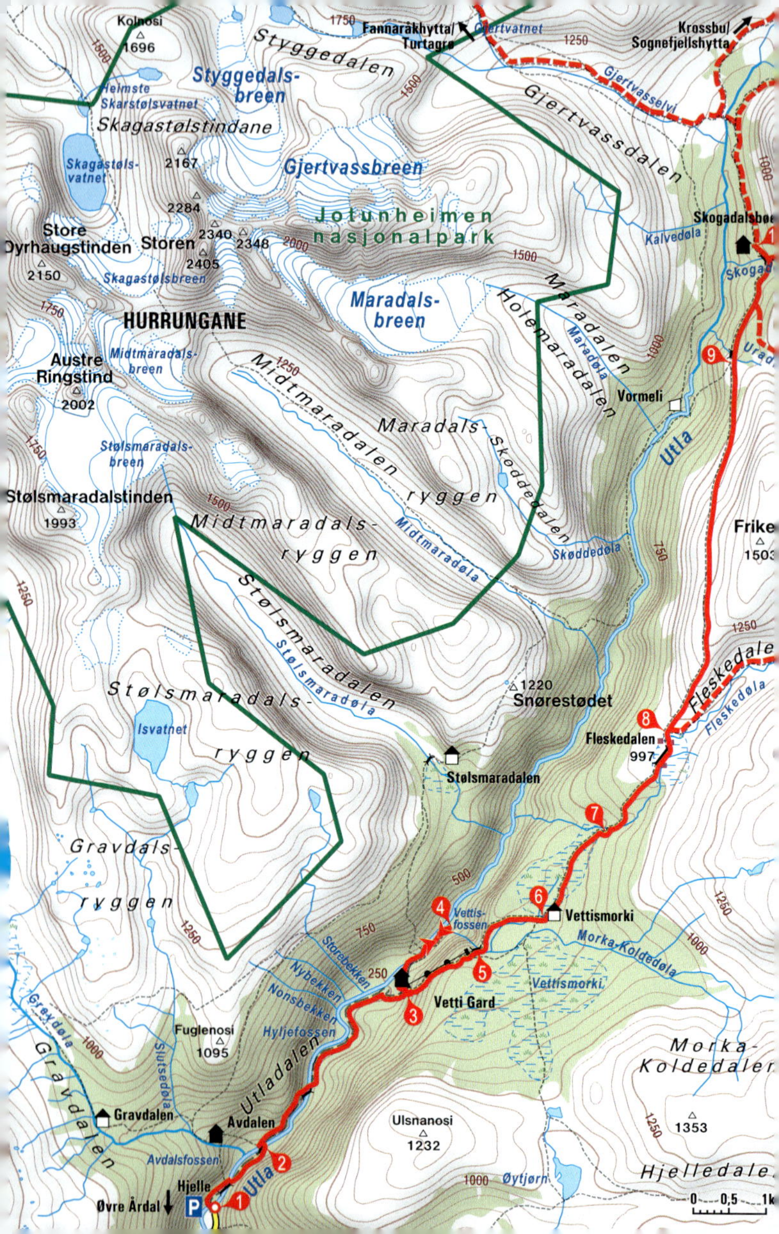

Kolnosi
1696
Styggedalen
Fannaråkhytta/ Turtagrø
Gjertvatnet
Krossbu/ Sognefjellshytta
Styggedals-breen
Heimste Skarstølsvatnet
Skagastølstindane
Gjertvassdalen
Gjertvasselvi
Skagastøls-vatnet
2167
Gjertvassbreen
2284
Jotunheimen nasjonalpark
Skogadalsbøen
Store Dyrhaugstinden
2150
Storen
2340
2348
2405
Kalvedøla
Skagastølsbreen
Maradalen
Maradals-breen
HURRUNGANE
Holemaradalen
Maradøla
Austre Ringstind
2002
Midtmaradals-breen
Midtmaradalen
Vormeli
Maradals-ryggen
Skoddedalen
Utla
Stølsmaradals-breen
Stølsmaradalstinden
1993
Midtmaradals-ryggen
Midtmaradøla
Skøddedøla
Frike
1503
Stølsmaradalen
Stølsmaradøla
1220
Snørestødet
Stølsmaradals-ryggen
Isvatnet
Fleskedalen
Fleskedøla
997
Stølsmaradalen
Gravdals-ryggen
Vettis-fossen
Vettismorki
Morka-Koldedøla
Storebekken
Nybekken
Nonsbekken
Vetti Gard
Vettismorki
Hyljefossen
Gravdøla
Fuglenosi
1095
Sjutsedøla
Utladalen
Morka-Koldedalen
Gravdalen
Gravdalen
Avdalen
Ulsnanosi
1232
1353
Avdalsfossen
Hjelle
Utla
Øytjørn
Hjelledalen
Øvre Årdal
0 0,5 1 km

↗ 2300 m | ↘ 2300 m | 38.0 km

2 Tage

Hjelle – Vettisfossen – Skogadalsbøen

3

Hüttentour im Tal der Wasserfälle

Der Vettisfossen ist mit 275 m der höchste Wasserfall im Jotunheimen-Gebirge, die Wanderherberge Skogadalsbøen im oberen Utladalen mit Blick auf die Hurrungane-Gipfel und zahlreiche Gletscher gilt als eine der schönstgelegenen Norwegens. In das tief eingeschnittene Utladalen münden ebenfalls tief eingeschnittene Hängetäler, aus denen weitere Wasserfälle durch die Felswände stürzen. Der unterste ist der 120 m hohe Hjellefossen, an dem unsere Wanderung ihren Ausgang nimmt.
Die beschriebene Tour kann an zwei Tagen hin- und zurückgelaufen werden. Sie bietet sich aber auch als Ausgang für mehrtägige Querungen durch das Jotunheimen an. Ein eher hochgradig abenteuerlicher Weg führt auf der gegenüberliegenden Talseite des Utladalen zurück nach Hjelle.

Ausgangspunkt: Hjelle, 100 m, Parkplatz am Ende des öffentlich befahrbaren Abschnitts der Stichstraße Utladalsvegen nördlich von Øvre Årdal in der Gemeinde Årdal am inneren Sognefjord.
Anforderungen: Trittsicherheit und Kondition.
Unterkunft: Vetti Gard Turiststasjon, 42 Betten (vettisriket.no). Vettismorki, unverproviantierte DNT-Hütte mit 9 Betten. Skogadalsbøen, bewirtschaftete DNT-Herberge mit 87 Betten, 26 Betten im verproviantierten Selbstversorgertrakt. Abseits des Weges: Avdalen, bewirtschaftete Herberge, 25 Betten, ganzjährig nutzbarer, unverproviantierter 4-Betten-Annex für DNT-Mitglieder.
Karte: Turkart 1:50.000 Jotunheimen Vest.

1. Tag: Hjelle – Skogadalsbøen (7.30 Std., 1600 m An- und 870 m Abstieg)

Die Straße Utladalsvegen ist bis zum Ausgangspunkt am Parkplatz **Hjelle** ❶ öffentlich befahrbar; wenige Gehminuten unterhalb des Parkplatzes donnert der 120 m hohe Hjellefossen ins Tal. Die für den öffentlichen Verkehr gesperrte, 1977 fertiggestellte Fortsetzung des Utladalsvegen bis zum Hof Vetti wird auch Folkevegen (Volksweg) genannt, da sie in Freiwilligenarbeit errichtet wurde. Sie führt – mit dem roten Touren-T markiert und prinzipiell fahrradfähig – zunächst auf einer festen Holzplankenbrücke zum Informationszentrum Utladalen Naturhus auf dem Gelände des Hofs Skåri am Westufer der Utla. Ausstellungen dokumentieren hier die artenreiche Natur des westlichen Jotunheimen-Gebirges.
Kurz oberhalb des Naturhauses wechselt der Utladalsvegen auf der Brücke Johannabru zurück ans bewaldete Ostufer, wo sich wenig später ein schöner Blick auf den 240 m hohen Avdalsfossen bietet, der durch die Felswand am Westufer tost. Kurz hinter der nächsten Brücke befindet sich am Westufer die **Gravdalen- und Avdalen-Abzweigung** ❷, wir aber folgen dem Utladalsvegen weiter aufwärts durch das enge, steilwandige Tal und wechseln bald auf einer letzten Brücke ans Ostufer zurück. Im Bereich des kleinen

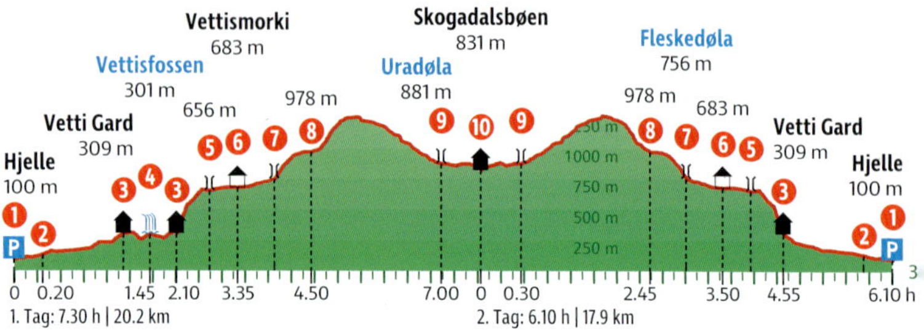

Hyljefossen steigt der Weg erstmals spürbar an und erreicht das Hof- und Herbergsgelände **Vetti Gard** ❸. Hier endet der Wirtschaftsweg und die T-Pfade verzweigen sich. Auf dem Pfad Richtung Stølsmaradalen erreichen wir in kurzer Zeit das untere Ende des **Vettisfossen** ❹. Zurückgekehrt am **Vetti Gard** ❸ schlagen wir den parallel zu einer kleinen Materialtransport-Seilbahn steil ansteigenden Pfad in Richtung Herberge Skogadalsbøen. Nach über 300 Höhenmetern Anstieg überqueren wir über eine Ganzjahresbrücke den Fluss **Morkaelvi** ❺ und befinden uns an der Kopfzone des Vettisfossen. Am Rand des Moorgebiets Vettismorki führt der T-Pfad weiter im Fjellbirkenwald zur verproviantierten Selbstversorgerhütte in **Vettismorki** ❻. Das kleinere grassodengedeckte Blockhaus mit dem Namen Fjøsn hat eine bewegte Geschichte hinter sich. Es stammt von ca. 1850 und wurde vermutlich im Vestlandet errichtet, von wo aus es 1921 nach Valdres verlegt wurde. Nach weiteren Zwischenstationen stand es zuletzt in Øyer und wurde dort in ehrenamtlicher Arbeit von Mitgliedern des DNT im Herbst 2021 abgebaut, restauriert und in Vettismorki wieder aufgebaut. Von der Hütte leiten die T-Markierungen sacht aufwärts durch Moore und artenreichen Wald zur Ganzjahresbrücke über den Fluss **Fleskedøla** ❼. Nach erneut kräftigem Anstieg verlässt der Pfad den Wald und zieht mit exzellentem Hurrungane-Blick zur **Tyinholmen-Abzweigung** ❽ an den Almhütten im Fleskedalen. Wir halten uns an den Skogadalsbøen-Pfad, der in stetem Anstieg mit Bilderbuchaussicht ca. 300 m im Hang des Friken gewinnt, sich dann weiterhin aussichtsreich, zuletzt im Wald zur **Uradøla-Ganzjahresbrücke** ❾ am Vormeli-Abzweig senkt, nach einer Wald- und Moorpassage, in der sich mehrere Pfadstränge ausgebildet haben, den Uradalen-Abzweig passiert, die Skogadøla auf einer Ganzjahresbrücke überquert und dahinter die grassodengedeckten Gebäude der Herberge **Skogadalsbøen** ❿ auf einer aussichtsreichen Almwiese im ansonsten bewaldeten Talhang erreicht. Die 1888 mit zwölf Betten eröffnete Herberge wurde landesweit bekannt, als Edvard Grieg 1891 mit Julius Röntgen von Turtagrø aus über den Keisarpasset (siehe Tour 5) hierher wanderte bzw. ritt; die Komponisten waren begeistert von den Almliedern der von der

Herberge Gjendebu am See Gjende stammenden jungen Sennerin Gjendine Slaalien. Grieg verarbeitete zahlreiche ihrer Melodien in seinen »Norwegischen Volksweisen für Klavier« (1896), deren letzte den Titel »Gjendines Kinderlied« trägt und heute auch mit Vokalbegleitung und anderen Instrumenten gespielt wird. Röntgen wiederum widmete ihr seine sinfonische »Ballade über eine norwegische Volksmelodie« (1892).

2. Tag: Skogadalsbøen – Hjelle (6.10 Std., 700 m An- und 1430 m Abstieg)
Der Rückweg zum Ausgangspunkt in **Hjelle** ❶ erfolgt auf demselben Weg (ohne Umweg über Vettisvossen).
Es bieten sich aber auch folgende Möglichkeiten zum Weiterwandern an:
Varianten 1: Von Skogdalsbøen gelangt man nach Tyinholmen – entweder durch das Uradalen (22,7 km, 9.00 Std., schwarz), oder aber man zweigt bereits an der **Tyinholmen-Abzweigung** ❽ ab und läuft über das Fleskedalen weiter (19,1 km, 7.20 Std., schwarz). DIe dazugehörigen Wegbeschreibungen befinden sich in Tour 4.
Varianten 2: In nördlicher Richtung besteht die Möglichkeit, durch das Vetle Utladalen in einer Tagesetappe nach Krossbu (14,2 km, 4.30 Std., rot, siehe Tour 7) oder zur Sognefjellshytta (13,4 km, 4.00 Std., rot, siehe Tour 6) zu wandern.
Variante 3: In zwei Etappen gelangt man durch das Gjertvassdalen über die Fannaråkhytta (Tag 1, 10,9 km, 6.00 Std., schwarz) und weiter nach Turtagrø (Tag 2, 7,9 km, 4.00 Std., schwarz, siehe Tour 6).

In Øvre Årdal mündet das Utladalen.

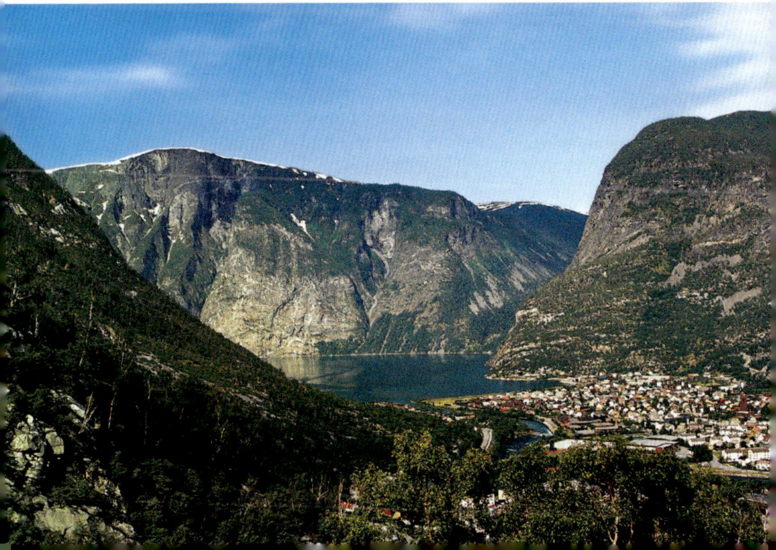

↗ 1330 m | ↘ 1330 m | 49.1 km

4 Tyinholmen – Skogadalsbøen – Fleskedalen

2 Tage

Drei-Täler-Tour zwischen Gletschern, Gipfeln und Wildwassern

Ura- und Fleskedalen durchschneiden den Osten des alpin geprägten Landschaftsschutzgebiets Utladalen. Übernachtungsmöglichkeit bietet die Wandervereinsherberge Skogadalsbøen im oberen Utladalen, der Verlängerung des Sognefjords im Süden des Jotunheimen-Gebirges.

Ausgangspunkt: Tyinholmen Høyfjellsstuer, 1090 m, an der Straße Eidsbugardvegen in der Gemeinde Vang in Valdres. Von der E 16 in Tyinkrysset auf die Fv 53 Richtung Årdal und am Beginn des Stausees Tyin auf die Fv 252 Eidsbugardvegen abzweigen.
Anforderungen: Trittsicherheit und Kondition.
Unterkunft: Tyinholmen Høyfjellsstuer, Herberge mit Hüttenvermietung. Skogadalsbøen, bewirtschaftete DNT-Herberge mit 87 Schlafplätzen, dazu 26 Betten im verproviantierten Selbstversorgertrakt.
Varianten: 1. Rundwanderweg an den Fuß des Gletschers Uranosbreen. 2. Abstieg zur Hütte Vettismorki im Utladalen, ganzjährig nutzbare unverproviantierte DNT-Selbstversorgerhütte mit 9 Betten.
Karte: Turkart 1:50.000 Jotunheimen Vest.

1. Tag: Tyinholmen – Skogadalsbøen (9.00 Std., 420 m An- und 670 m Abstieg)

Von der Bergherberge **Tyinholmen Høyfjellsstuer** ❶ an der Stichstraße 252 Eidsbugardvegen führt der für den öffentlichen Verkehr gesperrte Werksweg über dem Nordufer des Stausees Tyin in einer beeindruckenden Hochgebirgsszenerie westwärts, leider neben einer Stromleitung. Der Weg kann bis in den Juli hinein von Schneefeldern bedeckt sein und ist ansonsten für Bikes geeignet. Durch das Tal des Gletscherflusses Koldedøla führt der Weg zum **Pfadabzweig** ❷ am Stausee Koldedalsvatnet an der Brücke über die Koldedøla. Hier bietet sich ein imposanter Blick auf den von Falketind und Koldedalstinden flankierten Eingang des Tals Morka-Koldedalen. Der Platz an der Brücke ist Ausgangspunkt für Gletscher- und Klettertouren sowie für die Schnupperwanderung an den Rand des Gletschers Uranosbreen, die in der Karte als Variante (gestrichelt) eingezeichnet ist. Mit der

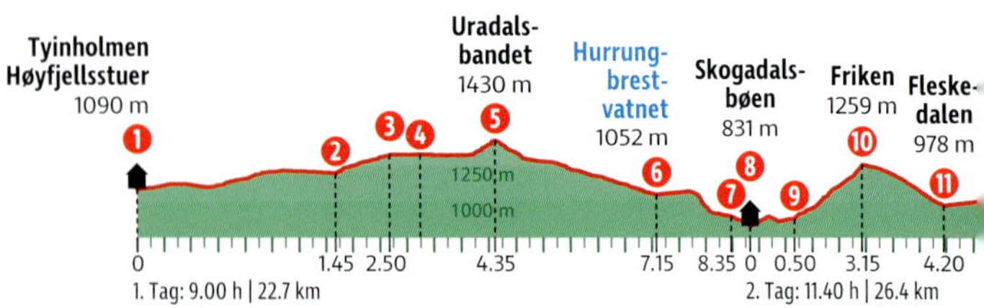

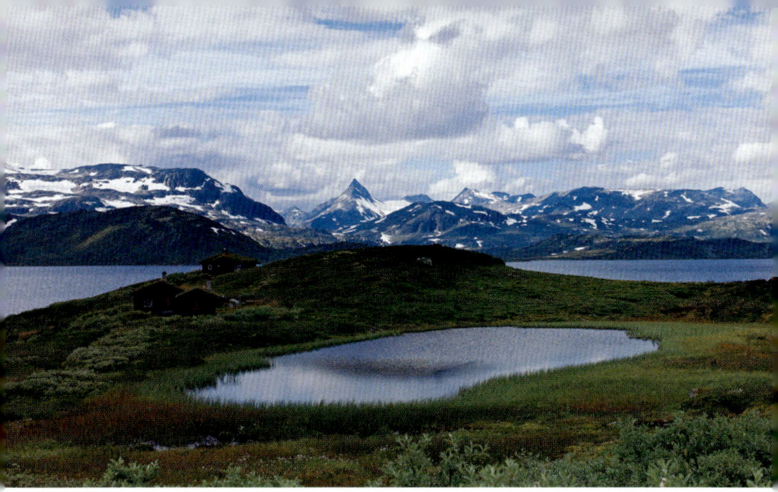

Der spitze Uranostinden (2157 m) zwischen dem See Uradalsvatnet, dem Gletscher Uranosbreen und dem Uradalen ist der Hauptblickfang am ersten Tag und am Schluss der Wanderung; im Mittelgrund der See Tyin.

Ersteigung des Falketind begann 1820 die bergsportliche Entdeckung des Jotunheimen-Gebirges. Nach dem Tal hieß der Gipfel damals Koldedalstind, etwa 50 Jahre später taufte ihn der Dichter Aasmund Olavsson Vinje, der auch den Namen Jotunheimen prägte, Falketind.

Nach Überqueren der Koldedøla auf der Stegbrücke verlassen die roten T-Markierungen die Werksstraße und folgen dem Fluss bergwärts zur **Uranosbreen-Verzweigung** ❸: Der hier rechts abzweigende, Richtung Tyinholmen / Eidsbugarden ausgeschilderte, ebenfalls mit dem roten Touren-T markierte Pfad überquert zunächst den Fluss (Trittsteine); kurz darauf zweigt links der unmarkierte Steig zum Gletscher ab (Variante 1).

Unser T-Pfad hingegen führt am Südufer des Sees Uradalsvatnet im Nationalpark Jotunheimen entlang und trifft bald auf die **Fleskedalen-Verzweigung** ❹ im Norden des Falketind-Massivs; den Falketind bedeckt auf dieser Seite der Gletscher Snøggeken (Falkbreen). Durch das Fleskedalen führt unser Rückweg; jetzt folgen wir den T-Markierungen nordwärts am Seeufer entlang und gewinnen dann in steilem Geröllgelände die Passhöhe **Uradalsbandet** ❺ – was für ein Ausblick: Uradalsvatnet, Skarbottsnosi, Stølsnostinden. Vom Pass senkt sich der T-Pfad in das tief eingeschnittene Gerölltal Uradalen,

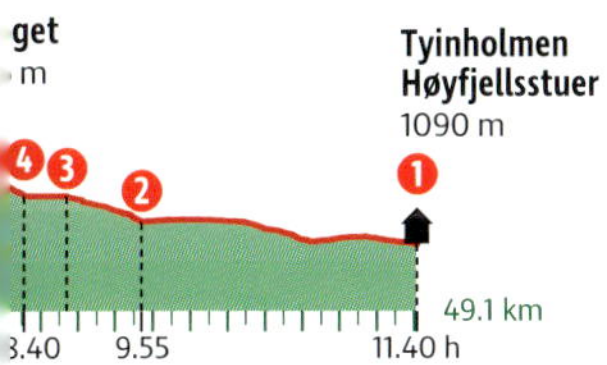

überquert den Bach Uradøla an der ersten sumpfigen Stelle und folgt ihm mit fulminantem Hurrungane-Blick auf der Nordseite des nun relativ weiten Talgrunds westwärts. Bald nach Passieren der Steinsengene (Steinweiden) lädt der durch einen Felssturz aufgestaute See **Hurrungbrestvatnet** 6 zur Rast ein. Die Geröllawine toste der Sage zufolge vom Berg Hurrungbresten, der sich im Süden aus dem Tal erhebt; seit dem Bergrutsch

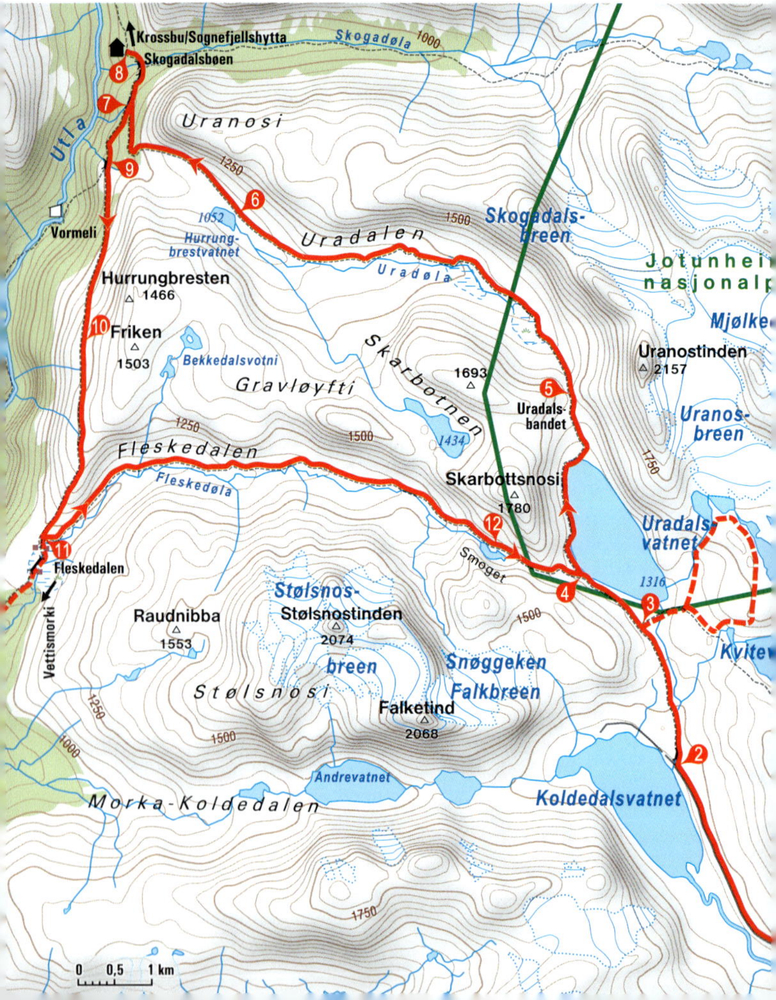

sucht sich die Uradøla unterirdisch ihren Weg durch das Gestein ins Utladalen. Die Bauern nutzten den Felssturz als natürliches Viehgatter für ihre steinigen Weidegründe. Nördlich des Storuri (großes Geröll) genannten Felssturzes senkt sich der Pfad steiler hinab, taucht in die Laubwälder des Utladalen ein und mündet in den ebenfalls mit dem roten Touren-T markierten **Utladalen-Pfad** 7. Dieser senkt sich nordwärts ins Skogadalen, ein weiteres Seitental des Utladalen, überquert die Skogadøla auf einer Ganzjahresbrücke und schwingt links zur Herberge **Skogadalsbøen** 8 auf einer aussichtsreichen Almwiese im bewaldeten Talhang.

2. Tag: Skogadalsbøen – Koldedalsvatnet (11.40 Std., 910 m An- und 660 m Abstieg)

Von der Herberge Skogadalsbøen 8 geht es zunächst auf demselben Pfad zurück zum **Uradalen-Abzweig** 7 und dort geradeaus zur **Uradøla-Ganzjahresbrücke** 9: Der Fluss fließt unter der oben genannten Geröllhalde hindurch und tritt hier wieder zutage. Nach einem aussichtsreichen Zwischenanstieg im Hang des **Friken** 10 – Hauptblickfang sind jenseits des Utladalen die Gletscher über dem Midtmaradalen – senkt sich der Pfad zur Rückweg-Abzweigung an der Alm **Fleskedalen** 11, wo man geradeaus zur Selbstversorgerhütte Vettismorki weiterwandern kann.

Von den Almhütten windet sich der T-markierte Pfad Richtung Fondsbu / Tyinholmen links von der Alm im anfangs engen Fleskedalen stetig aufwärts zum Storegrunnen, einer Talerweiterung mit Stellen zum Abspannen des Zelts, südwärts steigt das Gelände zum Gletscher Stølsnosbreen und zum Stølsnostinden (2074 m) an, die ihren Namen der Almwirtschaft (støl) schulden, die hier früher betrieben wurde. Am Ende der Talerweiterung geht es steiler aufwärts und in zunehmend gerölligem Gelände erreicht der T-Pfad den kleinen See am »Durchschlupf« **Smoget** 12 im Quellgebiet der Fleskedøla zwischen dem Falketind im Süden und der Fleskedalsnosi im Norden; die nach dem Fleskedalen benannte Felsnase an der Grenze des Nationalparks wird (nach dem Kar Skarbotnen im Nordwesten) auch Skarbottsnosi genannt. Im Bereich der Passhöhe ist das Gelände so grobblockig, dass Felsplatten als Trittstufen ausgelegt sind, der Steig senkt sich zur bekannten **Verzweigung am See Uradalsvatnet** 4. Hier wandern wir rechts zur **Uranosbreen-Verzweigung** 3 und geradeaus zurück zur **Brücke über die Koldedøla** 2. Über dem Nordufer des Stausees Tyin geht es zurück zur Bergherberge **Tyinholmen Høyfjellsstuer** 1.

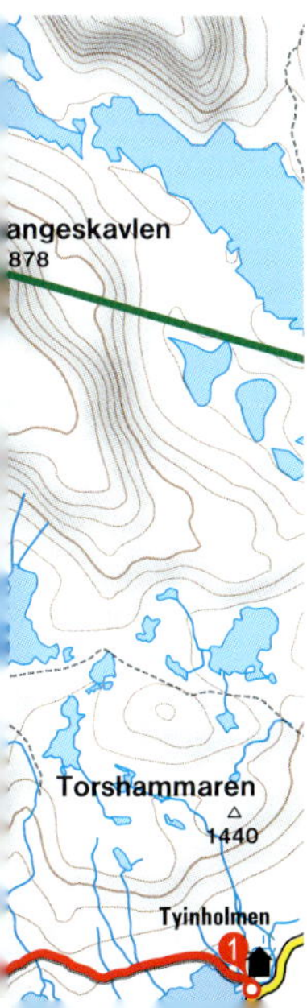

↗ 1200 m | ↘ 1200 m | 19.9 km

5 Turtagrø – Fannaråki

2 Tage

Zur höchsten Berghütte Nordeuropas

Die vergletscherte Fannaråki trägt die höchstgelegene Unterkunftshütte Skandinaviens. Wir erreichen sie über den Westrücken, auf dem jährlich im August der Volkslauf »Fanaråken opp« stattfindet – die Schnellsten stehen in weniger als einer Stunde auf dem Gipfel! Obwohl die Tage im Sommer so lang sind, dass die Tour auch für Wanderer an einem Tag zu schaffen wäre, ist zu empfehlen, in der Fannaråkhytta zu übernachten und bei Sonnenuntergang den Blick über die höchsten Gipfel Skandinaviens schweifen zu lassen.

Ausgangspunkt: Turtagrø, 884 m, an der Fv 55 Sognefjellsvegen in der Sognefjord-Gemeinde Luster. Bushaltestelle der Linie Otta – Lom – Sogndal.
Anforderungen: Wetterkenntnis, Trittsicherheit in steilem Blockgelände, das ganzjährig schneebedeckt sein kann.
Unterkunft: Fannaråkhytta, bewirtschaftete DNT-Hütte mit 34 Betten. Turtagrø, Hotel mit 119 Betten.
Karte: Turkart 1:50.000 Jotunheimen Vest, Calazo 1:25.000 Hurrungane.
Tipps: 1. Geführte Gletscherwanderungen in der Nordostflanke der Fannaråki beginnen bei den Hütten Krossbu und Sognefjellshytta. 2. Die Tour bis zur Fannaråkhytta eignet sich als erste Etappe einer Mehrtagestour (siehe Tour 3).

Turtagrø ❶ an der Passstraße Sognefjellsvegen ist eines der traditionsreichsten Bergsporthotels in Norwegen. Nach der Eröffnung 1888 durch den Bergbauern Ole Berge avancierte es zum wichtigsten Treffpunkt und Basislager für Bergwanderer, Kletterer und outdoorbegeisterte Künstler; der britische Jotunheimen-Kletterpionier William Slingsby war hier ebenso zu Gast wie Henrik Ibsen, Edvard Grieg gab auf Turtagrø Konzerte und brach 1891 zur Wanderung über den Kaiserpass (Wegpunkt 6) ins Utladalen auf, wo er in der Herberge Skogadalsbøen die Sennerin Gjendine Slaalien traf. Im Lauf von mehr als 100 Jahren wuchs die Hotelbibliothek zu einer Sammlung von Büchern, Zeitschriften, Briefen und Fotografien aus der Geschich-

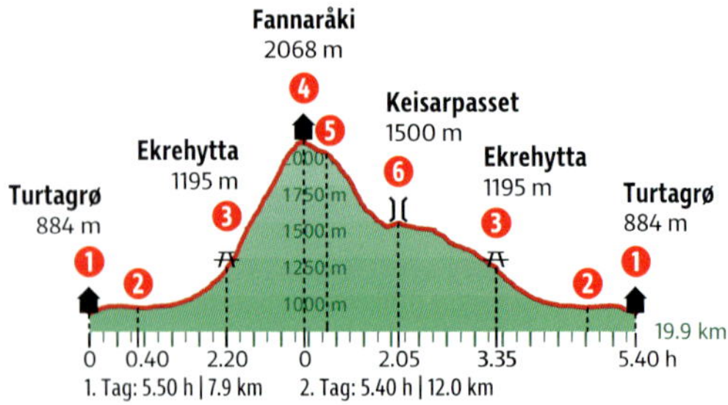

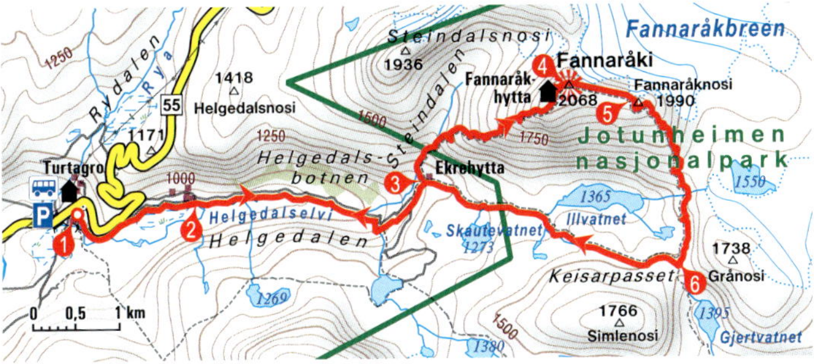

te des Bergsports im Jotunheimen. Nach dem Brand 2001 eröffnete 2002 das neue Hotel, auch die Bibliothek wurde wieder aufgebaut.

Der Weg Richtung Fannaråki-Gipfel beginnt gegenüber vom Berghotel an den Wanderwegeschildern neben dem Parkplatz. Er führt südwärts zur hölzernen Ganzjahresbrücke über die Helgedalselvi, winkelt vor dem Fluss links in den Hang ab und mündet bei Hütten in einen ab hier für den öffentlichen Verkehr gesperrten **Wirtschaftsweg ❷**, auf dem wir dem Helgedalen aufwärts folgen. Im Talschlussbereich kurvt der Weg links hinauf in den Helgedalsbotnen, wo in der obersten Rechtsserpentine links der Pfad zur Verzweigung bei der **Ekrehytta ❸** abzweigt, einem Rastplatz mit Blick zurück auf das Helgedalen. Wir folgen den T-Markierungen auf einem gerölligen Pfad im Steindalen aufwärts und wechseln nach Passieren der Nationalparkgrenze rechts in die Bergflanke, bis der Fannaråki-Westrücken gewonnen und die Fannaråkhytta am Gipfel der **Fannaråki ❹** erreicht ist. Der Name Fannaråki leitet sich ab von fonn (Schneeverwehung, Firn) und råk (Rücken): Die Durchschnittstemperatur im Juli liegt bei 2,5 °C. Der jährliche Niederschlagsdurchschnitt erreicht 1200 mm, an über 300 Tagen im Jahr herrscht Nebel bzw. fallen Schnee oder Regen. Diese Daten sind so genau bekannt, weil 1926 auf dem Gipfel eine metereologische Station eröffnet wurde; die zweite Hütte ließ 1934 der Wanderverein DNT errichten. Als die Wetterstation 1978 ins Tal verlegt wurde, übernahm der DNT auch das zweite Gebäude und baute es als Unterkunftshaus aus. Vor den Hütten schweift der Blick über den Gletscher Fannaråkbreen hinweg zu Galdhøpiggen und Glittertinden, im Süden ragen die vergletscherten Zinnen des Klettergebiets Hurrungane auf.

Nach der Übernachtung in der Fannaråkhytta führen die T-Markierungen aussichtsreich ostwärts zur **Fannaråknosi ❺** und steil hinab zur Pfadverzweigung auf dem **Keisarpasset ❻** an der Route zwischen den Herbergen Turtagrø und Skogadalsbøen. Am Pass geht es westwärts (rechts) zur Pfadverzweigung an der **Ekrehytta ❸** und auf dem Anstiegsweg zurück zum Hotel **Turtagrø ❶**.

↗ 380 m | ↘ 380 m | 12.2 km

6 Sognefjellshytta – Vetle Utladalen

5.45 h

Hochgebirgsrunde am Sognefjellet

Mit Blick auf Gipfel, Gletscher und Seen führt die Rundtour von der Passhöhe der Landschaftsroute Sognefjell durch den Nordwesten des Nationalparks Jotunheimen.

Ausgangspunkt: Sognefjellshytta, 1410 m, in der Gemeinde Lom an der Fv 55 (Sognefjellsvegen). Bushaltestelle der Linie Otta – Lom – Sogndal.
Anforderungen: Trittsicherheit.

Unterkunft: Sognefjellshytta, Herberge mit 80 Betten (Touren zum Fannaråkbreen).
Karte: Turkart 1:50.000 Jotunheimen Vest, Calazo 1:25.000 Hurrungane.

Die **Sognefjellshytta** ❶ liegt am See Fantesteinsvatnet mit Blick auf die Gletscher Smørstabbrean und Fannaråkbreen, die im Sommer jeden Tag das Ziel an der Hütte startender Führungen sind. Sognefjellet ist der Name, den die Talbewohner für den schwierigen Fjellübergang zum Sognefjord verwenden; die Fjordbewohner nannten den Gebirgsübergang Dølafjell – das zu den Talbewohnern führende Fjell.
Von der Herberge führt der Pfad Richtung Krossbu zwischen Straße und See ostwärts zum Fantesteinen, dem nach Landstreichern, die den Reisenden auflauerten, benannten Felskopf auf der Passhöhe des Sognefjellsvegen.

Blick vom Fantesteinsvatnet auf Leir- und Smørstabbrean.

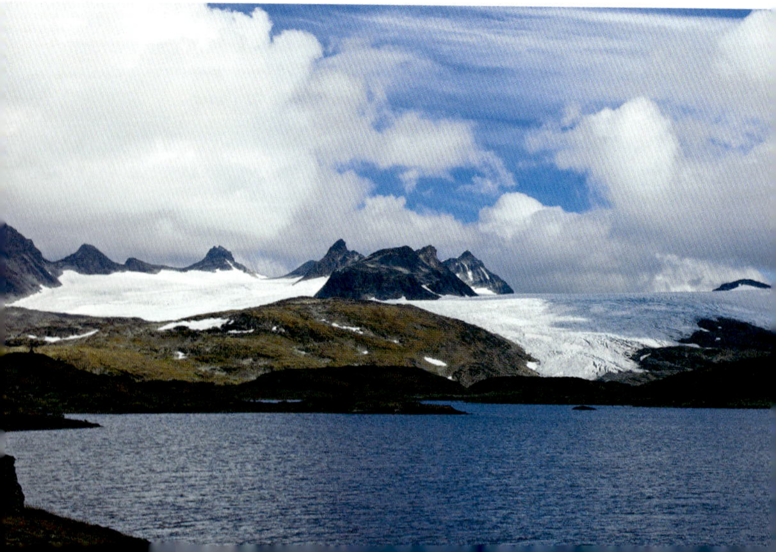

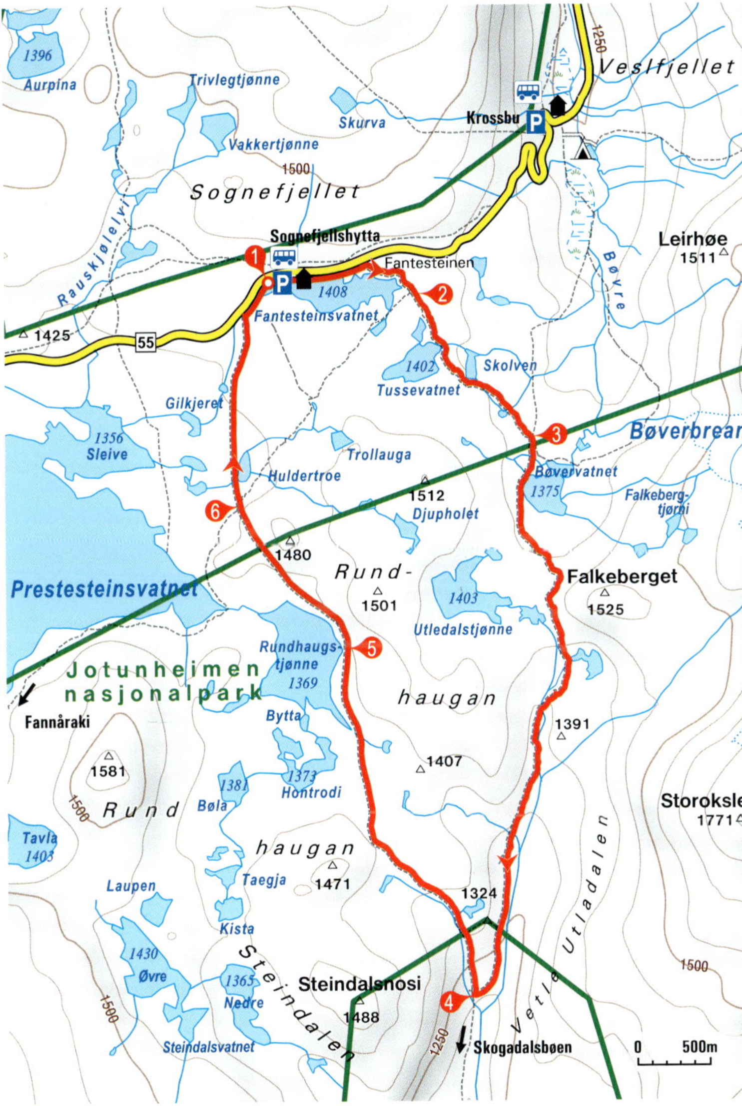

1396
Aurpina
Trivlegtjønne
Skurva
Vakkertjønne
1500
Sognefjellet
Veslfjellet
1250
Krossbu
Sognefjellshytta
Fantesteinen
1408
Fantesteinsvatnet
Rauskjølelvi
1425
55
Leirhøe
1511
Bøvre
1402
Tussevatnet
Skolven
Gilkjeret
1356
Sleive
Trollauga
Bøverbrean
Huldertroe
Bøvervatnet
1375
Falkebergtjørni
1512
Djupholet
1480
Rund-
haugan
1501
1403
Utledalstjønne
Falkeberget
1525
Prestesteinsvatnet
Rundhaugstjønne
1369
Jotunheimen nasjonalpark
Fannåraki
Bytta
1391
1581
1407
1381
1373
Hontrodi
Rund
haugan
Bøla
Storoksle
1771
Tavla
1403
Vetle Utladalen
Taegja
1471
Laupen
1324
Kista
1430
Øvre
Steindalen
1365
Nedre
Steindalsnosi
1488
Steindalsvatnet
Skogadalsbøen
0
500m

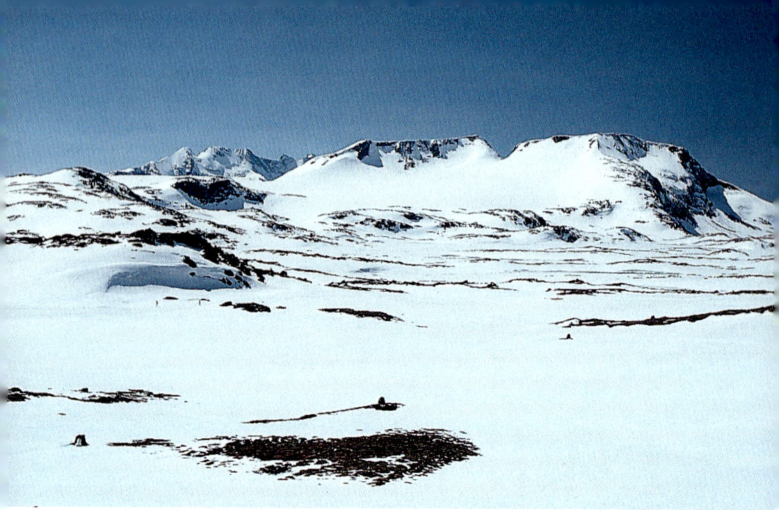

Vom Sognefjellet schweift der Blick zur Fannaråki (re.) und zu den Hurrungane-Gipfeln.

Am **Fannaråki-Abzweig** ❷ im Ostbuchtbereich des Sees besteht die Möglichkeit, rechts Richtung Fannaråki weiterzuwandern und die Rundtour abzukürzen (Variante), während die Richtung Skogadalsbøen ausgeschilderte Hauptroute dem Pfad geradeaus am See Tussevatnet vorbei zur **Pfadkreuzung an der nördlichen Nationalparkgrenze** ❸ vor dem See Bøvervatnet folgt; hier mündet der von der Herberge Krossbu herüberführende Pfad ein, ein weiterer Pfad zweigt links zum Gletscher Bøverbrean ab. Der Skogadalsbøen-Pfad führt weiter südwärts durch die arktische Landschaft und verliert an Höhe, der Blick fällt auf die Utladalen-Bergwelt. Kurz nach Verlassen des Nationalparks erreicht der Pfad eine **Verzweigung im Vetle Utladalen** ❹: Wer hier geradeaus wandert, gelangt in 2–3 Std. zur Herberge Skogadalsbøen (siehe Touren 3 und 4). Scharf rechts zweigt der Pfad zurück zur Sognefjellshytta ab und steigt im Nationalpark zum See **Rundhaugstjønne** ❺ an. Nördlich des Sees verlässt er den Nationalpark, passiert die **Abzweigung der Fannaråki-Gletscherroute** ❻ und führt an weiteren kleinen Seen vorbei zur Passstraße, an der es rechts zum Ausgangspunkt an der **Sognefjellshytta** ❶ geht.

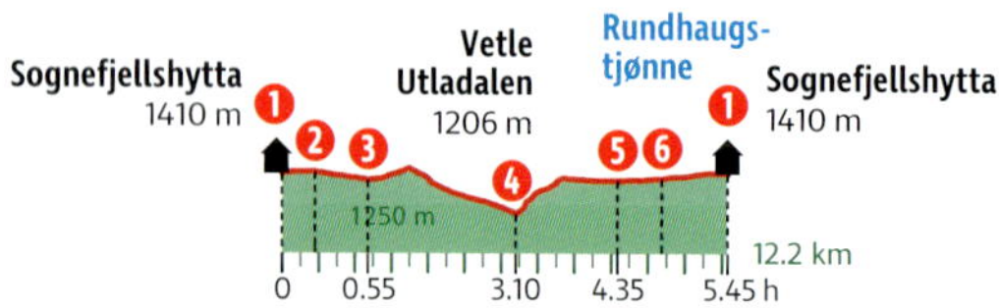

↗ 190 m | ↘ 190 m | 6.1 km

3.00 h

Krossbu – Bøverbrean

7

Zum größten Jotunheimen-Gletscher

Der Smørstabbrean ist mit 14 km² der größte Gletscher im Jotunheimen-Gebirge. Der nach der gleichnamigen Gipfelgruppe benannte Plateaugletscher entsendet mehrere Arme, darunter Bøver- und Leirbrean im Quellgebiet der Bøvre, deren Tal die Jotunheimen-Nordwestgrenze bildet.

Ausgangspunkt: Krossbu, 1267 m, in der Gemeinde Lom an der Fv 55. Bushaltestelle der Linie Otta – Lom – Sogndal.
Anforderungen: Trittsicherheit.
Unterkunft: Krossbu, Herberge mit 100 Betten (15 in der Selbstversorgerhütte).
Variante: T-markierter Wanderweg zum Leirbrean (260 Hm, 2.10 Std.).
Karte: Turkart 1:50.000 Jotunheimen Vest, Calazo 1:25.000 Hurrungane.

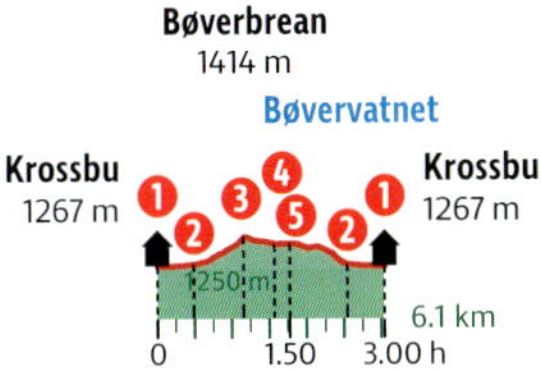

Der Name **Krossbu** ❶ (Kreuzhütte) im Breidsæterdalen, dem oberen Abschnitt des Bøverdalen, stammt aus Zeiten, als sich die Reisenden bekreuzigten, ehe sie den Fjellübergang zum Sognefjord wagten. Der heutige Bau von 1901 dient als Bergherberge mit Rabatt für Mitglieder des Bergwandervereins DNT sowie als Basislager für Gletscherkurse. In der Hauptsaison werden täglich Gletscherführungen veranstaltet, der Smørstabbrean und seine westlichen Arme sind von der Hütte aus zu sehen. Namensgeberin des Tals ist der Gletscherfluss Bøvre, der aus dem Bøverbrean austritt, dem Ziel unserer Wanderung. Der Gletscherarm Leirbrean ist ein weiteres, insbe-

Aufstieg zum Leirbrean mit dem Søre Smørstabbtinden im Hintergrund.

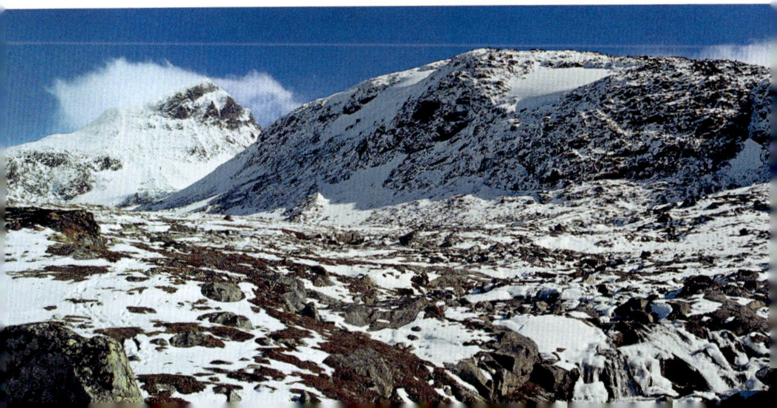

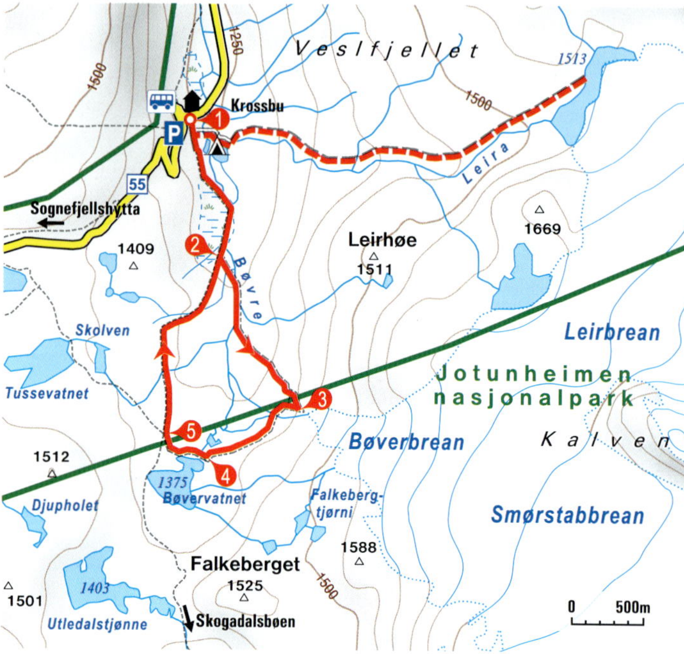

sondere wegen des großen Sees vor der Gletscherstirn lohnendes Ziel; die Tour ist in der Karte als Variante eingezeichnet.

Die roten T-Markierungen führen (ohne die Bøvre zu überqueren – der Weg auf der anderen Seite ist die Route zum Leirbrean) im grasig-felsigen unteren Hang des Tals mit beeindruckendem Gletscher- und Gipfelaufblick aufwärts Richtung Skogadalsbøen. Der alpin aufragende Kalven trennt die Gletscherströme von Leir- und Bøverbrean. Während der markierte Hauptpfad das Tal bald rechts mit einem Steilaufschwung verlässt, bleibt der unmarkierte **Bøverbrean-Steig** ❷ im Tal und führt zur Zunge des **Bøverbrean** ❸ im Jotunheimen-Nationalpark. Hier finden Gletscherkurse statt, hier steigt auch die im Sommer täglich stattfindende Wanderung zur Herberge Leirvassbu ins Gletschergebiet ein; die wegen der Umgehung zahlreicher Spalten mühsame Tour dauert 7 bis 10 Std., der Ausstieg erfolgt am Sandelvbrean.

Vom blauen Eis des Bøverbrean geht es im Nationalpark westsüdwestwärts (rechts) zum See **Bøvervatnet** ❹ und am Nordufer westwärts zur T-markierten **Hauptroute** ❺, die rechts zurück zur Herberge **Krossbu** ❶ führt.

↗ 690 m | ↘ 220 m | 11.9 km

6.30 h

Bøvertun – Sognefjellshytta 8

Durch die Pflanzenoase Dumdalen

Im Karst des Dumdalen im äußersten Südosten des Nationalparks Breheimen befinden sich die größten Kalkgrotten Südnorwegens; bis zu 250 m tief reichen sie ins Gestein. Sie können von der Herberge Bøvertun aus im Rahmen einer Führung besichtigt werden, während unsere Wanderung dem fruchtbaren Tal bis aufs Sognefjellet folgt.

Ausgangspunkt: Bøvertun, 950 m, im Südwesten der Gemeinde Lom an der Fv 55 Sognefjellsvegen. Bushaltestelle der Linie Otta – Lom – Sogndal.
Endpunkt: Sognefjellshytta, 1410 m, in der Gemeinde Lom an der Fv 55 Sognefjellsvegen. Bushaltestelle der Linie Otta – Lom – Sogndal. Die Rückkehr zum Ausgangspunkt erfolgt mit dem Bus Richtung Otta, der zweimal täglich verkehrt.
Anforderungen: Das Gelände ist bis weit in den kalendarischen Sommer hinein schneebedeckt. Trittsicherheit und festes Schuhwerk sind erforderlich.
Unterkunft: Sognefjellshytta, Herberge mit 80 Betten.
Karte: Turkart 1:50.000 Jotunheimen Vest, Calazo 1:25.000 Hurrungane.

Die Berge im Jotunheimen- und im Breheimen-Nationalpark überragen das Sognefjellet um mehrere Hundert Meter.

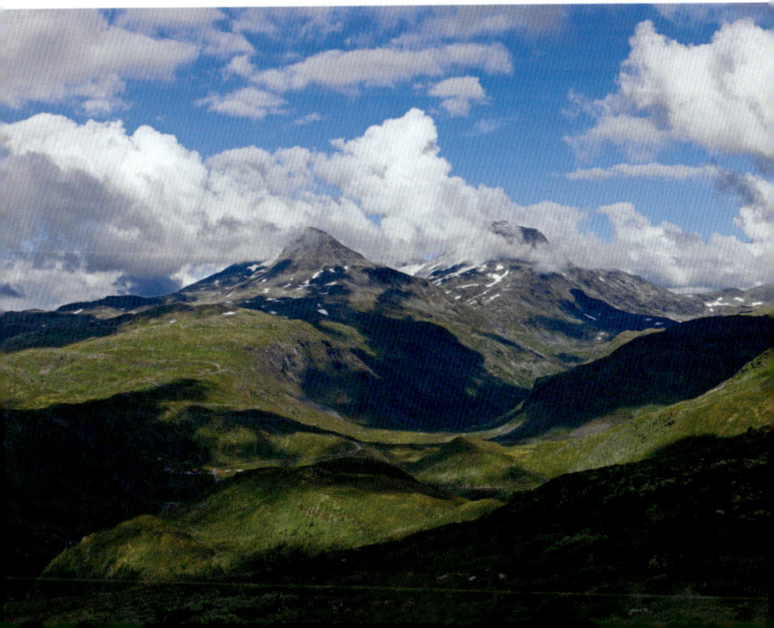

Die Herberge **Bøvertun** ❶ liegt an der Passstraße Sognefjellsvegen im Breidsæterdalen, dem oberen Abschnitt des Bøverdalen im nordwestlichen Jotunheimen an der Südostgrenze des Nationalparks Breheimen. Seit 1863 beherbergt sie Wanderer, Botaniker und Geologen, die in der Umgebung ein Dorado vorfinden: Geologen erforschen im Dumdalen die größten Karsthöhlen Südnorwegens, Botaniker entdecken am Høyrokampen, der sich steil über dem See Bøvertunvatnet erhebt, eine Schatzkammer voll seltener Pflanzen, Bergwanderer durchstreifen das abwechslungsreiche Gebiet west- und südwestlich der Herberge im Gletscher-Nationalpark Breheimen.

Von der Herberge folgt die Richtung Krossbu ausgeschilderte und mit dem roten Touren-T markierte Wanderroute der Passstraße wenige Minuten aufwärts, bis kurz vor der Ausmündung des Dumdalen (und einer noch ein Stück weiter aufwärts gelegenen Parkbucht) hinter den Felsen in der Rechtskurve ein Pfad rechts abzweigt und im grünen Hang aufwärts führt, anfangs steil, doch rasch flacht das Gelände ein. Der Pfad folgt dem Lauf der Dumma, die dem Gletscherfluss Bøvre zurauscht; ihr Name geht darauf zurück, dass das Wasser im klüftigen Kalkgestein immer wieder versickert und dabei dumpfe Laute von sich gibt. Während die Dumma im Mündungsbereich noch ein richtiger Fluss war, ist sie weiter oben passagenweise nicht mehr zu sehen, sondern verschwindet in Schlucklöchern. An anderen Stellen bildet sie kleine Seen wie den **Dumtjønne** ❷, die sich als Rastplätze mit Blick auf die steil aufragenden Flanken von Bøvertunhøe und Dumhøe anbieten. Im Talschlussbereich quert der Pfad den Ausfluss des **Svarttjønne** ❸ auf Trittsteinen, folgt kurz dem Seeufer und schwingt dann hinauf zur Pfadkreuzung auf der **Passhöhe am See Turru** ❹.

Zwischen den Seen Turru und Aurkvee führen die T-Markierungen südwärts zu einer weiteren Pfadverzweigung, an der ein Schild Richtung Sognefjellshytta und Krossbu weiterleitet, ehe sich an einem wenig später erreichten **Pfaddreieck** ❺ die Möglichkeit eröffnet, entweder zur Herberge Krossbu oder zur Sognefjellshytta weiterzuwandern. Der Wanderpfad Richtung Sognefjellshytta führt aussichtsreich südwärts, erreicht am See **Kinna** ❻ seinen höchsten Punkt und senkt sich dann mit Gletscher- und Gipfelblick hinab zur Herberge **Sognefjellshytta** ❼, wo zweimal täglich der Bus zur Herberge Bøvertun verkehrt.

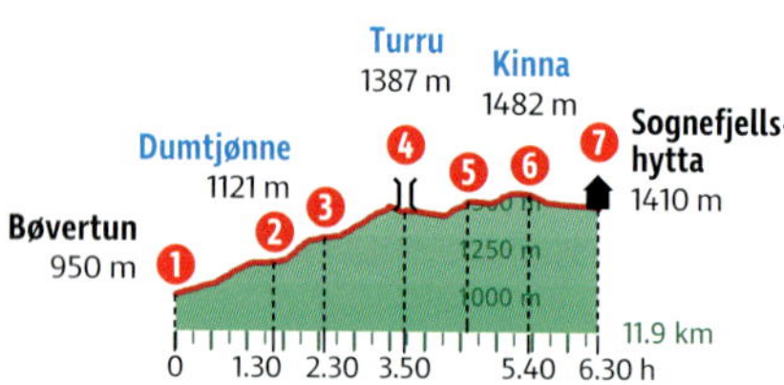

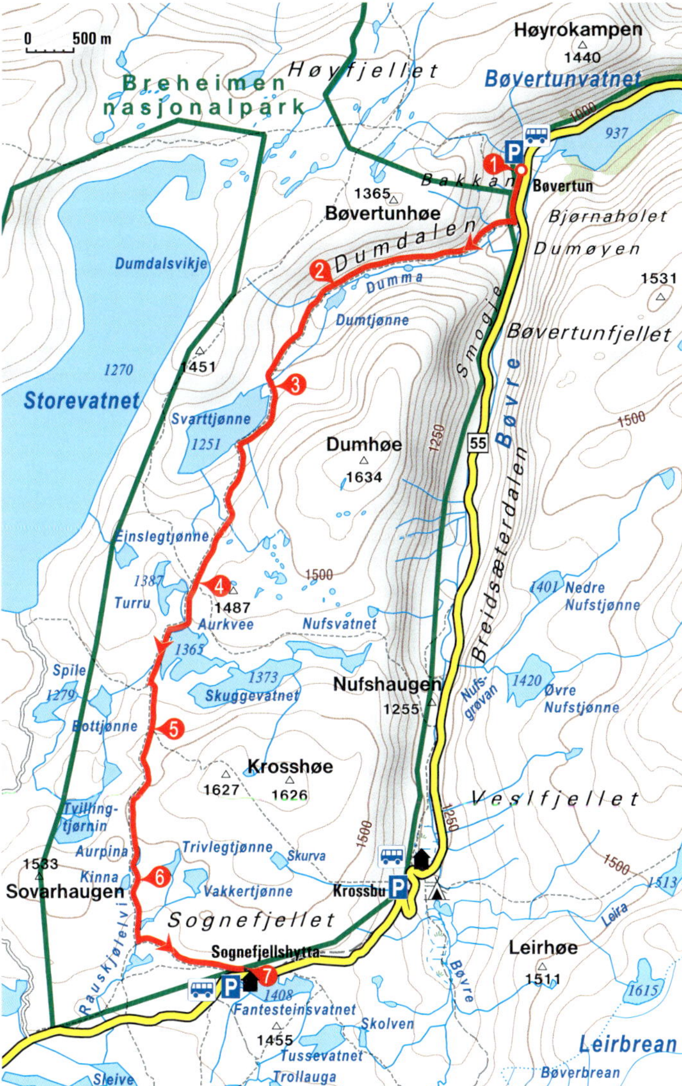

0 500 m
Breheimen nasjonalpark
Høyfjellet
Høyrokampen
1440
Bøvertunvatnet
1000
937
Bakkan
Bøvertun
1365
Bøvertunhøe
Bjørnaholet
Dumdalen
Dumøyen
Dumdalsvikje
Dumma
1531
Dumtjønne
Smogje
Bøvertunfjellet
1270
1451
Storevatnet
Svarttjønne
1251
Dumhøe
1634
1250
55
Bøvre
1500
Breidsæterdalen
Einslegtjønne
1387
Turru
1487
Aurkvee
Nufsvatnet
1401
Nedre Nufstjønne
1365
Spile
1279
1373
Skuggevatnet
Nufshaugen
1255
Nufsgrøvan
1420
Øvre Nufstjønne
Bottjønne
Krosshøe
1627
1626
Veslfjellet
Tvilling-tjørnin
Aurpina
Trivlegtjønne
Skurva
1500
1250
1533
Kinna
Sovarhaugen
Vakkertjønne
Krossbu
1513
Sognefjellet
Leira
Leirhøe
Sognefjellshytta
1511
Rauskjøleelvi
1408
Fantesteinsvatnet
Bøvre
1615
Skolven
1455
Tussevatnet
Leirbrean
Sleive
Trollauga
Bøverbrean

↗ 680 m | ↘ 680 m | 8.9 km

5.15 h

9 Leirvassbu – Kyrkja

Auf die Felskirche Kyrkja

Spitz wie ein Kirchturm entragt die Kyrkja auf der Hauptwasserscheide des Jotunheimen-Gebirges vier Tälern, von denen Leirdalen und Visdalen zum Bøverdalen und die beiden anderen zum See Gjende bzw. via Utladalen zum Sognefjord entwässern. Optimal erlebbar ist die traumhafte Landschaft allerdings erst im fortgeschrittenen Juli, denn bis dahin verschwinden die sieben Seen, die den Bergfuß umkränzen, unter Schnee und Eis.

Ausgangspunkt: Leirvassbu Fjellstue, 1405 m, in der Gemeinde Lom am Ende des Mautwegs Leirdalsvegen. Am Parkplatz Vegaskjelet von der Fv 55 abzweigen.
Anforderungen: Trittsicherheit, Kondition, Schwindelfreiheit.
Unterkunft: Leirvassbu Fjellstue, Herberge mit 185 Betten.
Karte: Turkart 1:50.000 Jotunheimen Vest, Calazo 1:25.000 Galdhøppigen & Glittertinden.

Die Herberge **Leirvassbu** ❶ am See Leirvatnet im oberen Leirdalen liegt in einer imposanten Berg- und Gletscherumgebung. Dank ihrer Höhenlage und der in alle Himmelsrichtungen ausstrahlenden Wander- und Skirouten ist sie ein viel besuchter Ausgangspunkt; im Sommer werden Gletscherführungen angeboten. Der Werksweg ins Gravdalen, ein oberes Utladalen-Seitental, bildet die Anmarschroute zum Gletscher Surtningsbreen; der Weg kann 6,4 km weit (bis zur Talsperre Gravdalsdammen, 1210 m) auch

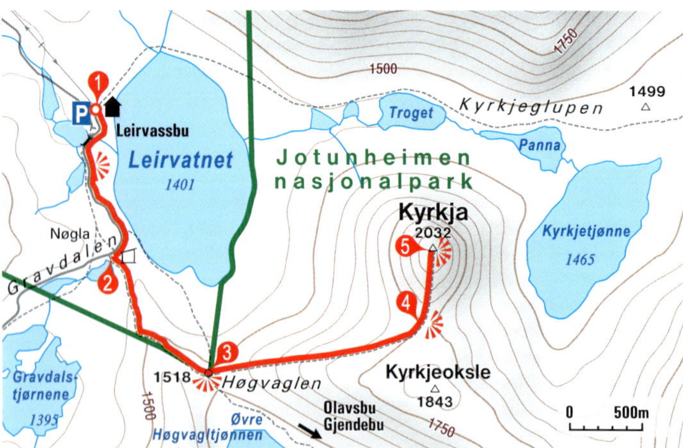

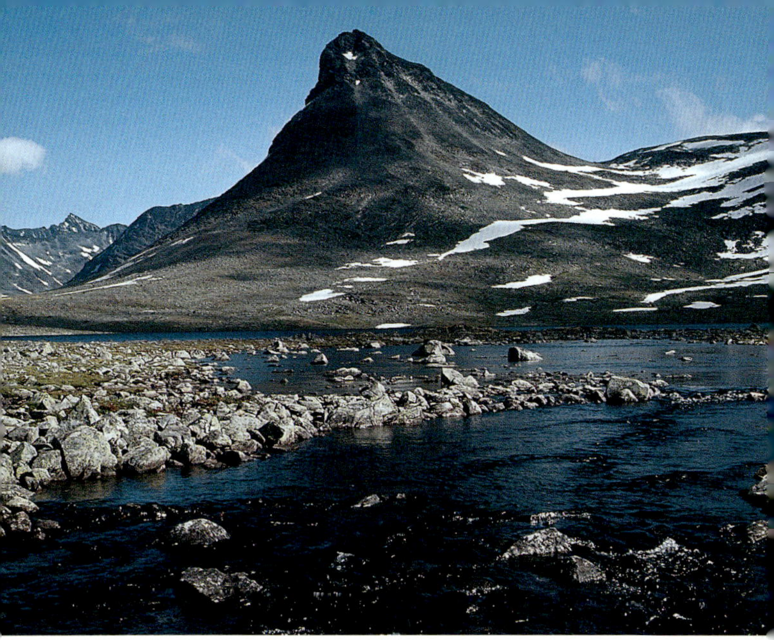

Die Kyrkja erhebt sich über dem See Leirvatnet, der Aufstieg erfolgt von rechts.

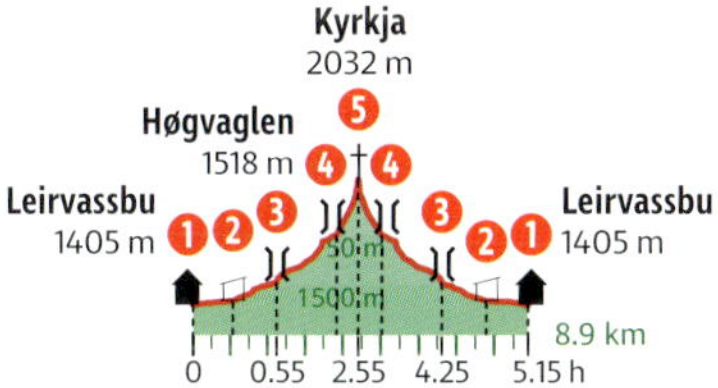

mit dem Rad befahren werden und eignet sich gut für eine leichte Wanderung mit erstklassiger Aussicht.
Von der Herberge führt der Weg mit Blick auf die Kyrkja und die umgebende Gipfelwelt oberhalb des Sees Leirvatnet sacht aufwärts. Wo er bei einer Nothütte rechts Richtung Skogadalsbøen ins **Gravdalen** 2 schwingt, folgen wir den T-Markierungen links Richtung Olavsbu und Gjendebu und erklimmen den Pass **Høgvaglen** 3 an der Grenze des Nationalparks. Hier verlassen wir die T-Markierungen und zweigen auf den mit Steinmännchen markierten, gerölligen Steig ab, der ostwärts mit fantastischer Aussicht zur **Einsattelung** 4 zwischen Kyrkjeoksle und Kyrkja ansteigt. Dann geht es auf dem steilen, grobblockigen Grat aufwärts zum Gipfel der **Kyrkja** 5; das Gipfelsteinmal befindet sich in ausgesetzter Lage ein wenig unterhalb des eigentlichen Gipfels.
Auf derselben Route geht es über den aussichtsreichen Pass **Høgvaglen** 3 zurück zum Ausgangspunkt **Leirvassbu** 1.

TOP

↗ 1500 m | ↘ 1500 m | 12.6 km

8.45 h

10 Spiterstulen – Galdhøpiggen

Auf den höchsten Gipfel Nordeuropas

Der Galdhøpiggen ist der höchste Gipfel Skandinaviens. Der in Steilabbrüchen zu Gletschern abfallende Felsgipfel aus dem vulkanischen Tiefengestein Gabbro erhebt sich auf einem Plateau zwischen den ostnorwegischen Hochtälern Vis- und Leirdalen nahe der Wasserscheide zu Westnorwegen. Da der Galdhøpiggen das Plateau nur um etwa 600 m überragt und von den umgebenden Tälern aus nicht sichtbar ist, galten bis zur wissenschaftlichen Vermessung andere Berge als höher. Auch während des Aufstiegs von Spiterstulen aus rückt der Galdhøpiggen erst zuletzt ins Blickfeld. »Gald« bedeutet sinngemäß »steiler, schwieriger Weg im Gebirge«.

Ausgangspunkt: Spiterstulen, 1106 m, in der Gemeinde Lom. Anfahrt auf der Mautstraße Visdalsvegen, die in Røisheim von der Fv 55 Sognefjellsvegen abzweigt.
Anforderungen: Kondition und Trittsicherheit in steilem, punktuell etwas ausgesetztem Geröll- und Blockgelände, das zum Teil ganzjährig schneebedeckt ist. Mit Wetterumschwüngen ist zu rechnen, adäquate Bergausrüstung erforderlich.
Unterbringung: Spiterstulen, Herberge mit 150 Betten (Rabatt für DNT-Mitglieder) und Zeltplatz.
Variante: Der an der Herberge Juvasshytta beginnende Aufstieg auf dem Gletscher Styggebrean dauert bis zum Gipfel 3–4 Std.; in den Sommerferien werden täglich Führungen angeboten (Kinder ab 7 Jahren).
Karte: Turkart 1:50.000 Jotunheimen Vest, Calazo 1:25.000 Galdhøppigen & Glittertinden.

Die Herberge **Spiterstulen** ❶ mit zum Teil mehr als 200 Jahre alten Almgebäuden ist der Ausgangspunkt für die Besteigung von Galdhøpiggen, Glittertinden und einem Dutzend weiterer Gipfel sowie für Gletschertouren, darunter die Führung zum Svellnosbrean. Unterhalb des Hotels überquert der mit dem roten Touren-T markierte Pfad den Gletscherfluss Visa auf einer festen Brücke, führt am Zeltplatz vorbei und dahinter steil aufwärts.

Blick vom Galdhøpiggen in Richtung Fannaråki und Skarstølstindane.

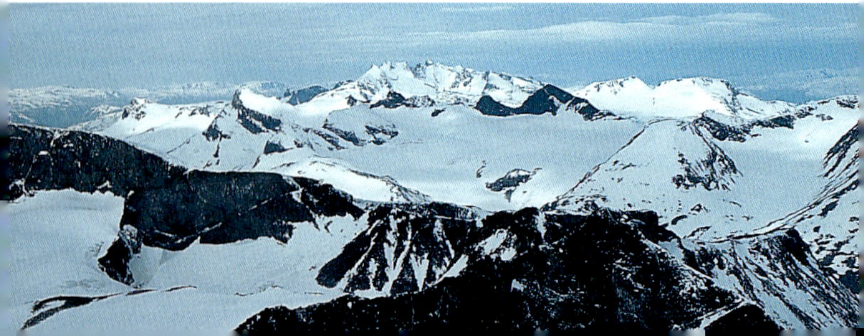

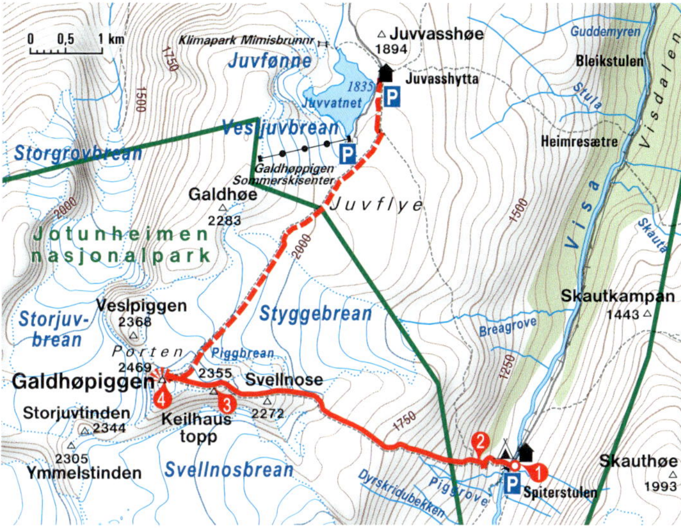

Schon bald zweigt rechts der Pfad zum Berghotel Juvasshytta ab, während der **Galdhøpiggen-Pfad** ❷ weiter den steilen, aussichtsreichen Hang hinaufführt. Allmählich flacht das geröllige Gelände etwas ab, bis der nächste Steilaufschwung zur Felskante über dem Gletscher Styggebrean beginnt; hier erreicht der Pfad den Vorgipfel Svellnose, den Namensgeber des spaltenreichen Gletschers Svellnosbrean. Der wenig später erreichte Nebengipfel **Keilhaus topp** ❸ ist nach dem Geologen Balthasar M. Keilhau benannt, der hier 1844 den Versuch der Galdhøpiggen-Erstbesteigung wegen eines Wetterumschwungs abbrach – die erste bekannte Galdhøpiggen-Besteigung glückte 1850. Nun folgt in Geröll, Eis und Schnee der Schlussspurt auf den Gipfel des **Galdhøpiggen** ❹. Eine Orientierungstafel benennt Gipfel im Blickfeld, darunter den benachbarten Glittertinden, der früher der höchste Gipfel Skandinaviens war. In der steinernen Hütte liegt das Gipfelbuch aus, es gibt Wolldecken, einen Kocher, Teebeutel und einen Eimer mit (gefrorenem) Wasser.

Der Rückweg zur Herberge **Spiterstulen** ❶ folgt derselben Route wie der Aufstieg.

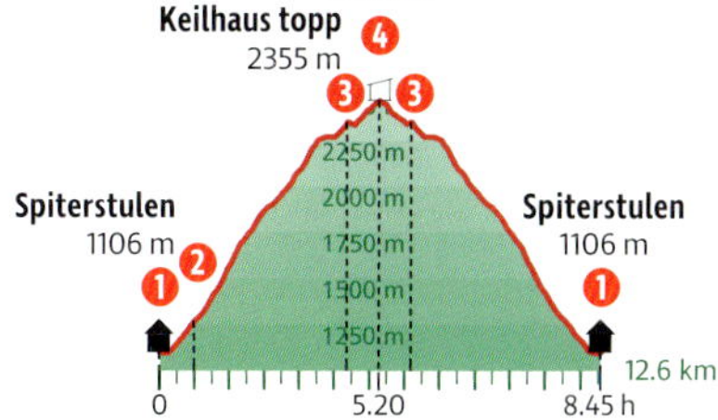

↗ 1450 m | ↘ 1450 m | 37.7 km

Grønbue – Glitterheim – Glittertinden

3 Tage

Auf den zweithöchsten Gipfel Skandinaviens

Der Glittertinden ist der zweithöchste Berg Nordeuropas. Das Charakterhaupt mit der weißen Schneekappe über dem Gneisstock entragt im Norden des Jotunheimen-Nationalparks den Tälern der Gletscherflüsse Veo und Visa. Aus dem Kar Glitterholet in seiner Westflanke tritt der Bach Glitra aus, nach dem er benannt ist, ostwärts fällt der Gipfel zum Gletscher Glitterbrean ab, über den der Aufstieg ab Glitterheim verläuft. Die Herberge im Hang des Veodalen ist der höchstgelegene Ausgangspunkt für die Besteigung. Die Normalroute via Glitterheim auf den Gipfel und zurück kann einschließlich An- und Abmarsch auf dem Transportweg bzw. dem parallel verlaufenden Pfad als 15-stündige Tagestour geplant werden. Kräfteschonender wandert man mit einer Übernachtung in der Glitterheim-Herberge. Viele Wanderer überschreiten den Glittertinden (siehe Tour 15) und übernachten in der Herberge Spiterstulen, dem Ausgangspunkt für die Ersteigung des Galdhøpiggen. Bei sommerlichen Lichtverhältnissen lohnt sich die Überschreitung des Glittertinden und die anschließende Rückkehr über die Hochfläche Skautflye.

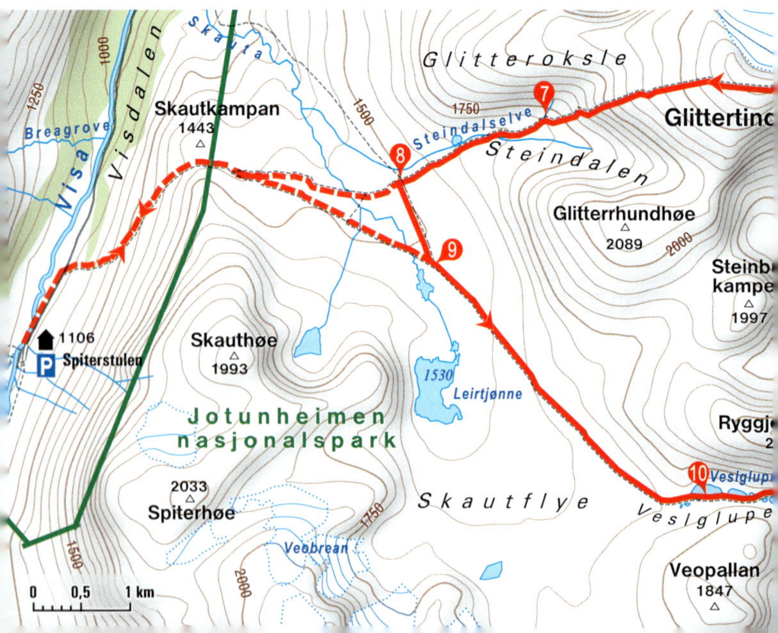

Ausgangspunkt: Grønbue, 1296 m, Parkplatz am Ende des öffentlich befahrbaren Abschnitts der nicht asphaltierten Straße Veodalsvegen in der Gemeinde Lom. Der Veodalsvegen ist auf dem Mautweg Fuglsætervegen erreichbar, der mit Beschilderung Richtung Glitterheim in Randsverk in der Gemeinde Vågå von der Fv 51 abzweigt.
Anforderungen: Der Transportweg nach Glitterheim ist bei trockener Witterung fahrradfähig; der Wanderpfad erfordert festes Schuhwerk. Für den Glitterbrean ist keine Gletscherausrüstung erforderlich, aber bei Blankeis sind Steigeisen empfehlenswert. Bei schlechter Sicht, unsicherem Wetter oder Sturm soll der Glittertinden nicht erstiegen werden.
Unterkunft: Glitterheim, DNT-Herberge mit 137 Betten und einem Selbstversorger-Annex mit 20 Schlafplätzen.
Variante: An der Wegkreuzung im Steindalen (Wegpunkt 8) geradeaus zum Berghotel Spiterstulen im Visdalen (siehe Tour 10). Beim Wiederaufstieg an der ersten Verzweigung rechts auf die Hochfläche Skautflye und von da aus weiter über den Sattel Veslglupen und nach Glitterheim.
Karte: Turkart 1:50.000 Jotunheimen Aust, Calazo 1:25.000 Galdhøppigen & Glittertinden.

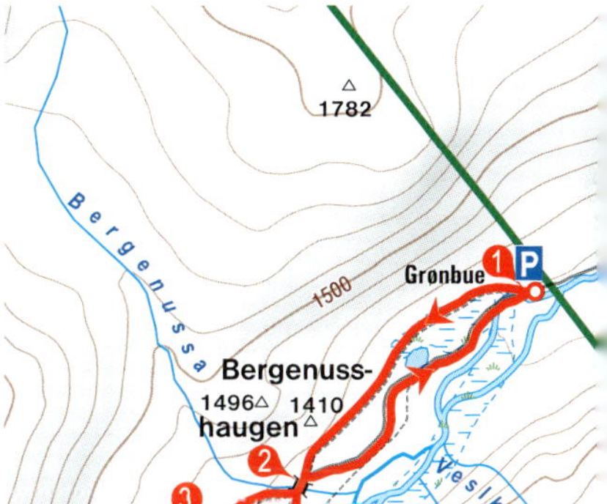
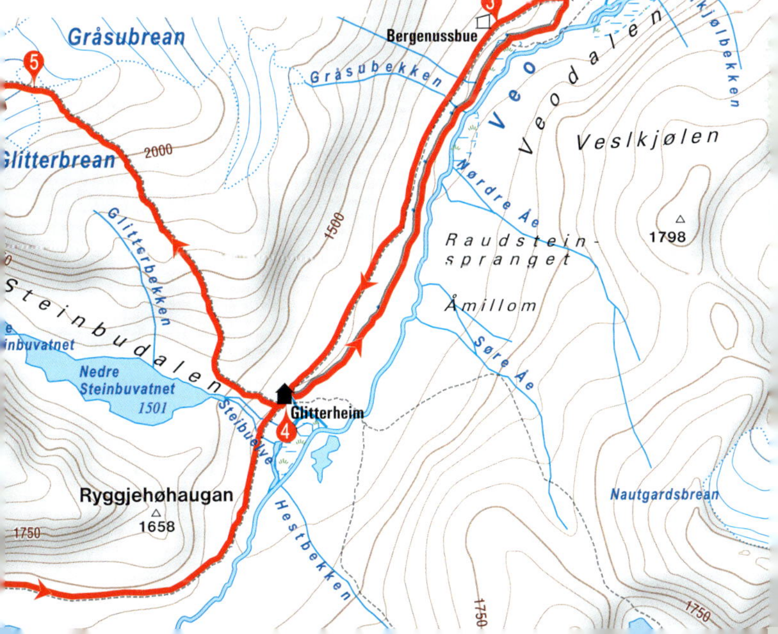

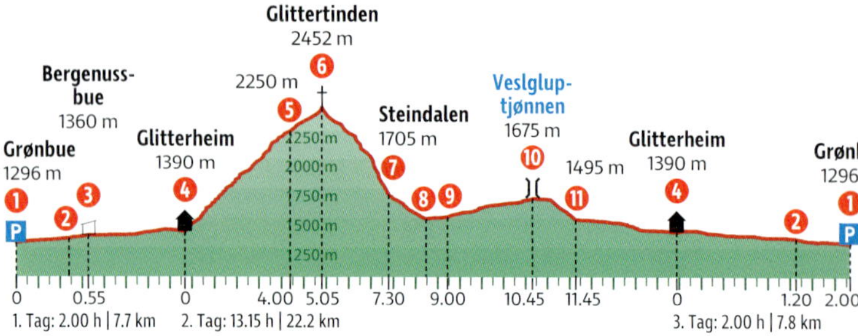

Bis ins 20. Jahrhundert war der Glittertinden der höchste Gipfel Nordeuropas. Die Messung von 1931 kotierte ihn mit 2481 m. In den folgenden Jahrzehnten aber schmolz das Eis um knapp 25 m, sodass er mit Eiskappe nur noch eine Höhe von 2457 m aufweist. Da diese jedoch mittlerweile im Sommer teilweise komplett abschmilzt, wird die Höhe des Glittertinden nur noch mit 2452 m angegeben.

1. Tag: Grønbue – Glitterheim, Pfadvariante (2.00 Std., 130 m An- und 40 m Abstieg)

Am Parkplatz **Grønbue** ❶ am Ende der schmalen Straße Veodalsvegen an der Grenze des Nationalparks Jotunheimen bieten sich zwei Möglichkeiten, zur Bergherberge Glitterheim zu wandern, beide führen im weiten Veodalen mit Gipfel- und Gletscherpanorama sacht aufwärts. Der ab dem Parkplatz für den öffentlichen Verkehr gesperrte Transportweg ist die schnellere Variante (2 Std.), parallel dazu verläuft oben im Hang der Wanderpfad (3 Std.). Beide nutzen die **Bergenussa-Brücke** ❷ oberhalb des Mündungsdeltas des gleichnamigen Flusses und trennen sich dann wieder. Eine Möglichkeit, den Schlafsack auszurollen, bietet die restaurierte **Bergenussbue** ❸, eine steinerne Nothütte, die bald hinter der Brücke über den letzten Bergenussa-Mündungsarm am Wanderpfad steht.
Beim Weitergehen schweift der Blick über das weite Tal des Gletscherflusses Veo auf das Nautgardstinden-Massiv und die alpin gezackten Veotindane, aus deren Gletschern der Fluss austritt. Obwohl **Glitterheim** ❹ nur wenig unterhalb einer sanften Anhöhe im Mündungsbereich der Steinbuelve liegt, rückt die Herberge doch erst ganz zuletzt ins Blickfeld.

2. Tag: Glitterheim – Glittertinden – Glitterheim (13.15 Std., 1280 m im An- und Abstieg)

Von der Herberge führt der mit dem roten T markierte, ausgeschilderte Pfad westwärts den Hang hinauf und schwingt am Beginn der Steinbudalen-Seenkette nordwärts auf den breiten Rücken zwischen Glitterbekken-

und Veodalen. Die Ryggjehøe jenseits des Steinbudalen verdeckt anfangs viel Aussicht, der Glittertinden zeigt sich in weiter Ferne als kleines Schneeköpfchen. Der langwierige Aufstieg in grobblockigem Gelände und durch Schneefelder erfordert Durchhaltevermögen, bis der Steig das Gesteinstrümmerfeld an der **Gletschergrenze** ❺ zwischen Glitter- und Gråsubrean erreicht. An den Spuren ist zu sehen, dass die meisten eine abkürzende Route über den Glitterbrean zum Gipfel wählen, doch die T-Route (Vorsicht, die T-Markierungen können von Schnee verdeckt sein!) ist eindeutig attraktiver: Sie verläuft so weit rechts (nördlich) wie möglich und bietet anders als die Gletscherschräge einen feinen Ausblick auf den Grat Trollsteineggje und den Grotbrean. Auf dem **Glittertinden** ❻ hängen Eis und Schnee über dem bis zu wandartig steilen Nordabbruch. Die Aussicht über Gletscher und Zinnen ist fulminant, im Westen zeigt sich der Galdhøpiggen mit dem markanten Porten (Tor).

Der Glittertinden wurde im Sommer 1841 erstmals bestiegen von Harald Nicolai Storm Wergeland, einem Vetter des Schriftstellers Henrik Wergeland, und Hans Sletten aus Lom. 1842 verfolgte der Jäger Jo Gjende angeblich einen Bock bis zum Gipfel und dachte, er sei der Erstbezwinger des Glittertinden. 1905 wurde auf dem Gipfeleis die erste Nothütte errichtet, sieben Jahre später rasierte sie der Sturm. Eine 1930 errichtete Hütte trotzte der Witterung bis 1978; ohne das Abschmelzen des Eises stünde sie vielleicht heute noch.

Die ebenfalls mit dem roten Touren-T markierte Abstiegsroute Richtung Spiterstulen führt außergewöhnlich steil und mit bestechender Aussicht westwärts ins **Steindalen** ❼ hinab, dessen Name das Gehgelände gut beschreibt: Blockwerk und Geröll, dank der Westausrichtung jedoch vergleichsweise wenige Schneefelder. Wo das Gelände in einer Einsattelung flach wird, befindet sich eine **Pfadkreuzung** ❽: Während man geradeaus nach Spiterstulen absteigen kann (Variante), halten wir uns links an einen Pfad, der nahe eines Sees in den T-markierten **Spiterstulen-Pfad** ❾ mündet, der links in sachtem Anstieg über die Hochfläche Skautflye Richtung Glitterheim leitet. Die T-Markierungen führen in den schluchtartigen, im Winter lawinengefährdeten Sattel mit der kleinen Seenkette **Veslgluptjønnen** ❿ zwischen Ryggjehøe und Veopallan hinauf. Das Gelände prägen von Flechten besiedelte Gesteinstrümmer, auf denen man ab und an das rote T entdeckt, sofern es nicht wie oben am Glittertinden von Schnee verdeckt ist. Rasch senkt sich der Steig ins obere **Veodalen** ⓫, wo sich das Gelände weitet. Oben haucht der Veobrean eisige Kälte aus, talabwärts geht es zur Herberge **Glitterheim** ❹.

3. Tag: Glitterheim – Grønbue (2.00 Std., 40 m An-, 130 m Abstieg)
Tags darauf folgt man dem Transportweg zurück zum Parkplatz **Grønbue** ❶.

Nachfolgende Doppelseite: Der Gipfel des Glittertinden mit Eiskappe.

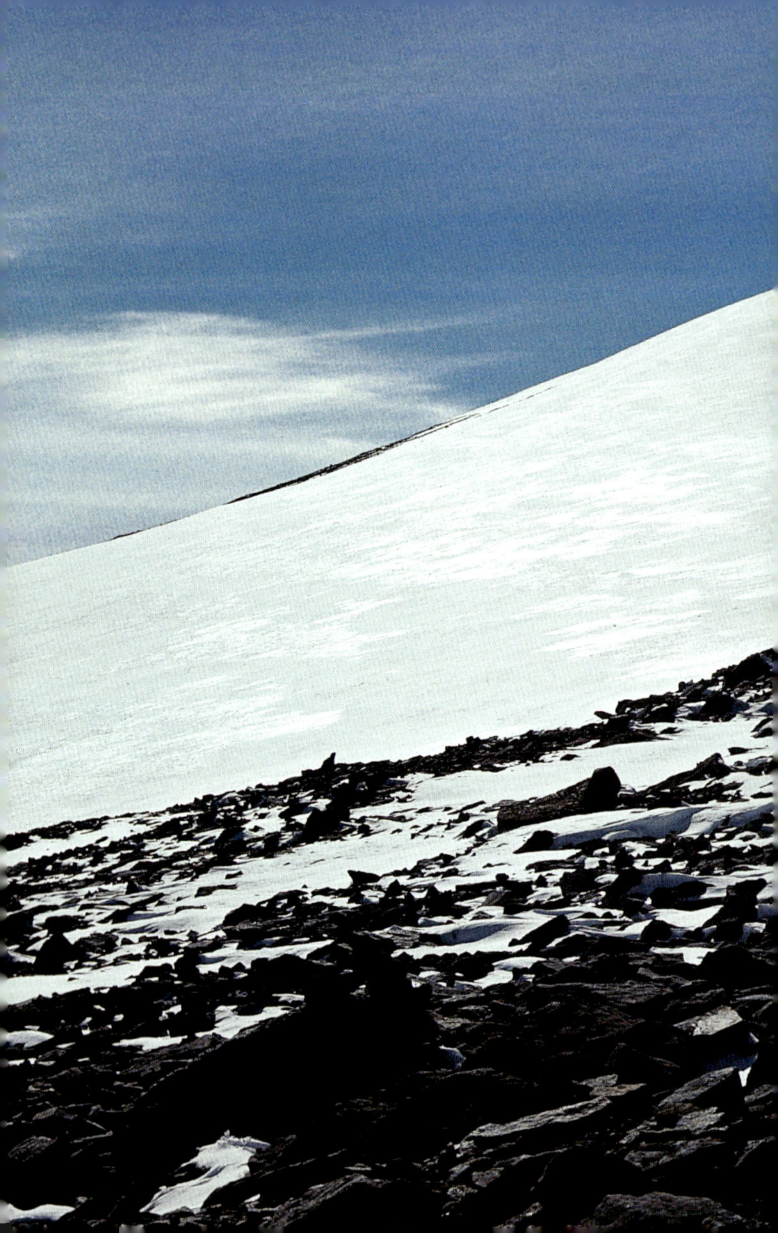

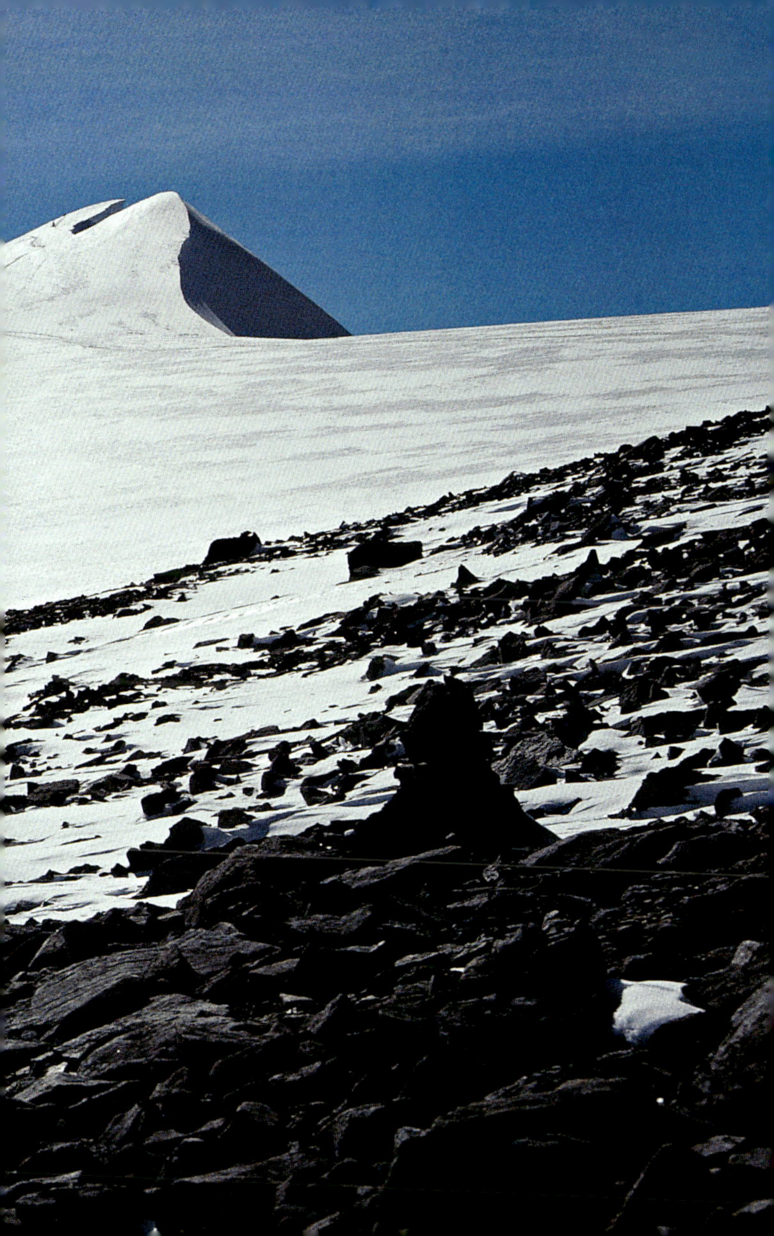

↗ 120 m | ↘ 120 m | 5.3 km

2.15 h

12 Hulderstigen – Øvre Birisjøtjønne

Seen und Urwald im Sjodalen

Der Natur- und Kulturlehrpfad Hulderstigen erschließt das idyllische Wald- und Moorgebiet der Biri-Seen im Hang des Sjodalen und führt durch das Urwaldschutzgebiet Stuttgonglie, die lesenswerten Lehrtafeln sind auch auf Deutsch verfasst. Trotz der Kürze der Wanderung kann man hier stundenlang unterwegs sein, in Seen baden und die traumhafte Schönheit einer Landschaft in sich aufnehmen, die von der Welt entrückt zu sein scheint.

Ausgangspunkt: Hulderstigen, 875 m, Parkplatz unterhalb der Alm Russlie an der Fv 51 Sjodalsvegen in der Gemeinde Vågå, 39 km südlich der E 15.

Anforderungen: Fels- und Wurzelpfad, in moorigem Gelände, Plankenstege.
Karte: Turkart 1:50.000 Jotunheimen Aust.

Der Parkplatz **Hulderstigen** ❶ liegt unterhalb der Mündung der Russa in den Raftingfluss Sjoa am Rand einer Verebnung, in der sich die Sjoa verzweigt und zahlreiche kleine Seen bildet; Hauptblickfang im Südosten ist der Griningsdalskampen. Der Hulderstigen (Hollensteig) überquert einen Sjoa-Seitenarm auf einer festen Holzbrücke, leitet über die Insel Nausterøye, überwindet die Sjoa auf einer weiteren Holzbrücke und steigt zwischen Wald und Mooren zum Birisjøbekken an, der im flachen Moorgelände weiter unten ebenfalls in die Sjoa mündet. Im Wald folgt der Hul-

Vom waldumgebenen Øvre Birisjøtjønne schweift der Blick zum Nautgardstinden.

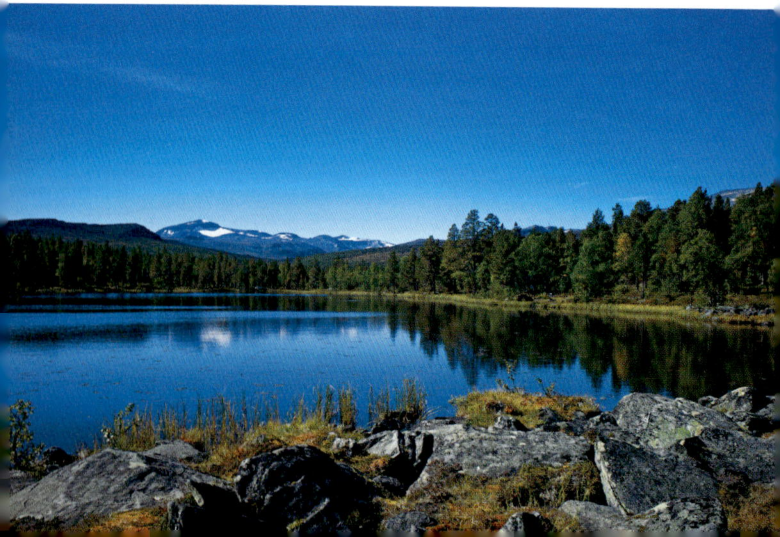

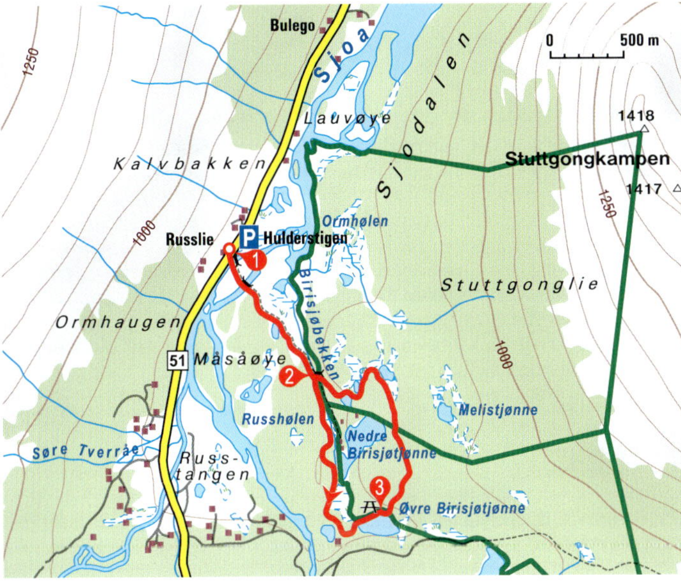

derstigen dem Bach aufwärts zur **Brücke ❷**, an der der Lehrpfad auf dem Rückweg wieder den Birisjøbekken erreicht und sich durch artenreichen Mischwald aufwärts zum See Nedre Birisjøtjønne schlängelt. Nach einer Holzbohlenpassage im Moor erreicht der Natursteig den See Øvre Birisjøtjønne, führt links vor dem See über den hier relativ breiten Birisjøbekken und zur **Raststelle ❸** am Nordufer.

Vom Rasttisch folgt der Hulderstigen kurz dem Ufer weiter und zweigt dann links in das Urwald-Naturschutzgebiet Stuttgonglie ab. Auffällig sind neben den teils uralten Laub- und Nadelbäumen die zahlreichen Bartflechten, die von Kiefernzweigen herabhängend wachsen; eine Informationstafel deutet die Baumbärte als Zeichen für reine Luft. Von den sanften Urwaldhöhen im Hang des Stuttgongkampen senkt sich der Pfad zu einem Moorsee, schwingt hier links zu einem Aussichtshügel mit Blick zur Besshøe, führt zwischen zwei Moorseen hindurch und verlässt an der **Birisjøbekken-Brücke ❷** das Stuttgonglie-Schutzgebiet.

Auf derselben Route wie beim Aufstieg geht es hinab zum Parkplatz **Hulderstigen ❶** an der Sjoa.

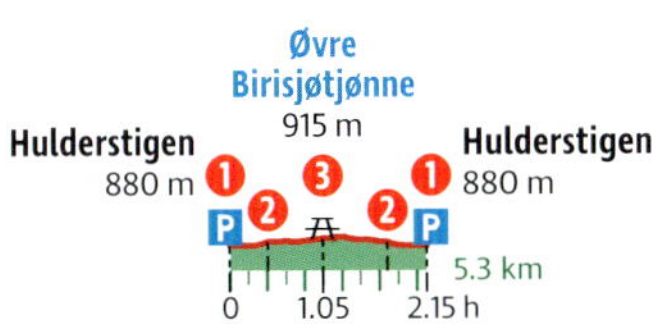

↗ 330 m | ↘ 330 m | 16.2 km

13 Russbrua – Russvatnet

5.30 h

Durch das Russdalen unter dem Nautgardstinden

Das Russdalen zieht als Seitental des Sjodalen zum Forellensee Russvatnet an der Grenze des Nationalparks Jotunheimen hinauf, ein Almtal, in dem die Zeit stehen geblieben zu sein scheint. Während der untere Bereich bewaldet ist, öffnen sich im oberen Teil weite Ausblicke über das Sjodalen hinweg sowie hinauf zum Nautgardstinden. An der Brücke am See Russvatnet sind die Surtningssue und andere vergletscherte Zweitausender des östlichen Jotunheimen-Gebirges in Sicht. Der Weg durch das Russdalen zum Bergsee Russvatnet ist ein paradiesischer Spazier-Wanderweg, der oben am See die Möglichkeit zu weiteren Touren eröffnet; im Winter ist er als unpräparierte Loipe abgesteckt.

Ausgangspunkt: Russbrua, 899 m, Parkplatz an der Straßenbrücke über den Fluss Russa an der Fv 51 Sjodalsvegen in der Gemeinde Vågå.

Anforderungen: Leichte Wege, dennoch ist festes Schuhwerk erforderlich.
Karte: Turkart 1:50.000 Jotunheimen Aust.

Der Parkplatz **Russbrua** ❶ liegt neben der namengebenden Brücke der Landschaftsroute Valdresflye über die Russa, die kurz darauf in die Sjoa mündet; der Mündungswinkel wird als Russtangen bezeichnet, da er eine weite, ebene Landzunge (tange) bildet. Vom Parkplatz geht es längs der Straße über die Brücke und nach 2 Min. links in den ersten Weg (Russvegen). Dieser führt an bäuerlichen Wirtschaftsgebäuden vorbei zum Wald hinauf und verwandelt sich nach und nach in einen breiten, steinigen Weg, auf dem man gelegentlich Mountainbikern begegnet, auch wenn er für Fahrradreifen eher ungeeignet ist. Wenn der Weg **den Wald verlässt** ❷ und sich dem Fluss nähert, beginnt der Panorama-Abschnitt mit Aufblicken zum pyramidalen Nautgardstinden-Massiv. Ein schöner Rastplatz ist die grassodengedeckte Almhütte **Saubue** ❸ (Schafhütte) mit Blick über das Sjodalen hinweg zum Refjellet und zum Griningsdalskampen. Nun noch ein Stück aufwärts, und die stabile Brücke über den Ausfluss der Russa aus dem **Russvatnet** ❹ ist erreicht – ein aussichtsreicher Rastplatz

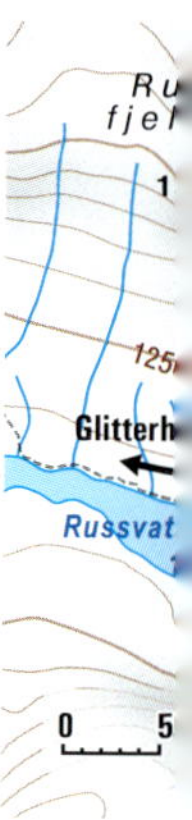

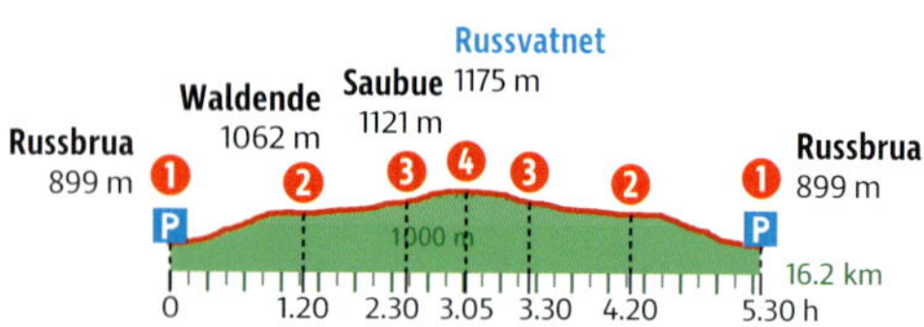

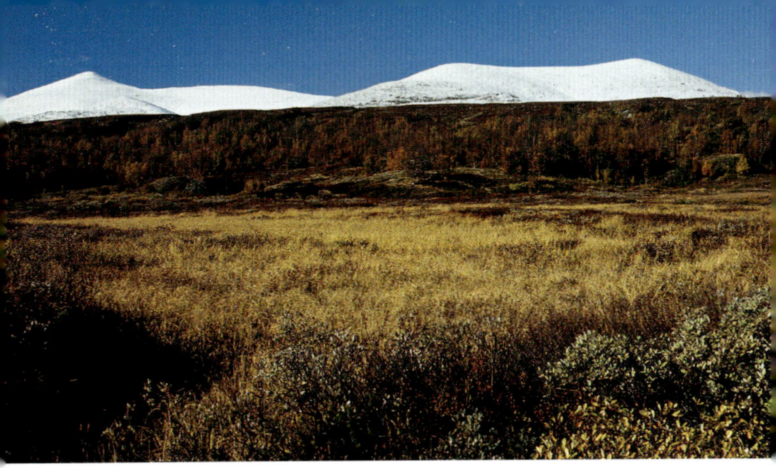

Während der Wanderung durch das herbstliche Russdalen schweift der Blick nordwärts zum Nautgardstinden-Massiv, das Ende September bereits eine Schneedecke trägt.

am T-markierten Pfad von Gjendesheim nach Glitterheim (siehe Tour 15). Die Fischerhütten am Ausfluss sind ein Hinweis auf den Forellenreichtum des Sees, der im Norden vom Nautgardstinden überragt wird, während im Süden das Bessfjellet zur vergletscherten Besshøe ansteigt und im Westen die Gipfel des wild gezackten Surtningssue-Massivs herabgrüßen. Man kann dem T-Pfad noch ein Stück am Nordufer des Sees entlang folgen, doch wir machen kehrt und wandern durch das schöne Russdalen zurück zum Ausgangspunkt an der **Russbrua** ❶.

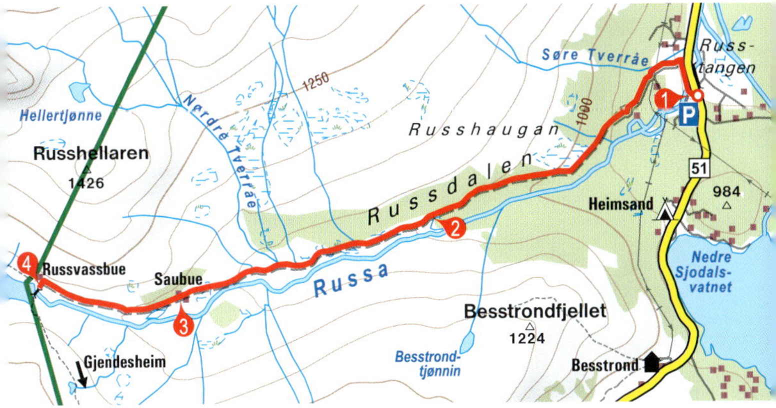

↗ 480 m | ↘ 480 m | 9.8 km

14 Bessheim – Bessvatnet

4.00 h

Im Bann der Besshøe

Die vergletscherte Besshøe zwischen den Seen Bess- und Russvatnet ist eine im Vergleich zum benachbarten Bessegen einsame Hoheit. Da der Anstieg zum kuppelförmigen Gipfel pfadlos ist, stellen wir den markierten Rundweg von Bessheim über Bessvatnet und Gjendehalsen vor, doch jeder erfahrene Wanderer ist eingeladen, die T-Pfade zu verlassen und in der grobblockigen Flanke der Besshøe mit überragender Aussicht höher und höher zu steigen.

Ausgangspunkt: Bessheim Fjellstue og Hytter, 965 m, an der Fv 51 Sjodalsvegen in der Gemeinde Vågå. Bushaltestelle der Linie Otta – Randsverk – Gjendesheim.
Anforderungen: Mit Ausnahme des Almwegs am Anfang steile Bergsteige in passagenweise blockigem Gelände.

Varianten: 1. Vom Bessvatnet pfadlos auf die Besshøe. 2. Vom Bessvatnet auf das Veslfjellet und von dort auf dem Gjendesheim-Pfad zurück zur Hauptroute. 3. Abstieg nach Gjendesheim und Rückfahrt mit dem Bus nach Bessheim (10 Min.).
Karte: Turkart 1:50.000 Jotunheimen Aust.

Die **Bessheim Fjellstue** ❶ am hier zum See Øvre Sjodalsvatnet erweiterten Kanuwanderfluss Sjoa ist eine traditionsreiche Bergherberge mit Zimmer-, Appartement- und Hüttenvermietung sowie einem Campingplatz am Seeufer. Ab Mitte des 19. Jh. besuchten mehr und mehr Wanderer die damaligen Almhütten nahe der Bessa-Mündung, 1890 eröffnete das erste eigene Gebäude für Gäste. Der mit dem roten Touren-T markierte und Richtung Bessvatnet/Besseggen ausgeschilderte Weg beginnt am Wanderwegepfahl an der Parkplatzzufahrt neben dem Hauptgebäude. Vom Herbergs- und Hüttengelände steigt er eine Wiese hinauf und führt dann relativ steil aufwärts, teils im Fjellbirkenwald, teils mit weiter Aussicht über das Sjodalen hinweg zur Sikkilsdalshøa. Schließlich schwingt der Pfad westwärts und nähert sich dem schluchtartigen **Tal der Bessa** ❷, in dessen Randbereich er oberhalb der Baumgrenze in Gras- und Moosgelände zur Sommerbrücke über dem Ausfluss aus dem See **Bessvatnet** ❸ ansteigt. Hier zeigt sich die Besshøe in ihrer ganzen Pracht. Wer sie besteigen (Variante 1) oder den Bessvatnet-See umrunden möchte, folgt dem anfangs deutlichen Pfad am Nord-

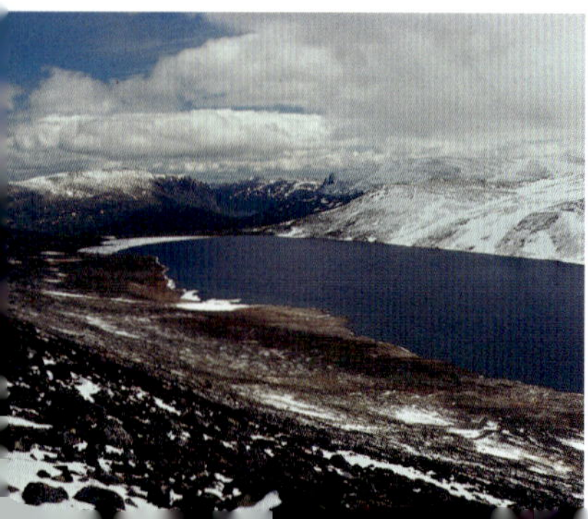

Blick hinab auf den See Bessvatnet beim Aufstieg auf die Besshøe (Variante 1).

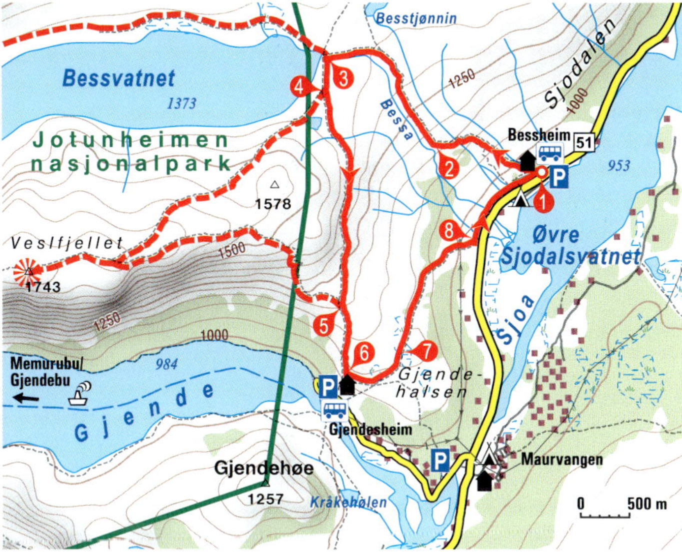

ufer des Sees, bis er sich verliert; dann ist man bei der Routenfindung auf sich selbst gestellt.

Unsere T-markierte Route führt von der Stegbrücke südwärts Richtung Gjendesheim und erreicht wenig später eine **Pfadverzweigung** 4, an der rechts ein Pfad Richtung Besseggen und Memurubu ausgeschildert ist. Wer möchte, kann hier auf den Alternativweg über das Veslfjellet abzweigen, der ca. 3 Std. mehr in Anspruch nimmt (die Besseggen-Aussicht öffnet sich erst am Gipfel!). Der T-markierte Pfad Richtung Gjendesheim hingegen führt geradeaus weiter nach Süden. An einer **Informationstafel** 5 mündet der vom Veslfjellet herabführende Pfad wieder ein. Wo sich im oberen Bereich des Fjellbirkenwaldes wilde Pfade ausgebildet haben und Absperrungen montiert sind, zweigt links der **Pfad Richtung Bessheim** 6 ab. Er führt hinauf zum **Gjendehalsen** 7, der leicht vermoorten Passhöhe zwischen Gjende und Sjodalen, und senkt sich dann zur Straße **Sjodalsvegen** 8. Längs der Straße überqueren wir den Mündungsbereich der Bessa und erreichen den Ausgangspunkt an der **Bessheim Fjellstue** 1.

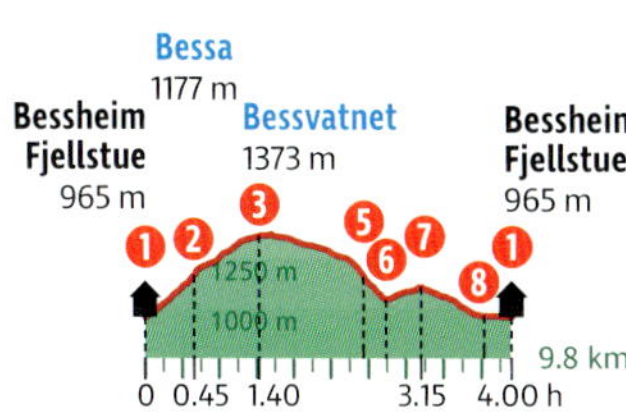

↗ 3000 m | ↘ 3000 m | 79.3 km

15 Gjendesheim – Glitterheim – Gjendebu

5 Tage

Hüttenrunde im Nationalpark Jotunheimen

Vom smaragdgrünen See Gjende führt diese große Jotunheimen-Rundtour im Bannkreis der höchsten Gipfel und Gletscher auf markierten Pfaden von Berghütte zu Berghütte. Die Route verläuft nahezu durchgehend oberhalb der Baumgrenze – entsprechend wird man immer wieder mit guten Aussichten belohnt. Wer mit weniger anstrengenden Tagesetappen beginnen möchte, startet in Leirvassbu oder Spiterstulen. Zeltmöglichkeiten finden sich unterwegs ebenfalls immer wieder.

Ausgangspunkt: Gjendesheim, 994 m, am Gjende-Schiffsanleger in der Gemeinde Vågå. Anfahrt auf der Fv 51. Bushaltestelle der Linien (Oslo –) Fagernes – Gjendesheim und Otta – Gjendesheim. Tagesparkplatz am Anleger (døgnparkering); Langzeitparkplatz (langtidsparkering) Reinsvangen 1,7 km weiter östlich nahe der Abzweigung nach Gjendesheim.
Endpunkt: Gjendebu, 995 m, an der Westbucht des Sees Gjende. Rückkehr mit dem Schiff Gjendebu – Memurubu – Gjendesheim (Fahrtzeit 45 Min.).
Anforderungen: Trittsicherheit und Kondition.
Unterkunft: Gjendesheim, DNT-Herberge mit 185 Betten. Glitterheim, DNT-Herberge mit 137 Betten und 20 Selbstversorgerplätzen. Spiterstulen, Herberge mit 150 Betten (Rabatt für DNT-Mitglieder), Hallenbad und Zeltplatz. Leirvassbu, DNT-Herberge mit 185 Schlafplätzen. Olavsbu, verproviantierte DNT-Selbstversorgerhütte mit 52 Betten. Gjendebu, DNT-Herberge mit 130 Betten, Selbstversorgertrakt mit 34 Betten und Zeltplatz.
Karten: Turkart 1:50.000 Jotunheimen Aust und Turkart 1:50.000 Jotunheimen Vest.

1. Tag: Gjendesheim – Russvatnet – Glitterheim (8 Std., 1000 m An- und 600 m Abstieg)

Der Drei-Seen-Auftakt führt vom grünen See Gjende zum blauen See Bessvatnet und zum forellenreichen Russvatnet mit exzellenten Besshøe-, Nautgardstinden- und Glittertinden-Panoramen.

Vom Tagesparkplatz am Schiffsanleger in **Gjendesheim** ❶ führt ein T-markierter Pfad aussichtsreich aufwärts zum Rastplatz an der **Besseggen-Pfadverzweigung** ❷, wo das Gros der Wanderer links Richtung Besseggen wandert, während das Schild Richtung Glitterheim geradeaus hinauf zeigt. Während des Anstiegs schweift der Blick ostwärts über das Sjodalen hinweg zur Sikkilsdalshøa, dann geht es mit Besshøe- und Nautgardstinden-Blick fast eben weiter zur Veslfjellet-Verzweigung und zur Ostbucht des Sees **Bessvatnet** ❸, wo die Rast wohlverdient ist. Nach Überqueren der aus dem See austretenden Bessa auf einer Sommerbrücke leiten die T-Markierungen bequem über die Hochfläche am Fuß der Bessheimrundhøe, dann senkt sich der Pfad zum See **Russvatnet** ❹, den im Westen die vergletscherte Surtningssue überragt. Nach Überqueren des Russa-Ausflusses auf einer festen

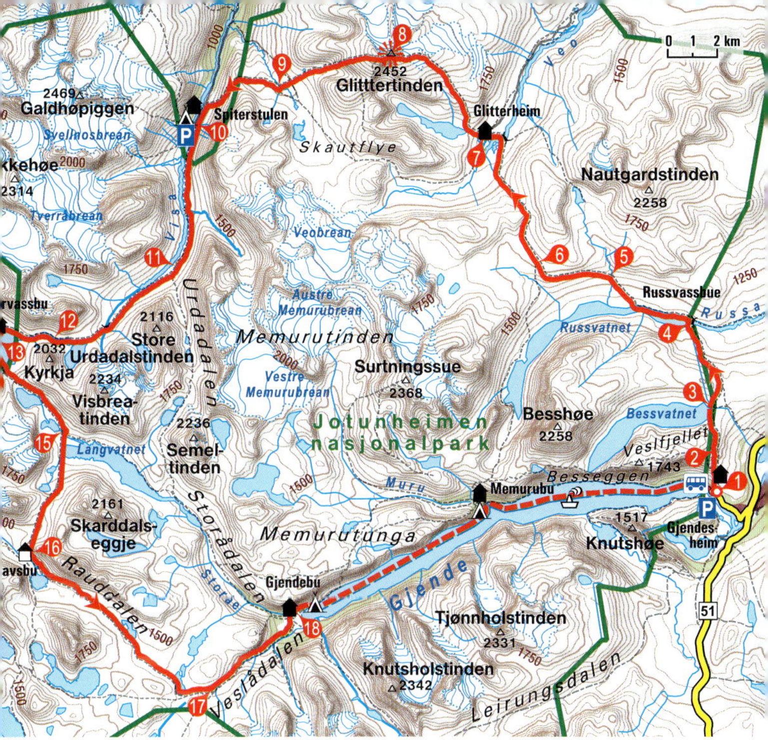

Brücke folgt der Pfad dem Seeufer links zur Landzunge Tjønnholodden an der weit verzweigten Mündung der Tjønnholåe. Hier schwingt der Pfad steil rechts hinauf, überquert den Fluss auf einer **Sommerbrücke** ⑤, zieht an der Verzweigung dahinter schräg links den Hang hinauf und mündet in den Tourenpfad Memurubu – **Glitterheim** ⑥. Die T-Markierungen leiten rechts hinauf zum aussichtsreichen Pass zwischen den Hestlægerhøe-Kuppen und folgen dann mit Glittertinden-Panorama dem Bach Hestbekken ins Veodalen hinab. Nach Überqueren des breiten Gletscherflusses auf der Ganzjahresbrücke ist die Herberge **Glitterheim** ⑦ erreicht.

2. Tag: Glitterheim – Glittertinden – Spiterstulen (8.30 Std., 1100 m An- und 1390 m Abstieg)

Von der Herberge **Glitterheim** ⑦ geht es wie bei Tour 11 auf den **Glittertinden** ⑧ und steil abwärts durch das Steindalen zur **Pfadkreuzung** ⑨ am unteren Ansatz der Hochfläche Skautflye. Von hier führen die T-Markierungen steil hinab zum Berghotel **Spiterstulen** ⑩ im Visdalen.

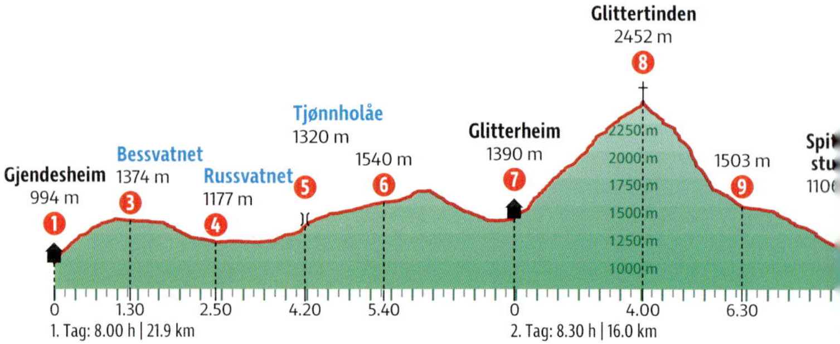

3. Tag: Spiterstulen – Leirvassbu (5.30 Std., 410 m An- und 100 m Abstieg)

Von **Spiterstulen** ⑩ folgt der T-Pfad Richtung Leirvassbu in der vergletscherten Gipfelwelt des nordwestlichen Jotunheimen dem Visdalen, überquert den Gletscherfluss Hellstuguåe auf einer Ganzjahresbrücke, passiert am Fuß des Store Urdadalstinden eine **Verzweigung** ⑪, an der sich die Runde links durch das Urdadalen zu einer Dreitagestour verkürzen ließe (Gehzeit Spiterstulen – Gjendebu: 10 Std.), zieht durch Geröllgelände weiter aufwärts zum Pass und senkt sich durch die von kleinen Seen geprägte »Kirchenschlucht« **Kyrkjeglupen** ⑫ zur Herberge **Leirvassbu** ⑬ am See Leirvatnet.

4. Tag: Leirvassbu – Olavsbu (3.50 Std., 400 m An- und 370 m Abstieg)

Von **Leirvassbu** ⑬ führen die T-Markierungen mit Kyrkja-Aufblicken zum Pass **Høgvaglen** ⑭, dann senkt sich der Weg, passagenweise in Geröllgelände, zur **Verzweigung** ⑮ zwischen den Seen Nedre Høgvagltjønne und

Blick geradeaus auf das Nautgardstinden-Massiv und links zum Glittertinden.

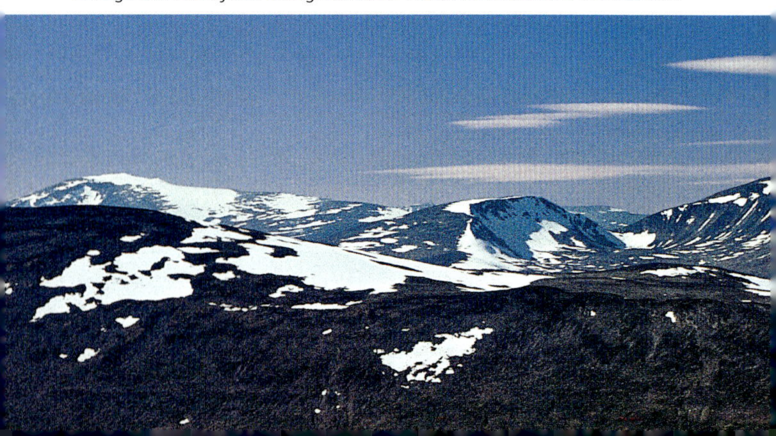

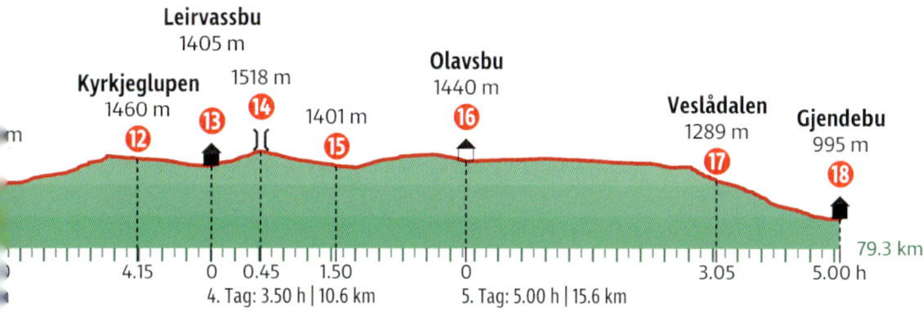

Langvatnet. Hier besteht die Möglichkeit, durch das Storådalen direkt zur Herberge Gjendebu am See Gjende abzusteigen (Gehzeit Leirvassbu – Gjendebu: 8 Std.), während unsere Route mit Blick auf den Gletscher Høgvaglbreen rechts hinauf zum Pass Rauddalsbandet schwingt und dann aussichtsreich zur Selbstversorgerhütte **Olavsbu** 16 hinabführt; sie ist wegen ihrer Lage an kleinen Seen zwischen vergletscherten Gipfeln so gut besucht, dass zwei Gebäude zur Verfügung stehen.

5. Tag: Olavsbu – Gjendebu (5 Std., 90 m An- und 540 m Abstieg)
Von der Hütte **Olavsbu** 16 führt der T-Pfad relativ eben durch das seen- und steinreiche obere Rauddalen zwischen dem Grat Store Rauddalseggje und dem Snøholstinden, ehe an der Skogadalsbøen-Pfadverzweigung der Abstieg ins **Veslådalen** 17 beginnt. Dort folgen die T-Markierungen dem Fluss hinab zur Herberge **Gjendebu** 18 am See Gjende mit Schiffsverbindung zum Ausgangspunkt Gjendesheim.

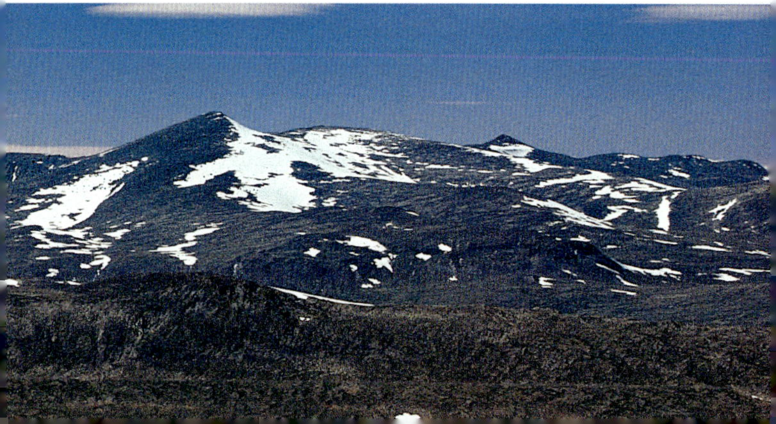

TOP 16

↗ 1380 m | ↘ 1380 m | 23.7 km

Gjendesheim – Besseggen – Memurubu

2 Tage

Über den Besseggen

Der Besseggen, der Sensengrat, zwischen den Seen Gjende und Bessvatnet ist Norwegens bekanntester Felsgrat und ein Wanderklassiker mit faszinierender Aussicht auf Seen, Gipfel und Gletscher. Womöglich war er das Vorbild für den »Gjendingrat«, den Henrik Ibsens Peer Gynt als »scharf wie eine Sense« bezeichnet. Peer Gynt behauptet, die Tour auf dem Grat auf einem Renbock unternommen zu haben und abgestürzt zu sein. Tatsächlich gibt es nur eine einzige kurze Stelle, an der etwas Schwindelfreiheit notwendig ist.

Ausgangspunkt: Gjendesheim, 994 m, in der Gemeinde Vågå. Anfahrt und Parksituation siehe Tour 15.
Anforderungen: Eine kurze Passage am Besseggen ist etwas ausgesetzt und verlangt Schwindelfreiheit, ansonsten normaler Gebirgssteig mit Geröll, Felsen, praller Sonne und Schneefeldern. Der Uferpfad ist passagenweise morastig.
Unterkunft: Memurubu, Herberge mit 150 Betten, Zeltplatz und Schiffsanleger. Gjendesheim, DNT-Herberge mit 185 Betten.
Variante: Die Ausflugsschiffe MS Gjende und MS Gjendine verkehren von ca. Anfang Juli bis Ende August zwischen Gjendesheim, Memurubu und Gjendebu; die Fahrt von Memurubu nach Gjendesheim dauert 20–35 Min. Wer die Wanderung mit dem Schiff um 3.30 Std. abkürzen will, notiert am Ausgangspunkt die Abfahrtszeit in Memurubu oder startet in Memurubu.
Karte: Turkart 1:50.000 Jotunheimen Aust.

1. Tag: Gjendesheim – Memurubu (7.45 Std., 1230 m Anstieg und 1220 m Abstieg)

18 km lang schneidet der fjordartig schmale See Gjende in die Bergwelt ein, im Norden überragt vom Besseggen, im Süden vom Knutshøe-Grat. Beim Schiffsanleger an der Ostbucht, wo der Fluss Sjoa den See verlässt, liegt die Herberge **Gjendesheim** ❶, die nach der Hütte des legendären Rentierjägers John Gjendin alias Jo Gjende (1794–1884) benannt ist, der sich 1842 hier niederließ. Seit 1878 beherbergt die Herberge Wanderer, heute ist sie

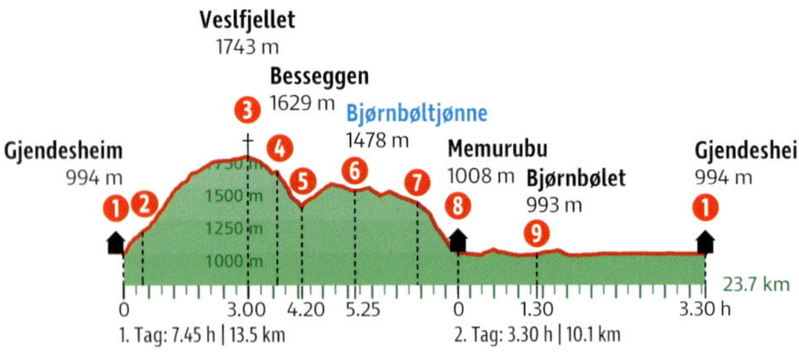

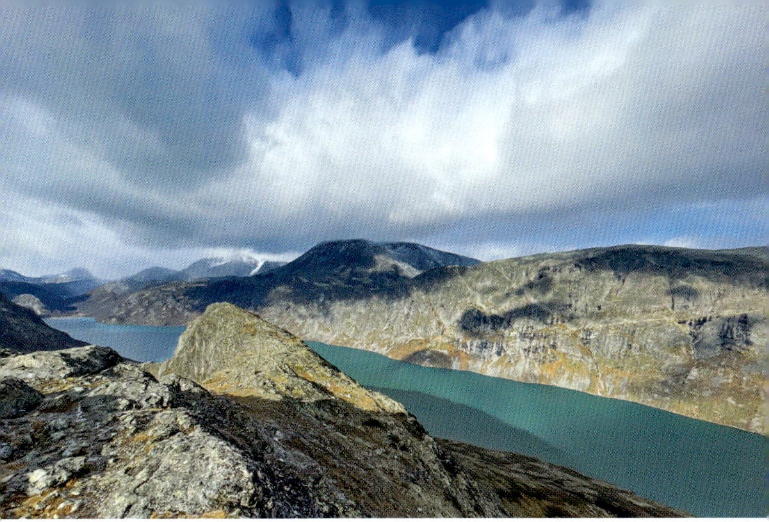

Blick über den See Gjende hinweg auf den Besseggen.

als beliebtester Ausgangspunkt für Unternehmungen im Nationalpark Jotunheimen das meistbesuchte DNT-Berghotel. Da rund 40.000 in jedem Sommerhalbjahr über den Besseggen wandern, ist es ratsam, früh auf den Beinen zu sein, gleichgültig, ob man mit dem Schiff nach Memurubu fährt oder von Gjendesheim nach Memurubu wandert. Wegen der enormen Tritterosion durch die Vielzahl an Wanderern weisen Schilder darauf hin, den deutlichen Pfad nicht zu verlassen, einige Stellen sind abgeschrankt, damit niemand die Nebenpfade benutzt.

Von der oberen Parkreihe des Tagesparkplatzes führen die roten T-Markierungen im Hang des Gjendehalsen steil aufwärts Richtung Besseggen. Am Rastplatz an der **Glitterheim-Pfadverzweigung** 2 geht es halb links weiter, und nach Durchsteigen einer kleinen Schlucht ist die baumlose Hochfläche des Veslfjellet erreicht. Kurz vor dem Gipfel mündet der vom See Bessvatnet heraufführende Pfad ein, dann ist an der Gipfelpyramide des **Veslfjellet** 3 der mit 1743 m höchste Punkt der Tour erreicht. Vom Gipfelmal senkt sich der Pfad mit traumhafter Aussicht und zahlreichen Verweilstellen zum oberen Ansatz des Grats **Besseggen** 4 und folgt diesem dann etwa 250 Hm abwärts. Die Südwand des Besseggen fällt bis zu 600 m zum See Gjende ab, hinter dem die gezackten Gipfel der Gjende-Alpen aufragen; seine Nordflanke stürzt bis zu 300 m zum See Bessvatnet hinab, hinter dem sich die mächtige Kuppe des Besshøe-Bergstocks rundet. Im Westen zeigt sich das Gipfel- und Gletschermeer des zentralen Jotunheimen. Deutlich sichtbar ist die unterschiedliche Färbung der beiden Seen: Der See Gjende ist vom Gletscherwasser smaragd- bis milchiggrün, der Bessvatnet hingegen tiefblau, da ihm kein Gletscherwasser zufließt. Der Besseggen endet am **Bandet** ❺, dem Felsband zwischen Bessvatnet und Gjende – ein schöner Platz für eine aussichtsreiche Rast. Das Bandet fällt nordwärts nur 8 m zum Bessvatnet ab, südwärts geht es steile 398 m zum Gjende-See hinunter. Hat man das Felsband überquert, ist ein deutlicher Pfad über dem Ufer des Bessvatnet zu sehen: Ohne Ausschilderung können Wanderer dem Seeufer zur T-markierten Route am Ausfluss der Bessa folgen und südwärts zurück nach Gjendesheim wandern.

Die T-Markierungen führen vom Felsband zum See **Bjørnbøltjønne** ❻ hinauf, die Route entfernt sich von der Abbruchkante zum Gjende-See und ist vorübergehend weniger aussichtsreich. Am Sattel zum Quellgebiet der Russa, die den See Russvatnet speist und der Sjoa zufließt, vereinigt sich der Pfad mit der **Glitterheim-Route** ❼ und senkt sich mit Blick in das imposante U-Tal Memurudalen zur Bergherberge **Memurubu** ❽. Hier besteht die Möglichkeit, zu übernachten und am nächsten Tag nach Gjendebu weiterzuwandern (siehe Tour 17) oder mit dem Schiff nach Gjendesheim zurückzufahren (Variante).

2. Tag: Memurubu – Gjendesheim (3.30 Std., 150 m Aufstieg und 160 m Abstieg)

Für den Uferpfad zurück zum Ausgangspunkt werden gute Geher weniger als die im Profil angegebenen 3.30 Std. benötigen. Er schlängelt sich meist

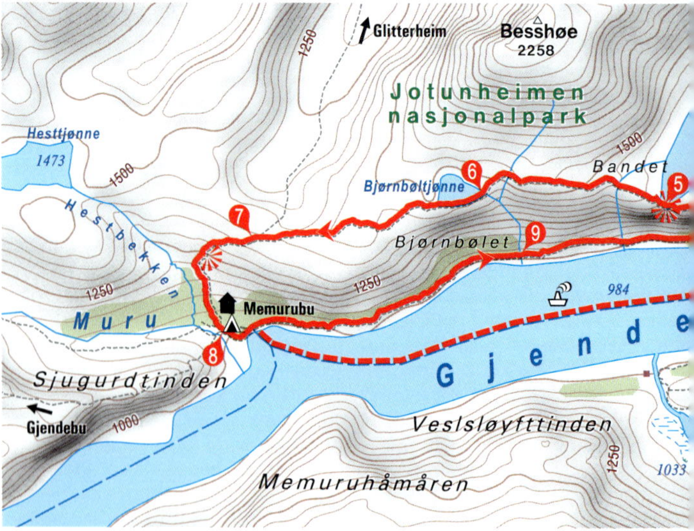

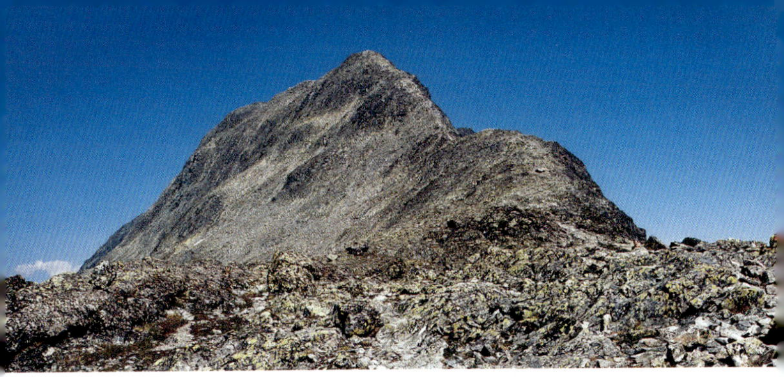

Aufblick vom Bandet zum Besseggen-Grat.

durch Fjellbirkenwald und durch die reiche Vegetation, für die die Ufer des Sees Gjende berühmt sind: Die Pflanzen finden windgeschützte, sonnige Stellen vor und trinken – wie am **Bjørnbølet** 9 unterhalb des Sees Bjørnbøltjønne – aus herabrieselnden Bächen. Der Pfad ist mitunter morastig und die ständigen kleinen Auf- und Abstiege auf dem Uferpfad sind nach den vielen Besseggen-Höhenmetern durchaus spürbar. Am Ende des Pfads, an dem einige ihr Zelt aufschlagen, ist der Ausgangspunkt **Gjendesheim** 1 wieder erreicht.

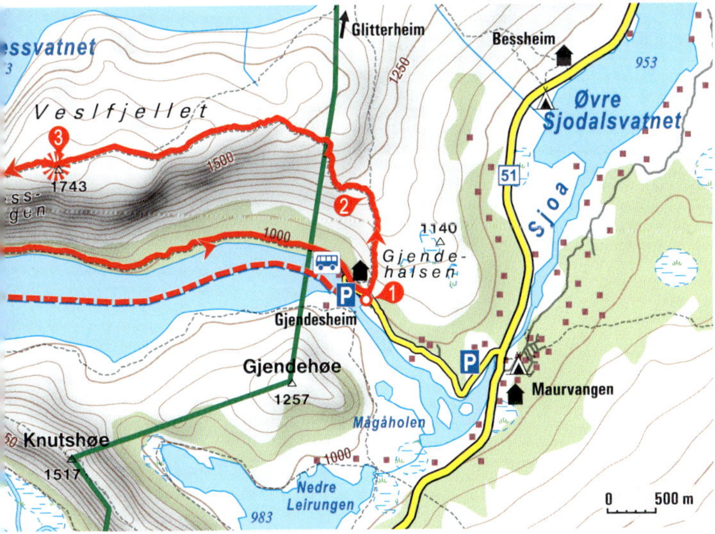

↗ 1550 m | ↘ 1550 m | 22.2 km

17 Memurubu – Surtningssue

10.30 h

Im Herzen der Jotunheimen-Gletscherwelt

Die Surtningssue ist neben Galdhøpiggen und Glittertinden der begehrteste Jotunheimen-Hochgipfel, seit der Bergsteiger Emanuel Mohn 1878 im Jahrbuch des Wandervereins DNT die Aussicht als die prachtvollste überhaupt beschrieb. Von den Tälern im Süden aus ist der Doppelgipfel der Hauptblickfang im östlichen Jotunheimen. Das siebthöchste Bergmassiv Skandinaviens ist auf gut markierten Steigen erreichbar, die sich zu einer anstren-

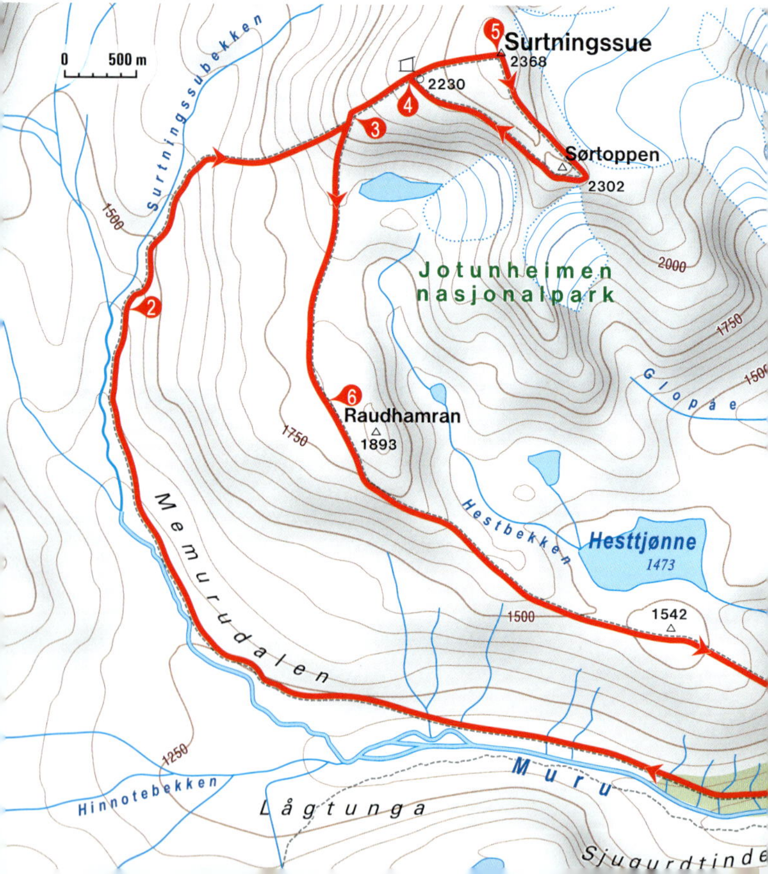

genden Rundtour kombinieren lassen. Die Markierungen wurden ebenso erneuert wie 2008 die 1889 erbaute Gipfelnothütte, die jetzt mit Holz ausgekleidet sowie mit Holztisch und -bänken ausgestattet ist, auf denen man notfalls übernachten kann. In den oberen Partien ist wie auf der kurzen Passage auf dem Besseggen Schwindelfreiheit erforderlich, was norwegische Wanderer nicht davon abhält, ihre sportlichen Kinder mitzunehmen. Nicht begehen soll man den Doppelgipfel bei Windstärken ab frischer Brise (frisk bris); dann bleibt man besser im Tal des Gletscherflusses Muru, das kaum minder attraktiv ist: Schon hier reicht der Blick weit hinauf in die imposante Gletscherwelt.

Ausgangspunkt: Memurubu, 1008 m, am See Gjende in der Gemeinde Vågå. Anfahrt auf der Fv 51 Valdresflyvegen nach Gjendesheim. Bushaltestelle der Linien (Oslo –) Fagernes – Gjendesheim und Otta – Gjendesheim. Von Gjendesheim mit dem Ausflugsschiff Gjendesheim – Memurubu – Gjendebu (Fahrtzeit: 20–35 Min.) oder Wanderung über den Besseggen bzw. auf dem Uferpfad am See Gjende (Tour 16).
Anforderungen: Trittsicherheit, an der Surtningssue Schwindelfreiheit.
Unterkunft: Memurubu, Herberge mit 150 Betten, Zeltplatz und Schiffsanleger.
Karte: Turkart 1:50.000 Jotunheimen Aust.
Hinweis: Am Abzweig unterhalb des Surtningssue-Gipfels befindet sich eine steinerne Nothütte.

Die Herberge **Memurubu** ❶ ging aus einer Alm hervor, die ab 1872 Bergwanderern Kost und Logis anbot. Damals mussten die Wanderer in winzigen Hütten zusammen mit Knechten und Sennerinnen übernachten, die heutige 150-Betten-Herberge wurde 2002 eröffnet. Vom Herbergsgelände leitet die Markierung rotes T zur festen Brücke über den Gletscherfluss Muru. Diesseits des Flusses weisen die Schilder »Surtingssue« und »Memurubrean« den Weg talaufwärts, zunächst in artenreichem Fjellbirkenwald. Wo sich die Muru weiter oben (im Bereich der Hinnotebekken-Mündung) in Mäander auffächert und der Pfad einem alten Steinlesewall folgt, befand sich in vergangenen Jahrhunderten die Alm Øvre Memurubu – ein Hinweis auf die Fruchtbarkeit im unteren Abschnitt des Tals, das nun zunehmend steiniger wird; dafür wird der Blick auf die Memuru-Gletscher, die sich aus wechselnden Perspektiven zeigen, immer besser, während das Tal langsam nach Norden schwingt.

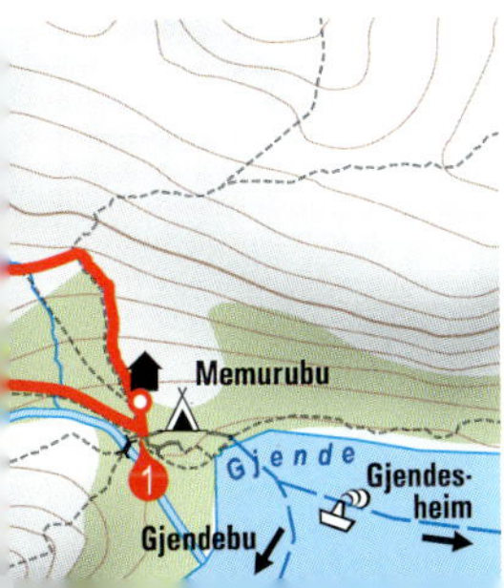

An der Mündung des **Surtningssubekken** ❷ verlässt der Steig die Muru und folgt dem Bach ein Stück bergauf. Wenn die Steilstufe nach ca. 1 km oben rechts einflacht, beginnt der Gipfelaufstieg: Mit dem Bach im Rücken geht es steil und steiler hinauf zur **Rückwegabzweigung** ❸. Anschließend kann man verschnaufen, während man in fast ebenem Gelände geradeaus weiter zur **steinernen Nothütte** ❹

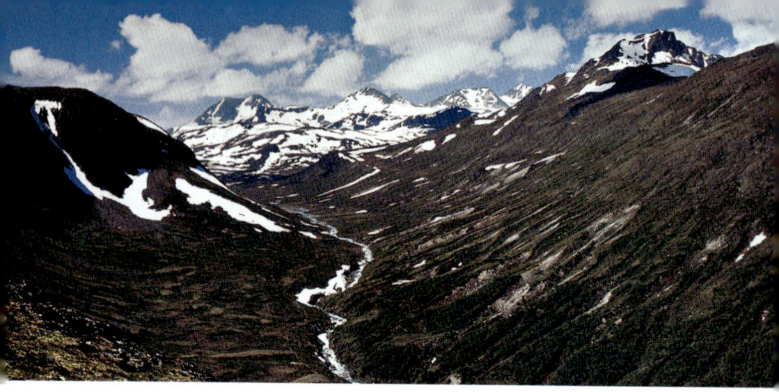

Das Charakterhaupt der Surtningssue über dem Memurudalen.

geht. Hier beginnt der Schlussspurt auf den Hauptgipfel der **Surtningssue** ❺ mit einmaligem Panorama des Jotunheimen und seiner Gletscher. Erstmals erstiegen wurde er um 1840 von Johan Sverdrup, dem späteren Führer der radikalen Venstre-Bauern und ersten linksliberalen Ministerpräsidenten Norwegens (1884–89).

Vom Hauptgipfel gehen wir längs der Abbruchkante über dem Gletscher zum Sørtoppen, den viele als eigenen Gipfel betrachten. Dort machen wir uns mit einer spitzen Rechtskehre an den Abstieg Richtung **Steinhütte** ❹ und zur **Rückwegabzweigung** ❸, von der ein ebenfalls markierter Steig südwärts über grobblockiges Gelände Richtung Memurubu führt. Er folgt dem mehr oder weniger scharf ausgeprägten Kamm zwischen Memuru- und Hestdalen zu den **Raudhamran** ❻, wo eine Steilpassage zum Kamm über dem See Hesttjønne überleitet. Nach einer Weile vergleichsweise ruhigen Dahingehens in der großartigen Berg- und Gletscherszenerie beginnt der steile Gratabstieg zum Hestbekken; dahinter geht es rechts zur Herberge **Memurubu** ❶.

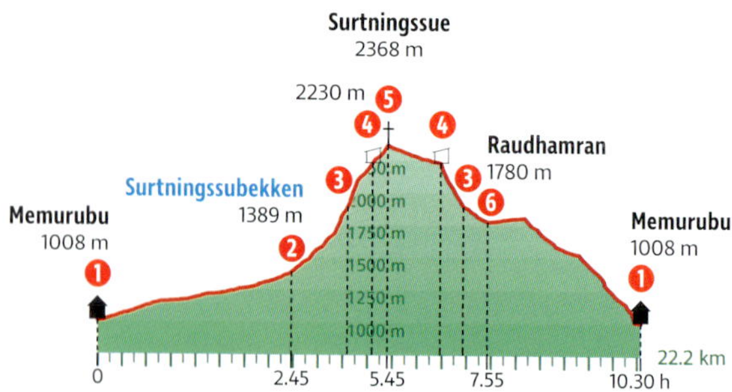

↗ 615 m | ↘ 615 m | 12.7 km

6.30 h

Memurubu – Memurutunga

18

Aussichtsreiches Hochland mit Gletscherblick

Der Hochlandkeil Memurutunga zwischen dem smaragdgrünen See Gjende und dem von Gletschern ausgehobelten Trogtal Memurudalen ist ein unvergleichliches Aussichtsparadies mit Blick auf die Gjende-Alpen und die Gletscherwelten an der oberen Muru.

Ausgangspunkt: Memurubu, 1008 m, am See Gjende in der Gemeinde Vågå. Anfahrt auf der Fv 51 Valdresflyvegen nach Gjendesheim. Bushaltestelle der Linien (Oslo –) Fagernes – Gjendesheim und Otta – Gjendesheim. Von Gjendesheim mit dem Ausflugsschiff Gjendesheim – Memurubu – Gjendebu (Fahrtzeit: 20–35 Min.) oder Wanderung über den Besseggen bzw. auf dem Uferpfad am See Gjende (Tour 16).
Anforderungen: Trittsicherheit, Kondition.
Unterkunft: Memurubu, Herberge mit 150 Betten, Zeltplatz und Schiffsanleger.
Variante: Wer vom Wegpunkt ❹ nicht zurück nach Memurubu, sondern durch die versicherte Felsflanke Bukkelægret zur DNT-Herberge Gjendebu mit 119 Betten, einem Selbstversorgertrakt mit 34 Betten, Zeltplatz und Schiffsanleger weiter wandert (siehe Tour 19), hat statt 12,7 nur 10,7 km vor sich und kann mit dem Ausflugsschiff zum Ausgangspunkt zurückfahren; die Abfahrtszeiten sind in Memurubu angeschlagen.
Karte: Turkart 1:50.000 Jotunheimen Aust.

Von der Herberge **Memurubu** ❶ oberhalb des Schiffsanlegers leitet die Tourenmarkierung rotes T Richtung Gjendebu hinab zur Ganzjahresbrücke über den Gletscherfluss Muru, der hier an der Mündung in den See Gjende jede Menge Gesteinsschutt hinausschiebt. Nach Überqueren des Flusses

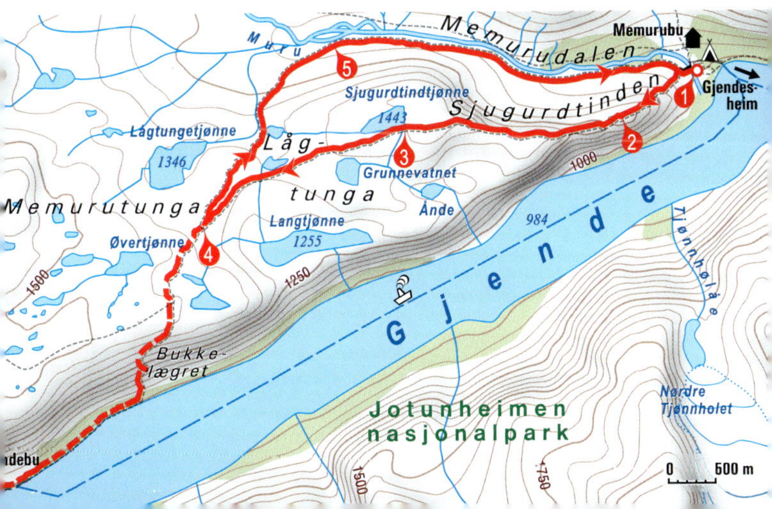

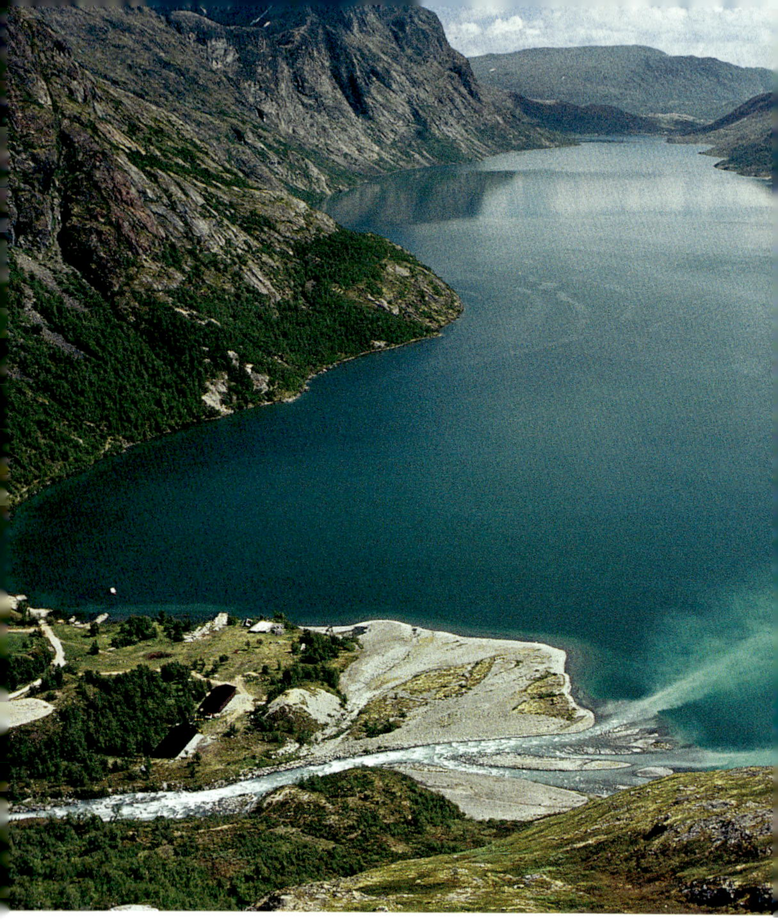

Beim Aufstieg zum Sjugurdtinden zeigt sich der Schwemmkegel des Gletscherflusses Muru.

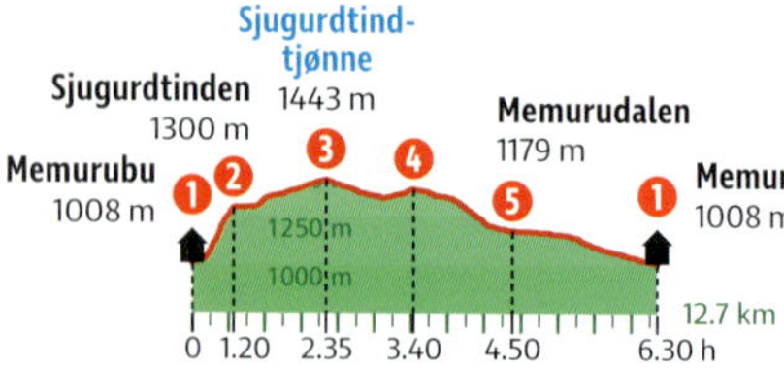

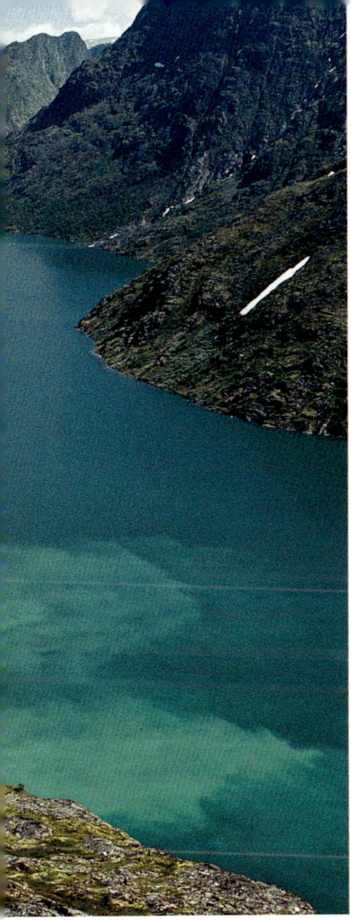

verzweigen sich die Routen: Rechts durch das Tal führt unser Rückweg, während der Hinweg Richtung Gjendebu steil zum Sjugurdtinden hinaufsteigt. Der Aufstieg ist gerade wegen seiner Steilheit so attraktiv: Immer wieder kann man stehen bleiben und das wundervolle Panorama des Sees Gjende mit dem Grat Besseggen links und den Gjende-Alpen rechts genießen. Auf dem aussichtsreichen **Sjugurdtinden** ❷, der ersten Berghöhe zwischen Muru und Gjende, ist der größte Teil des Anstiegs schon geschafft, der Blick fällt frei auf die Gletscherwelten von Memurubrean und Veobrean sowie auf die Gjendetunga, die über der Westbucht des Sees aufragt und aus dieser Perspektive eine fast surreale Trapezform aufweist.

In stetem Auf und Ab führt der T-Pfad nun über die baumlosen, felsigen Höhen des Hochlands zwischen Gjende und Memurudalen. Zahlreiche lauschige Plätze bieten sich für eine Rast zwischen Rentierflechten und Moosen an, besonders jener am See **Sjugurdtindtjønne** ❸ auf dem Lågtunga genannten Ostteil der Memurutunga, wo der Blick auf das wild gezackte Surtningssue-Massiv jenseits des Memurudalen fällt. Hinter dem See senkt sich der T-Pfad zu einer **Abzweigung** ❹, an der der Hauptwanderweg Richtung Gjendebu schräg links zum Bukkelægret weiterzieht (Variante, siehe Tour 19), während unser Rückweg rechts dem vergleichsweise einsamen Trail ins Trogtal Memurudalen folgt. Während des Abstiegs ist der gletschermilchgrüne Fluss Muru zu sehen, der sich an dieser Stelle in viele Arme auffächert und Inseln aus zermahlenem Gesteinsschutt umbrandet. Im Tal **Memurudalen** ❺ angekommen folgt der Pfad dem Gletscherfluss abwärts zur bekannten Ganzjahresbrücke kurz vor der Mündung in den See Gjende, am anderen Ufer ist der Ausgangspunkt an der Herberge **Memurubu** ❶ erreicht.

↗ 645 m | ↘ 645 m | 13.8 km

19 Gjendebu – Storådalen – Bukkelægret

6.15 h

Almtal und Felsabstieg an Ketten

Auf die leichte Wanderung im Storådalen folgt eine aussichtsreiche Höhentour, das i-Tüpferl ist das Bukkelægret, an dem sich die Wanderer an Ketten und Eisenhaken durch die Felsen hangeln.

Ausgangspunkt: Gjendebu, 995 m, an der Westbucht des Sees Gjende. Anfahrt auf der Fv 51 Valdresflyvegen nach Gjendesheim. Bushaltestelle der Linien (Oslo –) Fagernes – Gjendesheim und Otta – Gjendesheim. Von Gjendesheim mit dem Ausflugsschiff Gjendesheim – Memurubu – Gjendebu (Fahrtzeit: 45 Min.).

Anforderungen: Trittsicherheit, am ausgesetzten Bukkelægret Schwindelfreiheit. Nicht begehbar bei Eis- und Schneeresten.
Unterkunft: Gjendebu, DNT-Herberge mit 119 Betten, einem Selbstversorgertrakt mit 34 Betten, Zeltplatz und Schiffsanleger.
Karte: Turkart 1:50.000 Jotunheimen Aust.

Gjendebu ❶ ist die traditionsreichste Herberge am See Gjende. 1871 öffnete die DNT-Unterkunft ihre Pforten, im selben Jahr erblickte die Tochter der Herbergsbetreiber Slaalien das Licht der Welt und wurde von einem auf Wanderschaft befindlichen Pastor mit Seewasser auf den Namen Gjendine getauft. 20 Jahre später begeisterte sich Edvard Grieg für die Almlieder der jungen Sennerin, das Wiegenlied »Gjendines Bådnlåt« fand Eingang in seine »Norwegischen Volksweisen«. Eine kleine Ausstellung in der steinernen Gjendinebua neben dem Herbergsgebäude hält die Erinnerung an die Sennerin wach, die 1972 im Alter von 100 Jahren verstarb.

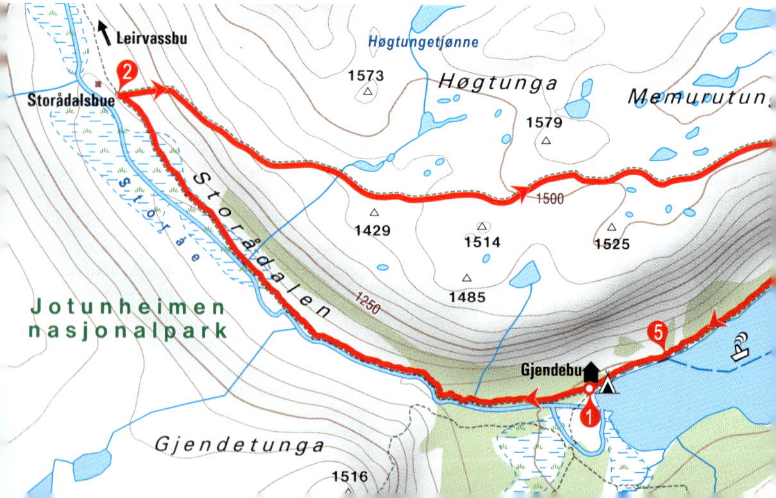

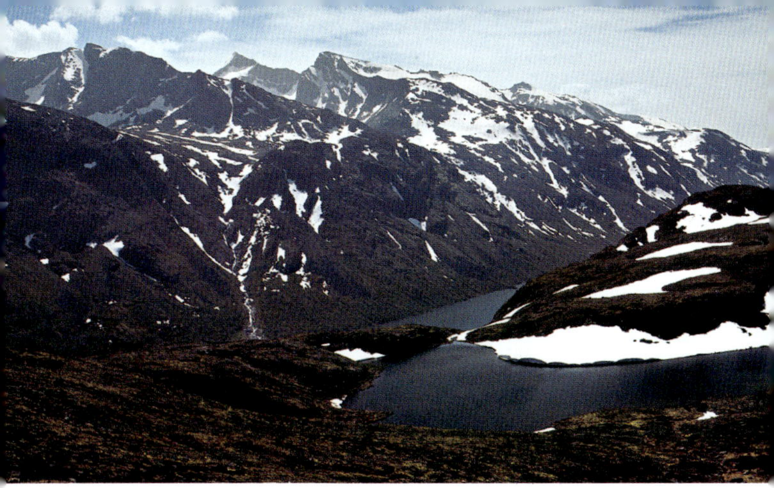

Blick über den See Gjende hinweg zu den Gjendealpen.

Die per Schiff und zu Fuß erreichbare Herberge in der Westbucht des Sees liegt am Mündungsdelta des Flusses Storåe. Der mit dem roten Touren-T markierte Pfad Richtung Leirvassbu fogt dem Storådalen aufwärts in lichtem Laubwald, der nach und nach von Lapplandweiden und Blaubeersträuchern abgelöst wird. Die Bergflanken treten zurück, weiter oben zeigt sich der Hellerfossen, der sich als Kaskadentreppe von links ins Tal ergießt. An der Verzweigung vor der privaten Hütte **Storådalsbue** ❷ geht es scharf rechts steil hinauf an den Rand der seenreichen Høgtunga, des westlichen Teils der Bergzunge Memurutunga. Nach ca. 3 Std. im zerschrundenen Hochland, dem immer wieder Felsköpfe aufsitzen, erreicht der Pfad die **Verzweigung** ❸ oberhalb des Bukkelægret; hier beginnt der versicherte Abstieg in der bis zu wandartig steilen Felsflanke Bukkelægret zum Ufer des Sees **Gjende** ❹. Dort führt der Pfad rechts durch Fjellbirkenwald zur **Schiffsbrücke** ❺, dann geht es auf bequemem Weg weiter zur Herberge **Gjendebu** ❶.

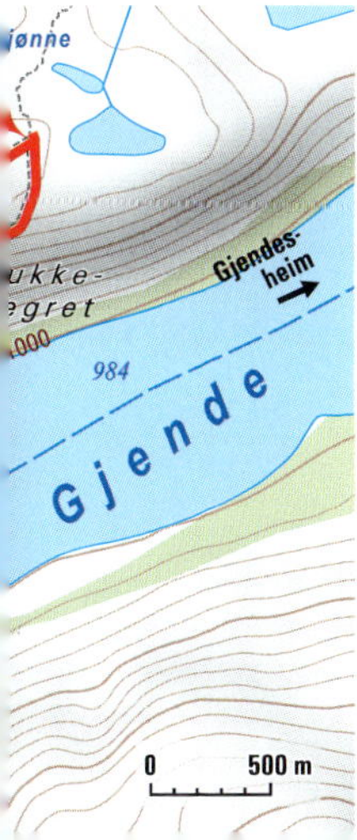

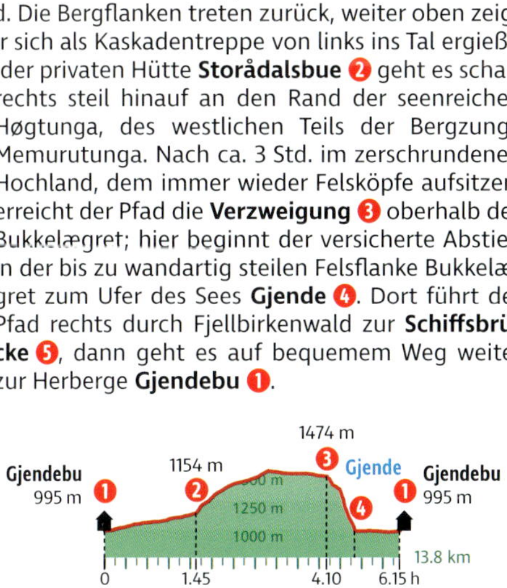

↗ 570 m | ↘ 570 m | 13.9 km

20 Gjendebu – Gjendetunga

6.30 h

Aussichtsberg über dem See Gjende

Die Gjendetunga überragt das Mündungsdelta der Flüsse Storåe und Veslåe in der Westbucht des Sees Gjende. Oben begeistert der Blick über den See zum Grat Besseggen sowie auf die Gjendealpen.

Ausgangspunkt: Gjendebu, 995 m, an der Westbucht des Sees Gjende. Anfahrt auf der Fv 51 Valdresflyvegen nach Gjendesheim. Bushaltestelle der Linien (Oslo –) Fagernes – Gjendesheim und Otta – Gjendesheim. Von Gjendesheim mit dem Ausflugsschiff Gjendesheim – Memurubu – Gjendebu (Fahrtzeit: 45 Min.).
Anforderungen: Trittsicherheit.
Unterkunft: Gjendebu, DNT-Herberge mit 119 Betten, einem Selbstversorgertrakt mit 34 Betten, Zeltplatz und Schiffsanleger.
Karte: Turkart 1:50.000 Jotunheimen Aust.

Von der per Schiff und zu Fuß erreichbaren Herberge **Gjendebu** ❶ leitet der mit dem roten Touren-T markierte Pfad Richtung Fondsbu auf der Ganzjahresbrücke über den aus dem Storådalen herausschäumenden Fluss **Storåe** ❷. Hinter der Brücke verlassen wir den T-Pfad und folgen rechts dem Schild »Gjendetunga«. Der unmarkierte Pfad führt im Fjellbirkenwald südlich der Storåe sacht aufwärts, bis kurz oberhalb der Waldgrenze ein **Schild nach links** ❸ zeigt. In kontinuierlicher Steigung gewinnt der mit Steinmännchen markierte Steig im Abbruchbereich der bis zu wandartig steilen Ostflanke an Höhe. Wenn das Gelände einflacht, führt er noch ein Stück nach Süden und schwingt dann kurz vor einem See rechts hinauf zur höchsten Erhebung der **Gjendetunga** ❹. Am Gipfelmal schweift der Blick

Während der Schiffsfahrt nach Gjendebu schweift der Blick hinauf zum Besseggen.

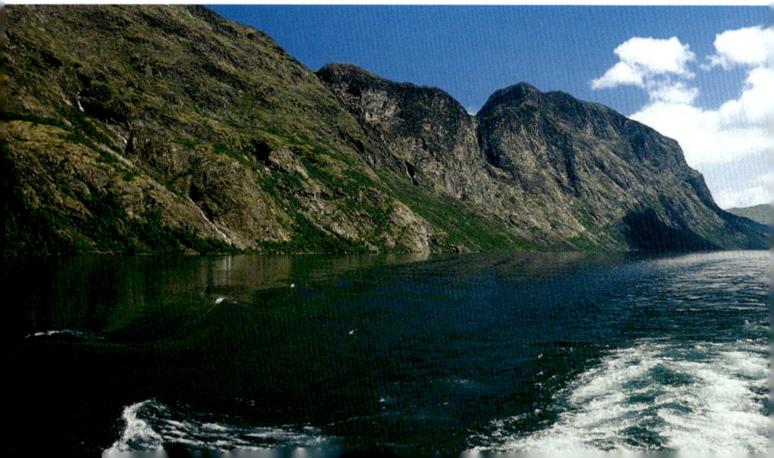

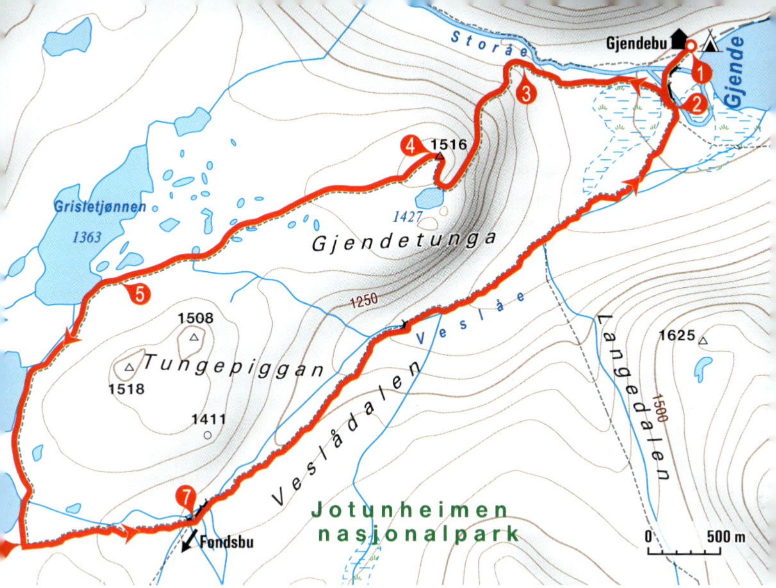

über den See zum markant hervortretenden Besseggen-Grat, im Norden sind der Semeltinden und weitere Zweitausender in Sicht, im Westen erstrecken sich die Grate Skarddals- und Rauddalseggje. Vom Gipfel führen Pfadspuren in weitgehend ebenem Gelände südwestwärts zur Seenkette **Grisletjønnen** 5 am Fuß der Felsköpfe Tungepiggan. Der Ausfluss aus dem ersten großen See leitet südwärts zu einem zweiten großen See, dessen Uferbereich – weiterhin südwärts – die Route zum Pass auf der Verebnung zwischen vier Tälern vorgibt. Auf dieser markanten **Einsattelung** 6 laufen von Westen die T-Pfade aus Richtung Olavsbu und Skogadalsbøen zusammen, während sich der T-Pfad Richtung Gjendebu ostwärts ins Veslådalen senkt. Dort geht es von der **Fondsbu-Verzweigung** 7 talabwärts, kurz vor dem Eintritt in den Wald überquert der T-Pfad den Bach auf einer Sommerbrücke und senkt sich zur Ganzjahresbrücke über den **Storåe** 2 und zum Ausgangspunkt **Gjendebu** 1.

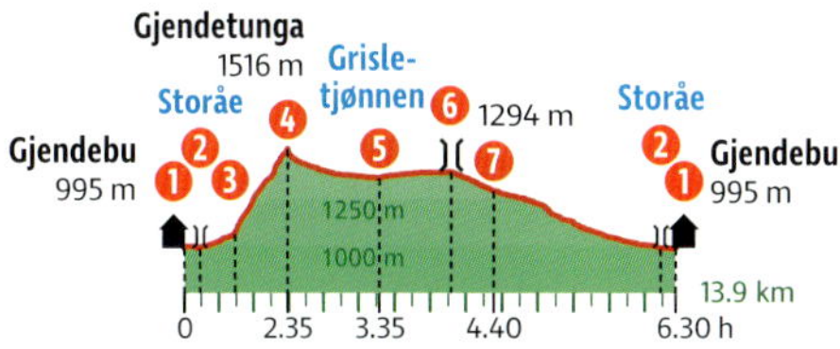

↗ 850 m | ↘ 850 m | 16.5 km

21 Maurvangen – Sikkilsdalshøa

7.15 h

Königliche Aussicht am Jotunheimstien

Die Sikkilsdalshøa am Fernwanderweg Jotunheimstien bietet eine gigantische Rundschau zu den höchsten Gipfeln Nordeuropas: südwärts in den Nationalpark Langsua, ostwärts zu den Rondane-Zweitausendern und nach Nordosten bis zur Snøhetta im Dovrefjell.

Ausgangspunkt: Maurvangen Besseggen Fjellpark, 980 m, an der Fv 51 Valdresflyvegen im Süden der Gemeinde Vågå.
Anforderungen: Trittsicherheit, passagenweise in grobblockigem Gelände.
Unterkunft: Maurvangen Besseggen Fjellpark, Hütten- und Campingplatz.
Variante: Der Hoskelivegen entlang der Sjoa ist ein schöner Spazier- und Radweg, der sich mit dem Jotunheimstien zu einer auch für Kinder geeigneten Rundtour via Sikkilsdalsskardet verbinden lässt.
Karte: Turkart 1:50.000 Jotunheimen Aust.
Tipp: Beim Hotel Sikkilsdalsseter Fjellstue und der kronprinzlichen Ferienhütte (Prinsehytta) im Sikkilsdalen findet alljährlich Ende Juni das Hestsleppet statt, der Pferdeauftrieb der Pferdezuchtalm.

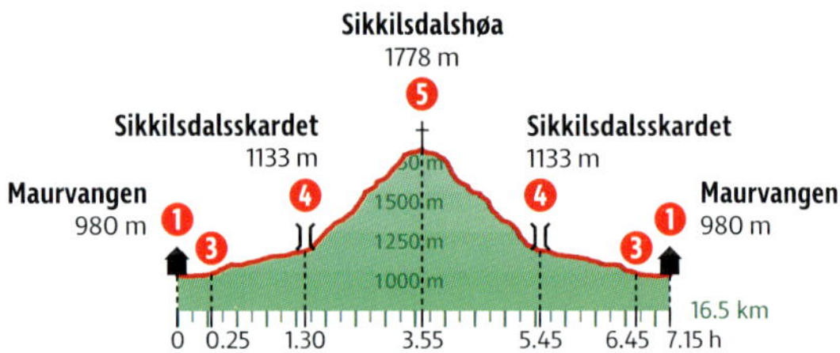

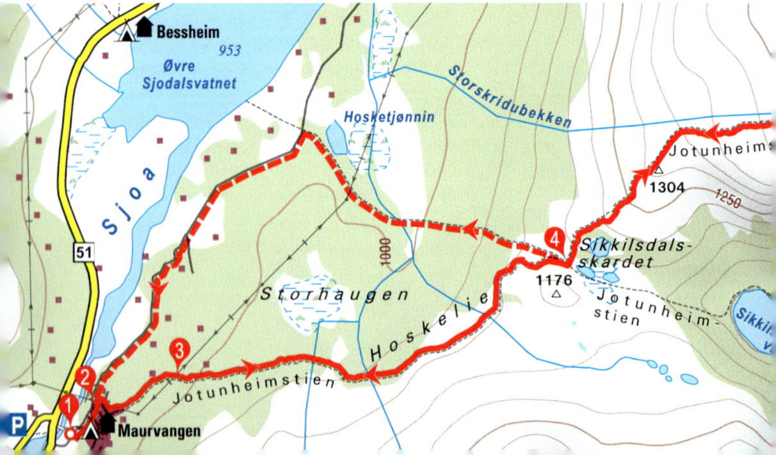

Wer den Jotunheimstien von Gjendesheim Richtung Oslo begeht, findet am Maurvangen Camping den Einstieg in die Berge, während die ersten 2,3 km des Fernwanderwegs der Stichstraße von Gjendesheim nach Maurvangen folgen. Der ganzjährig geöffnete **Maurvangen Besseggen Fjellpark** ❶ im oberen Sjodalen ist der Bergsport-, Kanu- und Wandercamping schlechthin im Jotunheimen-Gebirge. Der namentlich ausgeschilderte und mit dem roten Touren-T markierte Fernwanderweg Jotunheimstien führt in Verlängerung der Zufahrt an der Rezeption vorbei über das Camping- und Hüttengelände, auf dem auch Boote zu Wasser gelassen werden.

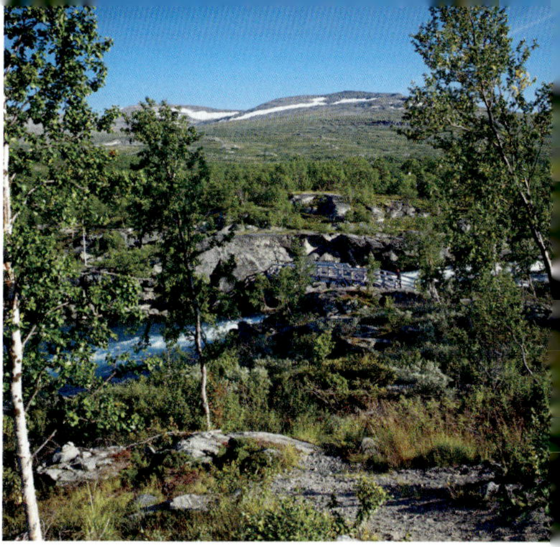

Jotunheimstien-Brücke über die Sjoa in Maurvangen.

Vor der **Schranke** ❷ am nördlichen Ende des Campingplatzes geht es rechts und die erste links auf den Wohnwagenstellplatz, in dessen hinterster Ecke (Nordosten) der T-Pfad in den Fjellbirkenwald eintaucht. Er gewinnt nach Unterqueren der **Stromleitung** ❸ rasch an Höhe und führt im Wechsel aus Wald und Aussichtspassagen durch die Hoskelie genannten Hänge zum Sattel **Sikkilsdalsskardet** ❹ an der Baumgrenze. Auf dieser aussichtsreichen Passhöhe laufen mehrere Wander- und Skirouten zusammen. Der Jotunheimstien Richtung Sikkilsdalsseter verzweigt sich hier in eine Tal- und eine Bergvariante (die sich vom Hotel Sikkilsdalsseter Fjellstue aus zu einer Rundtour kombinieren lassen). Die Talvariante führt an den Sikkilsdalsseen entlang, die Bergvariante steigt in passagenweise grobblockigem Gelände an zur **Sikkilsdalshøa** ❺. Der Gipfel bietet einen erstklassigen Rundblick; westwärts blinkt der See Gjende, rechts überragt von der wuchtigen Kuppel der Besshøe.

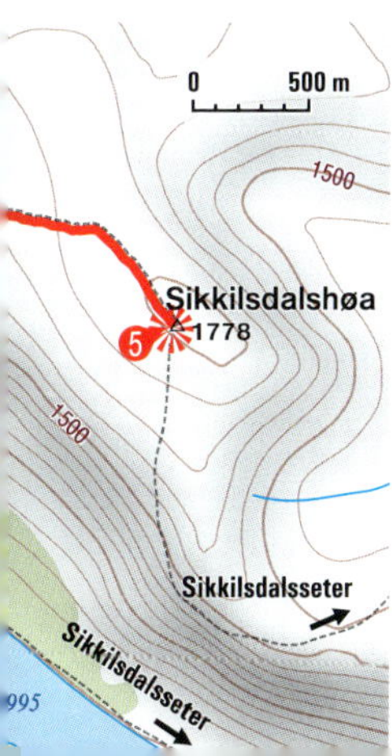

Vom Gipfel geht es auf derselben Route zurück zum Sattel **Sikkilsdalsskardet** ❹ und weiter zum Ausgangspunkt am **Maurvangen Besseggen Fjellpark** ❶.

↗ 350 m | ↘ 350 m | 12.4 km

22 Vargebakkan – Leirungsdalen

4.15 h

Durch das Leirungsdalen zum See Gjende

Der Grat Knutshøe lenkt den Fluss Leirungsåe wie ein Sperrriegel westwärts zum See Gjende ab, wo sich ein fantastischer Blick zum Besseggen und zur Surtningssue öffnet.

Ausgangspunkt: Vargebakkan, 1097 m, als Sehenswürdigkeit beschilderter Parkplatz an der Fv 51 Valdresflyvegen im Süden der Gemeinde Vågå.
Anforderungen: Trittsicherheit, passagenweise mooriges Gelände.
Variante: Der Grat Knutshøe erfordert Schwindelfreiheit, Trittsicherheit, Fjellerfahrung und an zwei Stellen Kletterkenntnisse; da die erste Stelle, die leichte Kletterei erfordert, von Osten aus rasch erreicht ist, ist man nur eine Viertelstunde unterwegs, bis man weiß, ob man den Grat bewältigen kann.
Karte: Turkart 1:50.000 Jotunheimen Aust.

Der Parkplatz **Vargebakkan** ❶ hat sich zum Geheimtipp für Wanderer entwickelt, weshalb man an schönen Tagen zeitig eintreffen muss, um einen Stellplatz zu bekommen. Hauptblickfang ist der Grat Knutshøe zwischen dem unteren Leirungsdalen und dem von Schafen beweideten Almtal am See Nedre Leirungen.

Das Leirungsdalen mit dem markanten Bukkehåmåren.

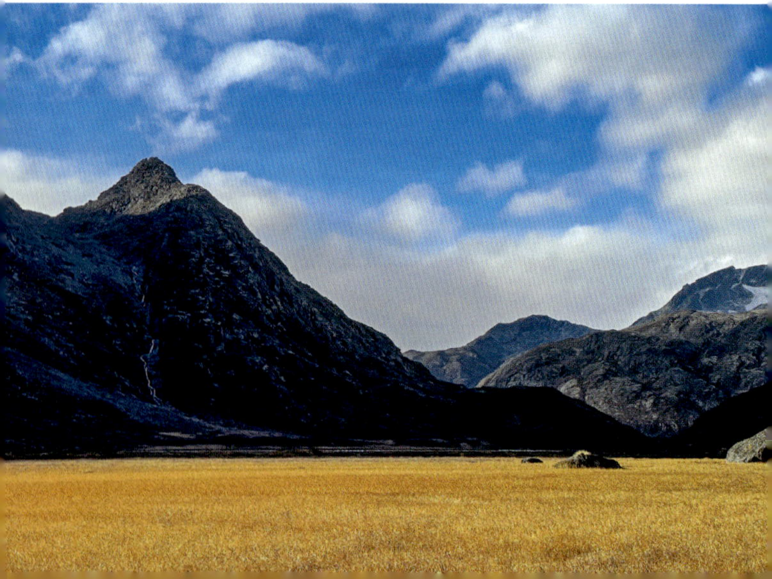

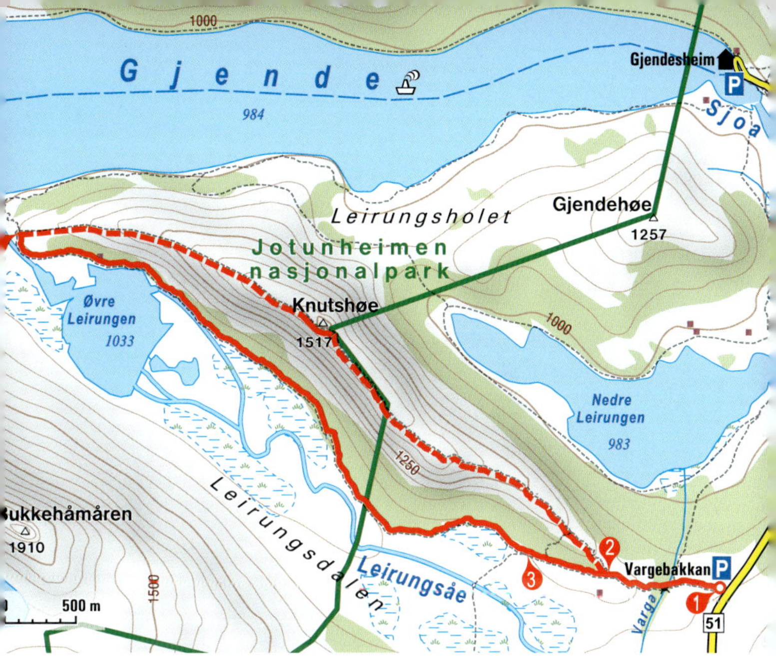

Vom Parkplatz führt ein steiniger Pfad parallel zu einem Weidezaun im Vargebakkan-Hang abwärts, taucht schräg links in den Fjellbirkenwald ein, überquert den Fluss Varga auf einer Brücke und gewinnt im Gegenhang das Schrofengelände am **Ansatz des Knutshøe-Grats** ❷: Weit schweift der Blick hinaus auf die Seen im oberen Sjodalen.
Der Leirungsdalen-Pfad schwingt links in das Mündungstal des Flusses Leirungsåe ein, der Fjellbirkenwald oberhalb des Pfads in der Flanke der Knutshøe klettert auf Rekordhöhen von 1230 m, im Gegenhang steigt der Bukkehåmåren auf. Am **Leirungsåe-Brückenabzweig** ❸ besteht die Möglichkeit, die Leirungsåe zu überqueren und ins obere Leirungsdalen aufzusteigen. Das Hochtal in den vergletscherten Gjende-Alpen besticht

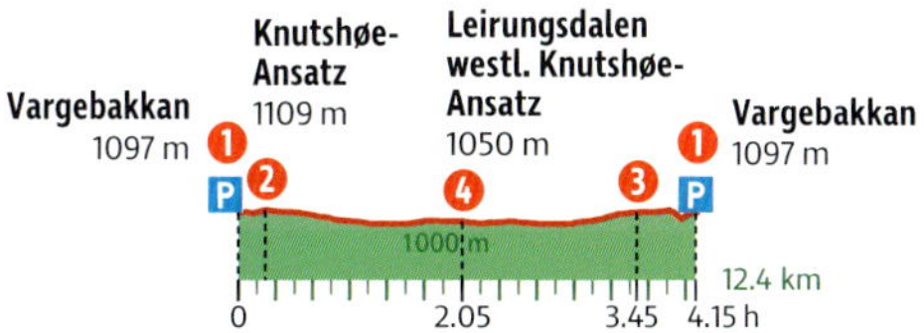

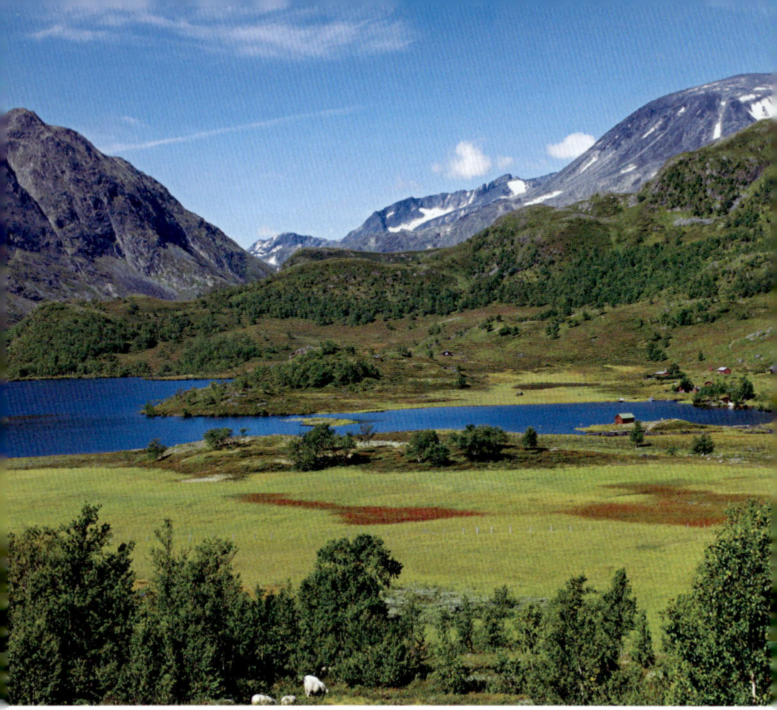

Der Knutshøe-Grat (l.) über dem Almtal am See Nedre Leirungen, rechts die Besshøe.

durch eine derart wilde Schönheit, dass zum Schutze der Natur die roten T-Markierungen nicht mehr erneuert werden.

Unser Pfad durchs untere Leirungsdalen führt zwischen dem Fjellbirkenwald und den weitflächig von Mooren gesäumten Mäandern der Leirungsåe westwärts, tritt in den Nationalpark ein und folgt dem Ufer des Sees Øvre Leirungen, der von den Nordwestausläufern des Knutshøe-Grats auf natürliche Weise gedämmt wird; hier ist das Gelände ziemlich morastig. Am **westlichen Ansatz des Knutshøe-Grats** 4 beginnt der Mündungsbereich der Leirungsåe. Über dem Westufer der in den See Gjende tosenden Leirungsåe ist die Steinhütte Rathbonebue in Sicht, weiter unten in Richtung Seeufer zeigen sich die beiden Leirungsbue-Hütten, der Hauptblickfang ist über dem Nordufer des Sees Gjende in Sicht: Fast modellhaft sind der Besseggen-Grat und das Felsband an seinem unteren Ausläufer zu sehen, dahinter wächst die mächtige Kuppe der Besshøe in den Himmel.

Vom Mündungsbereich der Leirungsåe geht es auf demselben Pfad zurück zum Ausgangspunkt **Vargebakkan** 1.

↗ 470 m | ↘ 470 m | 9.7 km

5.00 h

Heimdalsmunnen – Søre Brurskardknappen

23

Blick auf drei Nationalparks an der Heimdalshøe

Das Bergmassiv Heimdalshøe bildet mit 1843 m die höchste Erhebung zwischen den Nationalparks Jotunheimen und Rondane – entsprechend weit ist das Panorama, das auch die Berge im Nationalpark Langsua im Südosten umfasst. Das Massiv erhebt sich östlich der Landschaftsroute Valdresflye und wird im Vergleich zu den Gipfeln im Nationalpark wenig besucht, da man es überwiegend pfadlos und ohne Markierungen erkunden muss. Auch der Pfad auf den aussichtsreichen westlichen Ausläufer Brurskardknappen über dem sagenumwobenen Brurskardet, dem Brautpass, ist unmarkiert. Dank des hoch gelegenen Ausgangspunkts eröffnet sich die Rundschau ohne heftige Anstiege.

Ausgangspunkt: Heimdalsmunnen, 1160 m, Parkplatz an der Fv 51 Bygdinvegen im äußersten Norden der Gemeinde Øystre Slidre in Valdres.

Anforderungen: Trittsicherheit, passagenweise in grobblockigem Gelände.
Karte: Turkart 1:50.000 Jotunheimen Aust.

Der Parkplatz **Heimdalsmunnen** ❶ liegt aussichtsreich im Tal des Flybekken. Auf der Zufahrt geht es hinauf zur Landschaftsroute Valdresflyvegen und kurz rechts aufwärts, bis noch vor den Hütten Tourenschilder links hinauf Richtung Brurskardknappen zeigen. Der unmarkierte Pfad führt links der Felsschrofen aussichtsreich aufwärts; er ist zuweilen nur schwach aus-

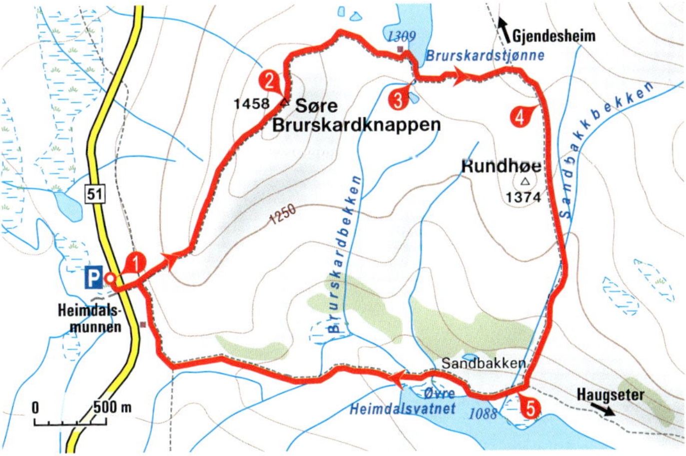

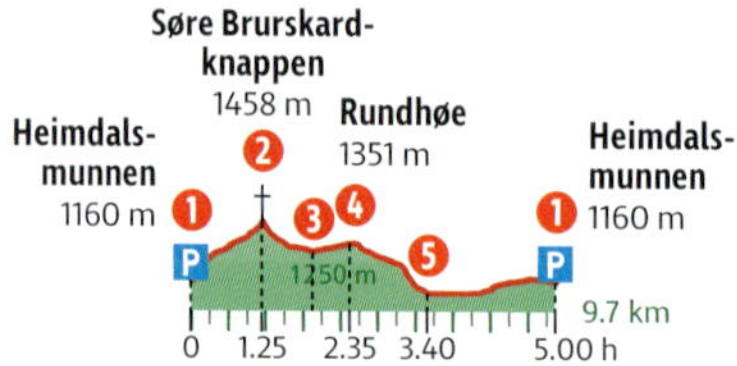

geprägt, jedoch nicht zu verfehlen, da er stets dem Kamm zum aussichtsreichen Gipfel des **Søre Brurskardknappen** ❷ folgt. Von dort geht es – weiterhin unmarkiert – nordwärts in den Sattel zwischen Søre und Nørdre Brurskardknappen und dann rechts zum Forellensee **Brurskardstjønne** ❸, dessen Ausfluss, der Bach Brurskardbekken, auf Trittsteinen durchquert wird. Im Gegenhang geht es geradeaus hinauf zum T-markierten Pfad von Gjendesheim zur Herberge Haugseter. Die T-Markierungen leiten rechts hinauf in den Hang der aussichtsreichen **Rundhøe** ❹, dann schwingt der Pfad mit exzellentem Langsua-Blick ins Tal des Sandbakkbekken ein und folgt dem Bach mitunter recht steil hinab zur Verzweigung **Sandbakken** ❺ an der privaten Hütte Sandbakkbu am Angelsee Øvre Heimdalsvatnet. Die T-Markierungen Richtung Haugseter führen am Seeufer ostwärts weiter, während wir dem unmarkierten Pfad nach Westen folgen, hinauf in die zum Glück nur kurze Problemzone der Wanderung: Oberhalb der Straße geht es aussichtsreich rechts hinab zum Ausgangspunkt am Parkplatz **Heimdalsmunnen** ❶.

Schon nach relativ kurzem Anstieg Richtung Heimdalshøe öffnet sich der Blick südwärts zum Rundemellen in Valdres.

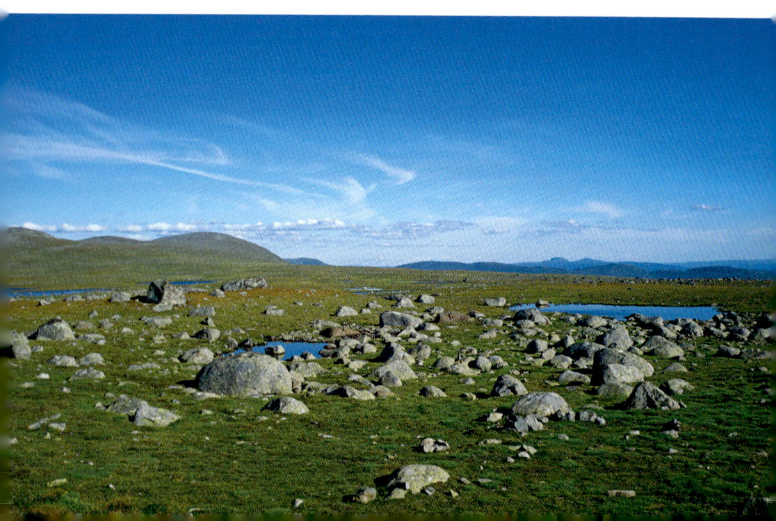

↗ 300 m | ↘ 300 m | 13.8 km

4.30 h

Bygdin – Torfinnsbu – Bygdin

24

Am größten Bergsee Südnorwegens

Der Stausee Bygdin ist mit einer Länge von 25 km und einer Fläche von 40 km² der größte Bergsee Südnorwegens. Schon vor der Aufstauung ab 1917 verhalfen hier drei Ausflugsschiffe zu einem herrlichen Blick auf die Gipfel des Jotunheimen und die höchsten Berge von Valdres. Am markantesten tritt am Nordostufer das 1475 m hohe Synshorn hervor, während das Bitihorn im Süden der Namensgeber des heutigen Ausflugsschiffs ist. Das Schiff bringt uns zur Herberge Torfinnsbu am Nordufer, von dort führt der Uferweg zurück zum Anleger Bygdin.

Ausgangspunkt: Bygdin, 1065 m, Schiffsanleger in der Gemeinde Vang in Valdres unweit der Einmündung der Mautstraße Jotunheimvegen in die Fv 51 Bygdinvegen. Im Sommer Haltestelle der Buslinie (Oslo –) Fagernes – Gjendesheim.
Anforderungen: Trittsicherheit.
Unterkunft: Torfinnsbu, DNT-Selbstversorgerhütte mit 31 Betten und Bootsanleger. Bygdin, Hotel mit 96 Schlafplätzen.
Variante: Folgt man dem T-Pfad Richtung »Valdresflya VH« (Vandrerhjem), stößt man nach 4,3 km am Fuß der Øystre Fagerdalshøe (deren Gipfel eine ausgezeichnete Rundschau gewährt) auf einen ebenfalls T-markierten Pfad, der Richtung Bygdin südwärts 4,5 km zurück zum Seeuferweg führt; Anstiege etwa 250 Hm.
Karte: Turkart 1:50.000 Vang i Valdres.

Am Anleger **Bygdin** ❶ beim Bygdin Fjellhotell sticht von ca. Ende Juni bis Mitte September vor- und nachmittags das Motorboot MB Bitihorn Richtung Eidsbugarden in See. 45 Min. später legt es in **Torfinnsbu** ❷ an. Da die Kombination Bootsfahrt und Uferweg sehr beliebt ist, ist während der Ferienzeit frühes Eintreffen am Anleger empfehlenswert.
Die Herberge Torfinnsbu zu Füßen der vergletscherten Torfinnstindane (geführte Gipfeltouren ab der Hütte) liegt an den Hochgebirgspfaden nach Gjendebu am See Gjende (5 Std.) und Eidsbugarden an der Westbucht des Bygdin-Sees (7 Std.). Unser relativ bequemer Wanderpfad folgt dem Ufer ostwärts. Von der Herberge führen die roten T-Markierungen allerdings erst einmal aufwärts bis auf ca. 1100 m, überqueren den Gletscherfluss Torfinnsdøla, dessen Gewalt eine Verlegung der traditionellen Uferroute

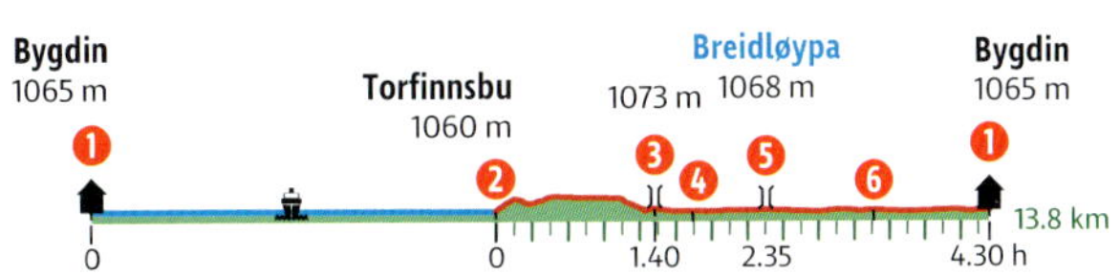

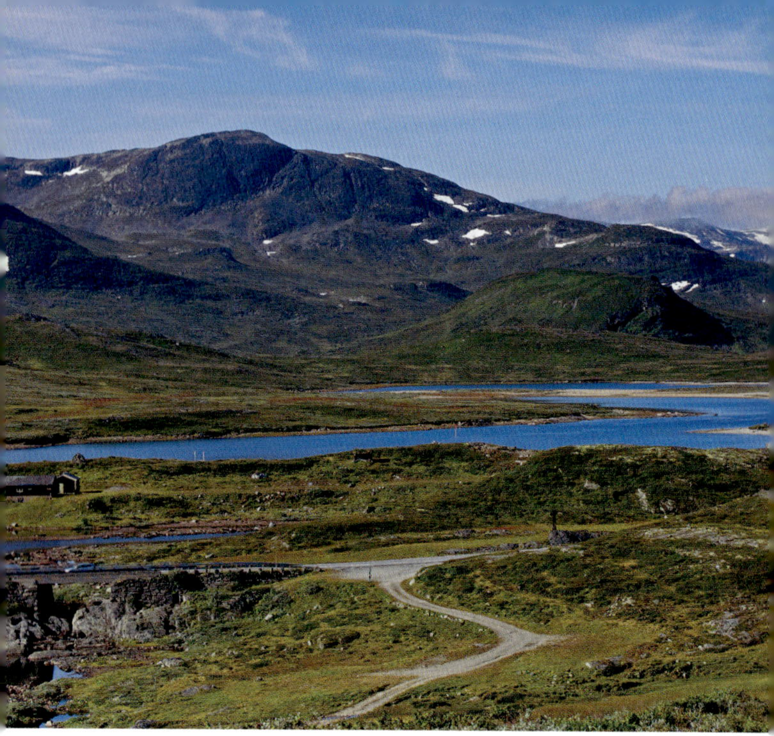

Bygdin am Fuß des Synshorn.

erforderlich gemacht hat, auf einer Stegbrücke und leiten auf etwa gleichbleibender Höhe aussichtsreich durch den Hang, bis sich der Pfad zur Sommerbrücke der Alm **Hestevollen** ❸ senkt und dort auf den alten Uferpfad stößt. Dieser leitet weiter Richtung Osten, passiert bald den **Abzweig** ❹ zur Jugendherberge Valdresflya Vandrerhjem und führt dann an der Landzunge Dyrnesodden vorbei zur Sommerbrücke über die **Breidløypa** ❺. Wenn Uferlinie und Pfad am Fuß des Mefjellet südwärts zum Bygdissundet schwingen, ist eine weitere Abzweigung Richtung Valdresflya Vandrerhjem ausgeschildert. An der Einmündung des T-markierten Variantenpfads am ehemaligen Hotel **Bygdisheim** ❻ mündet der Uferpfad in den fahrradfähigen Wirtschaftsweg, der dem Ufer am Südfuß des Mefjellet folgt, bald mit Aufblick zum Synshorn.

Von der Einfahrtssperren-Schranke beim Bygdin Fjellkro, der zweiten Einkehrmöglichkeit an der Ostbucht des Bygdin-Sees, geht es rechts zurück zum nahen Anleger **Bygdin** ❶.

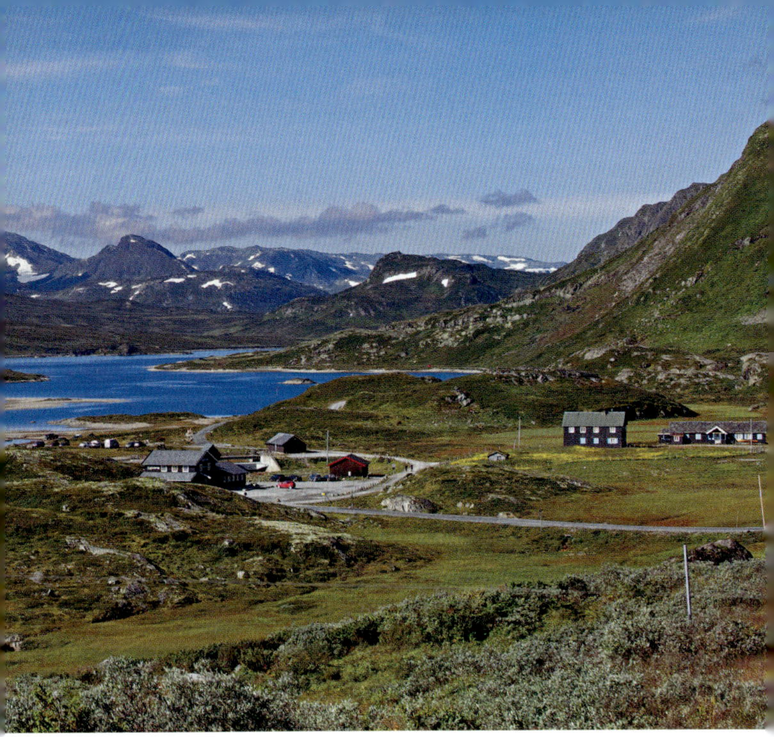

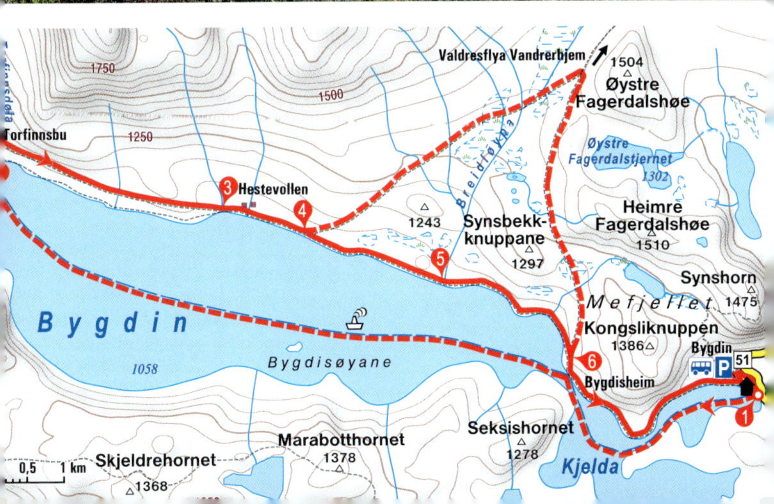

Valdresflya Vandrerhjem
1504
Øystre Fagerdalshøe
1750
1500
1250
Torfinnsbu
Øystre Fagerdalstjernet
1302
Breidløypa
3 Hestevollen
4
1243
Synsbekk-knuppane
1297
5
Heimre Fagerdalshøe
1510
Synshorn
1475
Mefjellet
Kongsliknuppen
1386
Bygdin
51
6
Bygdisheim
Bygdin
1058
Bygdisøyane
1
Seksishornet
1278
Marabotthornet
1378
Skjeldrehornet
1368
Kjelda
0,5 1 km

↗ 420 m | ↘ 420 m | 7.9 km

25 Eidsbugarden – Gravafjellet

3.30 h

Gletscherwasser-Badetour im Mjølkedalen

Von Eidsbugarden am Bygdin-Stausee geht es hinauf zur Wasserfall-Badestelle im Gletscherfluss Mjølkedøla und auf das aussichtsreiche Gravafjellet, der Rückweg folgt einem historischen Postweg.

Ausgangspunkt: Eidsbugarden, 1065 m, Parkplatz, Schiffsanleger und Bushaltestelle in der gleichnamigen Feriensiedlung an der Westbucht des Sees Bygdin in der Gemeinde Vang in Valdres am Ende der Stichstraße 252 (Eidsbugardvegen). Busverbindung ab Tyin, Bootsverbindung ab Bygdin via Torfinnsbu.
Anforderungen: Trittsicherheit, Kondition und Schwindelfreiheit.
Unterkunft: Fondsbu, DNT-Herberge mit 100 Betten.
Karten: Turkart 1:50.000 Jotunheimen Vest, Turkart 1:50.000 Jotunheimen Aust.

Der Parkplatz **Eidsbugarden** ❶ liegt am Ende der Zufahrtsstraße vor dem Anleger des Ausflugsschiffs MB Bitihorn am See Bygdin. Der Schriftsteller Aasmund Olavsson Vinje, der den Namen Jotunheimen prägte (siehe Tour 26), kaufte hier 1868 zusammen mit Freunden eine Hütte, die er nach der Landenge (eid) zwischen den Seen Bygdin und Tyin Eidsbu nann-

Am Anleger in Eidsbugarden in Fels gehauen: Nach dem Erfinder des Namens Jotunheimen ist das Fjell-Rockfestival »Vinjerock« benannt; rechts das Schiff MB Bitihorn.

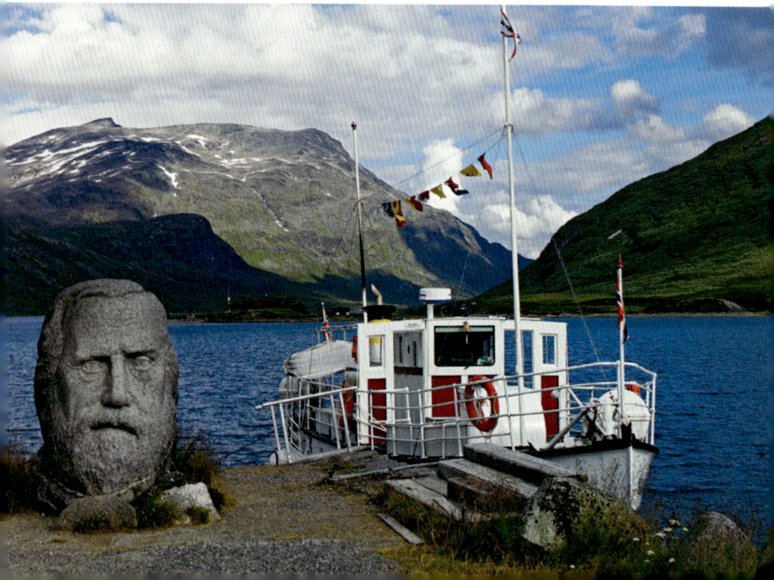

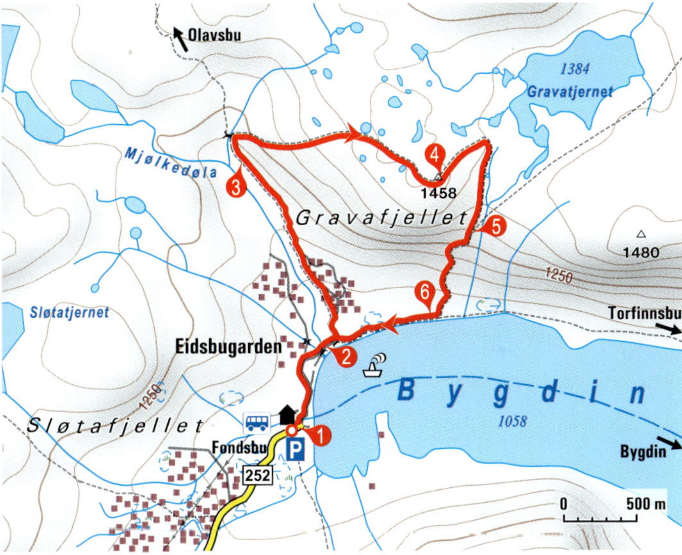

te. Nach Vinjes Tod 1870 wurde aus der Hütte das Eidsbugarden Hotel. Anfang August ist Eidsbugarden Schauplatz des Festivals Vinjerock, Norwegens meistbesuchtem Rockfestival im Fjell.

Die Wanderrichtungsschilder befinden sich vor dem Eingang des Haupthauses der DNT-Herberge Fondsbu, die gleich neben dem Parkplatz liegt. Der Pfad Richtung Torfinnsbu und Gjendebu leitet nordwärts am Hotel Eidsbugarden vorbei zum Gletscherfluss **Mjølkedøla** ❷, der an seiner Mündung einen Schwemmkegel in den See hinausschiebt. Kurz nach Überqueren der Brücke verzweigen sich die Routen: Während der Uferpfad Richtung Torfinnsbu weiterführt, zweigt unser Pfad links ab und steigt am Rand des Ferienhüttengeländes im Tal des vom Mjølkedalsbreen gespeisten Gletscherflusses aufwärts, nach Verlassen der Siedlung passagenweise auf freigespültem Fels. Je nach Witterung und Schmelzaktivität kann der Fluss

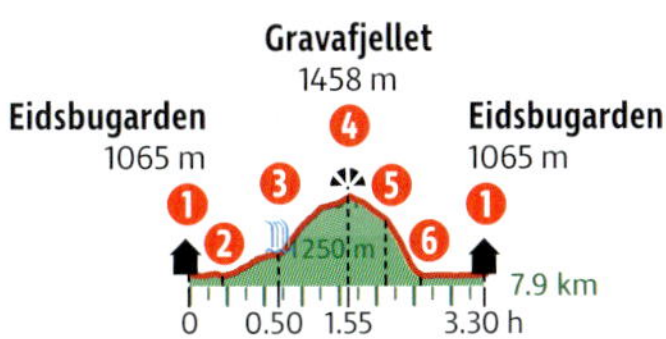

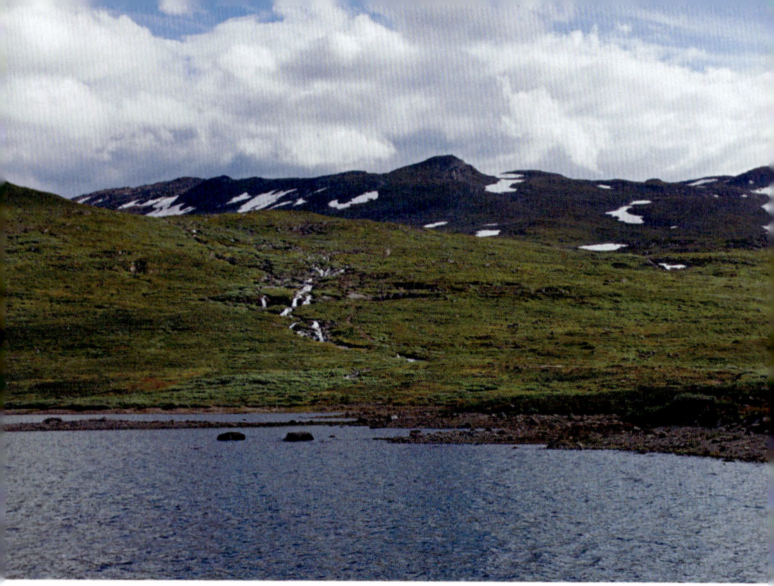

Durch den grünen Hang des Gravafjellet rauscht der Bach aus dem See Gravatjernet dem größten Bergsee Südnorwegens zu.

sehr breit und reißend sein, das Wasser rauscht in zahlreichen Kaskaden über die Felsen. Schließlich erreichen wir das **Badebecken** ❸ am Fuß des Wasserfalls. Hier verzweigt sich das Tal: Der breite Gletscherfluss gischtet von links herab, während die T-Markierungen einem Seitenbach rechts hinauf folgen. Wo der T-Pfad diesen Bach nur wenig oberhalb des Wasserfalls überquert, zweigt rechts der unmarkierte Pfad aufs Gravafjellet ab. Dieser Pfad verliert sich bald, doch es bereitet keine Schwierigkeit, in dem leichten, vergleichsweise sacht ansteigenden Gelände auf das breite, seenreiche Gipfelplateau zu finden. Oben orientieren wir uns am großen Steinmaldes **Gravafjellet** ❹, wo sich ein herrlicher Blick auf Mjølkedals-, Uranosbreen und weitere Gletscher sowie die Gipfel des südlichen Jotunheimen-Gebirges bietet.

Nun geht es nordostwärts in Richtung des Sees Gravatjernet, der so abgeschieden und idyllisch ist, dass man den ganzen Tag dort verbringen könnte. Längs des ersten Wasserlaufs steigen wir in zunehmend steilerem Gelände talwärts zum **Alten Postweg** ❺. Er wird nicht mehr markiert, ist aber weiterhin deutlich erkennbar. Der alte Postweg schraubt sich rechts durch die Bergflanke zum See Bygdin, wo er in den mit dem roten T markierten **Uferweg** ❻ mündet, der rechts zur **Mjølkedøla-Mündung** ❷ und zum Parkplatz von **Eidsbugarden** ❶ zurückführt.

↗ 520 m | ↘ 520 m | 10.0 km

TOP 26

3.45 h

Eidsbugarden – Utsikten – Tyinholmen

Traumhafter Blick ins Heim der Riesen

Das fulminante Gipfel- und Gletscherpanorama auf dem relativ leicht erreichbaren Kamm Skjenegge inspirierte den Schriftsteller Aasmund Olavsson Vinje zu dem Gedicht, das dem Gebirge den Namen gab: Jotunheimen – Heim der Riesen. 20 Jahre nach Vinje verarbeitete Edvard Grieg 1886 seine Eindrücke auf dieser Fels- und Heidehöhe zum Prolog seiner »Reiseerinnerungen aus Fjeld und Fjord«. Heute wetteifern zwei Panoramapunkte mit Namen Utsikten (Aussicht) auf der Skjenegge um die Krone der besten Aussicht: Der Eidsbugarden-Utsikten, 1518 m hoch, bietet ein Nord- und Nordostpanorama oberhalb des Stausees Bygdin, der Tyinholmen-Utsikten, benannt nach dem Stausee Tyin, ist 1491 m hoch und trägt eine Panorama-Orientierungstafel.

Ausgangspunkt: Eidsbugarden, 1065 m, Parkplatz, Schiffsanleger und Bushaltestelle in der gleichnamigen Feriensiedlung an der Westbucht des Sees Bygdin in der Gemeinde Vang in Valdres am Ende der Stichstraße 252 (Eidsbugardvegen). Busverbindung ab Tyin, Bootsverbindung ab Bygdin via Torfinnsbu.
Anforderungen: Trittsicherheit.
Unterkunft: Fondsbu, DNT-Herberge mit 100 Betten. Tyinholmen Høyfjellsstuer mit 80 Betten.
Variante: Bei klarer Sicht ist es lohnend, dem aussichtsreichen Kamm bis zum höchsten Punkt der Skjennegge zu folgen; hin und zurück etwa 1 Std.
Karten: Turkart 1:50.000 Jotunheimen Vest, Turkart 1:50.000 Vang i Valdres.

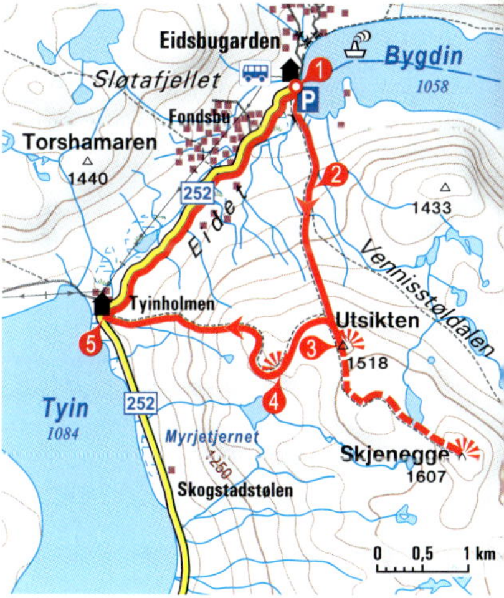

Der Richtung Utsikten/Yksendalsbu ausgeschilderte Wanderweg auf den Kamm Skjenegge beginnt am Parkplatz in **Eidsbugarden** ❶ am Stausee Bygdin: Markiert mit dem roten Touren-T führt er auf einem nicht asphaltierten Weg südwärts, überquert den dem Stausee zufließenden Sløtabekken auf einer Holzbrücke und folgt dem Bach im Hang

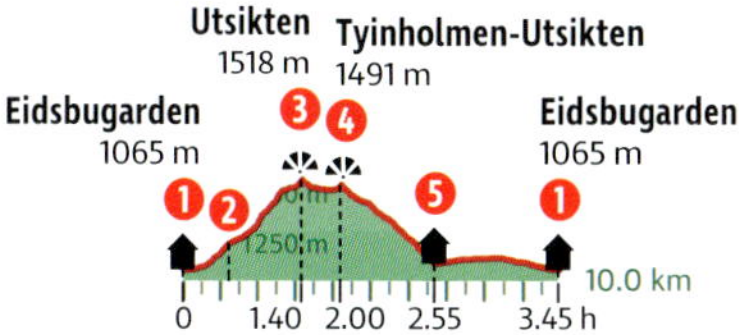

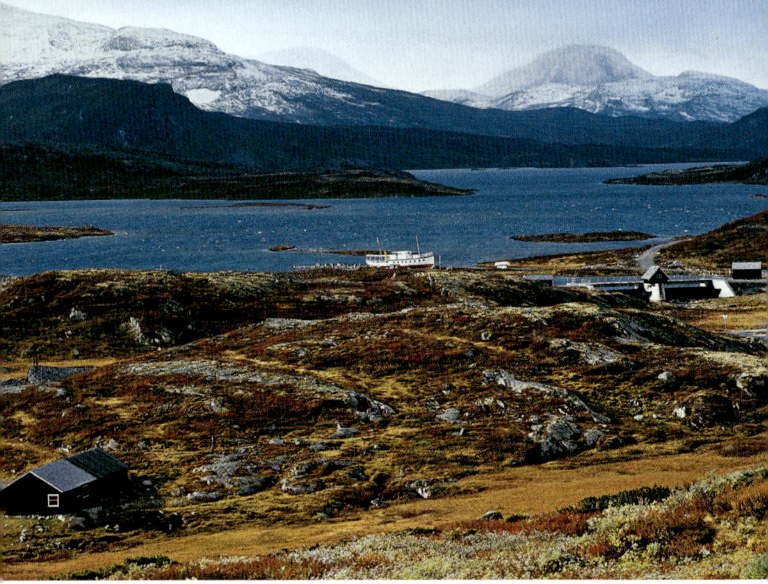

Der Blick fällt zurück auf Eidsbugarden am Stausee Bygdin.

des Vennisstøldalen oberhalb der Baumgrenze aufwärts. In mäßig steilem, aussichtsreichem Block-, Heide- und Bachgelände erreicht er die **Utsikten-Verzweigung** ❷: Während die T-Markierungen in Richtung der DNT-Selbstversorgerhütte Yksendalsbu links im Vennisstøldalen weiterführen, leitet der mit dem weißen V und Steinmännchen markierte Pfad hinauf zum Aussichtspunkt **Eidsbugarden-Utsikten** ❸ auf dem Skjenegge-Grat zwischen den Seen Bygdin und Tyin. Im Westen ragen die Gipfel von Hjelledalstinden und Falketind sowie dahinter die Hurrungane auf, nach Norden schweift der Blick bis zum Galdhøpiggen. Im Nordosten erheben sich jenseits des Sees Bygdin die Gjende-Alpen, dahinter liegt das Nautgardstinden-Massiv. Vom Eidsbugarden-Utsikten geht es kurz zurück, bis die V-Markierungen links zur Panorama-Orientierungstafel auf dem nahen **Tyinholmen-Utsikten** ❹ abzweigen; anders als auf dem höheren Eidsbugarden-Utsikten ist hier das Nordende des Sees Tyin zu sehen, in einer Box befindet sich das Gästebuch.

Vom Tyinholmen-Utsikten führen die V-Markierungen hinab zum Hotel **Tyinholmen Høyfjellsstuer** ❺ am Stausee Tyin; von dort geht es auf der nicht asphaltierten Stichstraße aussichtsreich über die Landenge Eidet zurück zum Ausgangspunkt in **Eidsbugarden** ❶; nur in der sommerlichen Hauptsaison ist diese Straße viel befahren.

↗ 830 m | ↘ 830 m | 17.1 km

9.00 h

Mugnestølen – Mugnetinden

27

Höhenwanderung im Slettefjellet

Das Slettefjellet im südlichen Jotunheimen zwischen dem See Vangsmjøse, dem Wintersportzentrum Beitostølen und dem See Bygdin wartet überwiegend mit leichten Höhenpfaden im Grünen auf. Der geröllreiche Gipfelbereich des Mugnetinden erhebt sich deutlich über der Gras- und Kräuterzone und bietet ein exzellentes Panorama, in dem der spitze Knutsholstinden in den Gjende-Alpen ein Hauptblickfang ist.

Ausgangspunkt: Mugnestølen, 1020 m, Parkplatz an der Mautstraße Slettefjellvegen in der Gemeinde Vang in Valdres. Anfahrt auf der Fv 51 von Fagernes Richtung Beitostølen und 33 km nördlich von Fagernes auf die Straße 2506 (Beitovegen, übergehend in Lykkjevegen und Slettefjellvegen) in Richtung Skredbergo abzweigen. Südlich des Sees Fleinsendin nach links zum Parkplatz abbiegen.
Anforderungen: Trittsicherheit.
Karte: Turkart 1:50.000 Vang i Valdres.

Die nicht asphaltierte Passstraße Slettefjellvegen führt vom Gebiet des Wintersportzentrums Beitostølen 58 km durch das namengebende grüne Hochland im Süden des Jotunheimen-Gebirges. Von der Passhöhe auf 1300 m senkt sie sich steil hinab und führt am Wasserfall Sputrefossen vorbei in Richtung der Stabkirche von Høre. Im aussichtsreichen Hochland

Vom Slettefjellet schweift der Blick zu den Gjende-Alpen, der Gipfel in der Bildmitte ist der Knutsholstinden; links im Mittelgrund der Mugnetinden.

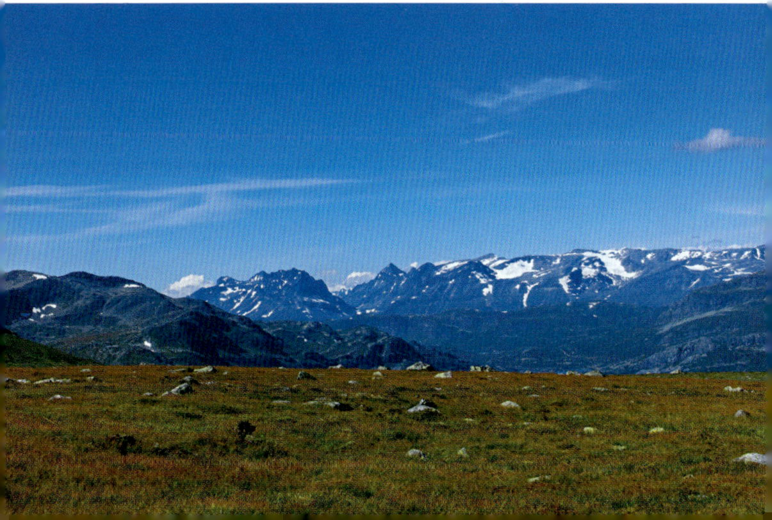

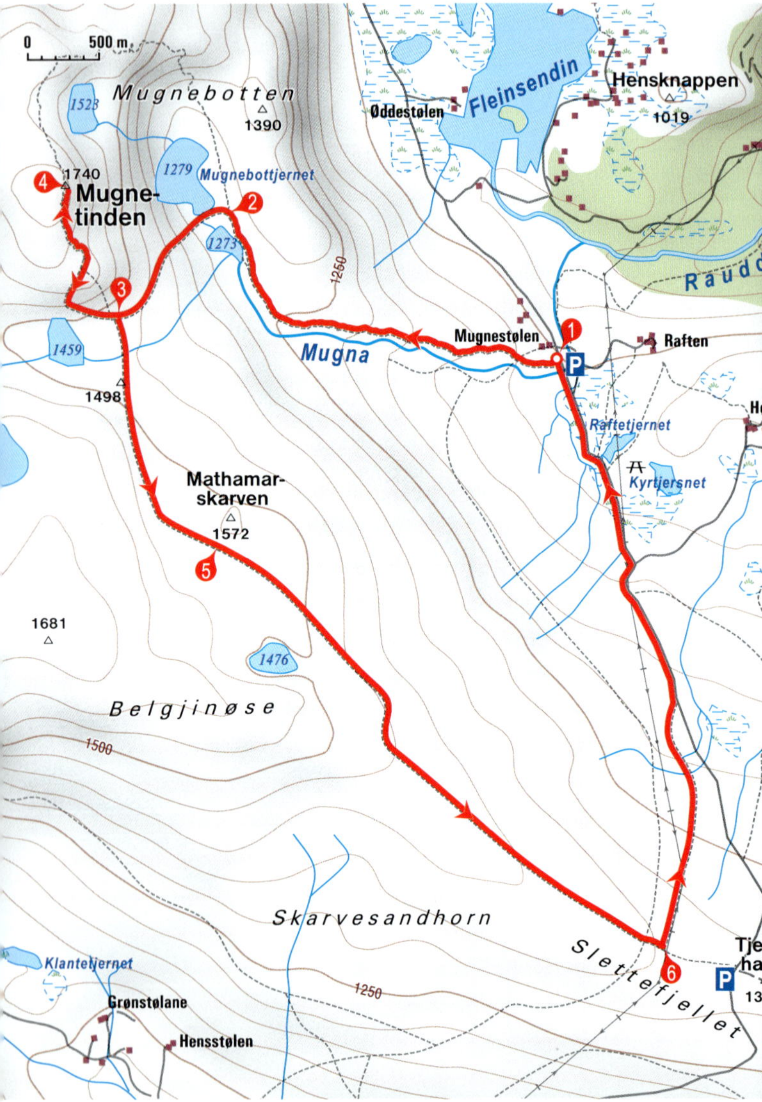
0 500 m
Mugnebotten
1523
1390
1740
Mugnetinden
1279
Mugnebottjernet
1273
1250
1459
1498
Mugna
Mugnestølen
Øddestølen
Fleinsendin
Hensknappen
1019
Raudd
Raften
Raftetjernet
Kyrtjersnet
Mathamarskarven
1572
1681
1476
Belgjinøse
1500
Skarvesandhorn
Slettefjellet
Klantetjernet
Grønstølane
Hensstølen
1250

wird sie auch als Radweg genutzt sowie im Winter als Skiroute. Im Norden des Slettefjellet erstreckt sich am Fuß von Felswänden der große Forellensee Fleinsendin. In dem naturschönen Hochland hat die Energiewirtschaft einige Eingriffe vorgenommen, so wird das Wasser der Mugna, an der unser Ausgangspunkt liegt, nordwärts dem See Fleinsendin zugeleitet, während es ursprünglich direkt ins Rauddalen abfloss.

Der Parkplatz **Mugnestølen** ❶ in einer Senke an der Brücke über die Mugna am nicht asphaltierten Mautweg Slettefjellvegen ist nach der gleichnamigen Alm benannt. Der mit einem weißen V markierte Pfad beginnt auf der Westseite der Mautstraße und folgt dem Fluss im nördlichen Talhang aufwärts zur Pfadverzweigung bei den Seen im **Mugnebotten** ❷; aus dem Quellkar der Mugna steigt die Ostwand des Mugnetinden auf.

Auf Trittsteinen durchqueren wir den Wasserlauf zwischen den beiden größten Seen, dann leiten die Markierungen mit immer weiterer Aussicht und auf zunehmend steinigem Pfad zum Südansatz der Mugnetinden-Ostwand hinauf. An der **ersten Pfadkreuzung** ❸ vor einem kleinen See besteht die Möglichkeit, rechts abzukürzen (steil), während die V-Route noch ein Stück geradeaus führt, dann nach rechts schwingt, sich mit der Abkürzungsroute vereinigt und in Blockwerk und Geröll sowie bis weit in den Sommer hinein in Schnee bzw. Schneeresten dem Gipfel des **Mugnetinden** ❹ zustrebt. Die Aussicht umfasst die Zweitausender der vergletscherten Gjende-Alpen ebenso wie die Tal- und Hügellandschaft von Valdres.

Bis zur **Pfadkreuzung** ❸ erfolgt der Abstieg vom Mugnetinden-Gipfel auf derselben Route. Dort bietet sich, wenn im Sommer die Tage lang sind, die Weiterwanderung südwärts an. Der nicht markierte, aber deutlich erkennbare und von Steinmännchen begleitete Höhenpfad führt zum **Pass** ❺ zwischen den Kuppen Mathamarskarven und Belgjinøse – im Bereich des Sees halten sich auf der Ostflanke ganzjährig Schneefelder – und senkt sich dann auf dem Ostrücken in Richtung des Parkplatzes Slettefjell, hinter dem sich die Aussichtskuppe Tjednhaug rundet. Kurz vor dem Parkplatz unterquert der Pfad eine **Stromleitung** ❻: Hier zweigt links ein unmarkierter Pfad ab, der kurz der Stromleitung folgt und dann in den Slettefjellvegen mündet. Die unasphaltierte Mautstraße führt zum aussichtsreichen Rastplatz am See Kyrtjernet und zurück zum Parkplatz **Mugnestølen** ❶.

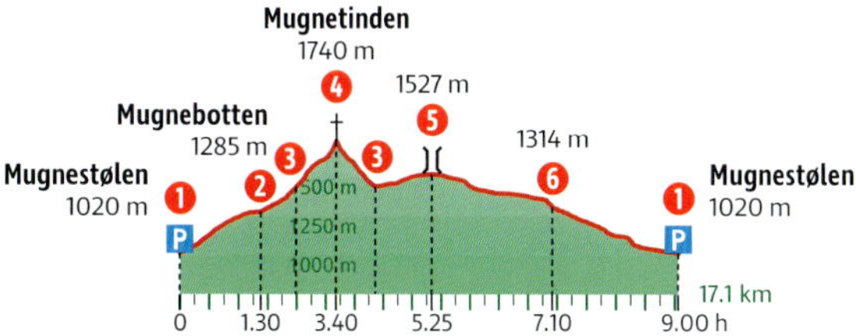

↗ 370 m | ↘ 370 m | 4.5 km

28 Gututjørnet – Muen

2.20 h

Aussichtspyramide im Venabygdsfjellet

Das Charakterhaupt des Muen ist die höchste Erhebung im Venabygdsfjellet mit entsprechend hervorragender Rundschau auf die Berge im Osten, die Rondane-Zweitausender sowie bei klarer Sicht über das Gudbrandsdalen hinweg zum Langsua- und zum Jotunheimen-Nationalpark. Der markante Berg, der auf den umliegenden Hochländern als Kompass fungiert, erhebt sich am Rondanestien, dem Fernwanderweg von Oslo ins Dovrefjell.

Ausgangspunkt: Parkplatz am See Gututjørnet, 1060 m, an der Grenze der Gemeinden Ringebu und Stor-Elvdal an der Fv 27 von Ringebu im Gudbrandsdalen nach Enden im Atndalen.
Anforderungen: Kondition und Trittsicherheit in grobblockigem Gelände.
Varianten: Von der Bushaltestelle Bøliseter bei der Alm Bølisætrin führt ein Pfad ostwärts zum Rondanestien (1 Std.), Buslinie Ringebu – Enden – Straumbu.
Karten: Turkart 1:50.000 Rondane Sør.

Vom Parkplatz am Forellensee **Gututjørnet** ❶ geht es entlang der Passstraße 27 südwärts an der Abzweigung der für den öffentlichen Verkehr gesperrten Zufahrt zur privaten Ramshytta am Fuß der Ramstindan vorbei – dieser Zufahrt folgt der Rondanestien Richtung Eldåbu (siehe Tour 29) – in Richtung des Angelsees Muvatnet, bis die T-Markierungen des Rondanestien links einem ausgewaschenen Weg in südsüdöstlicher Richtung folgen. An der ersten **Routenverzweigung** ❷ zieht der Fernwanderweg gerade-

Blick vom Muen zum Storsølnkletten (Mitte), links das Rondane-Gebirge.

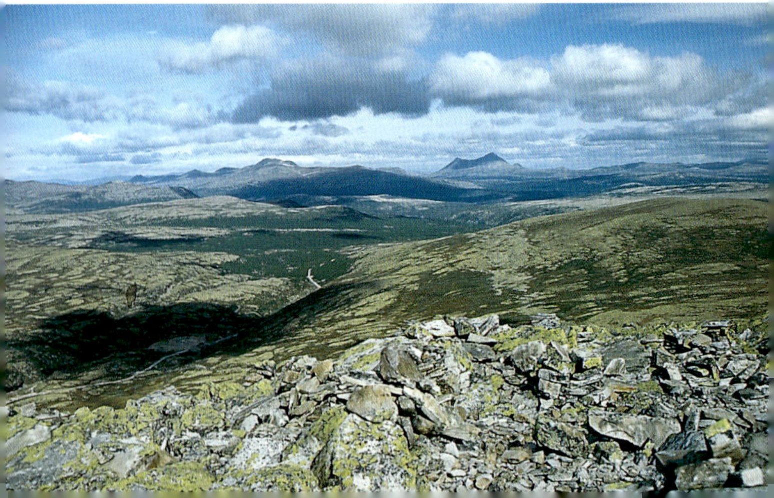

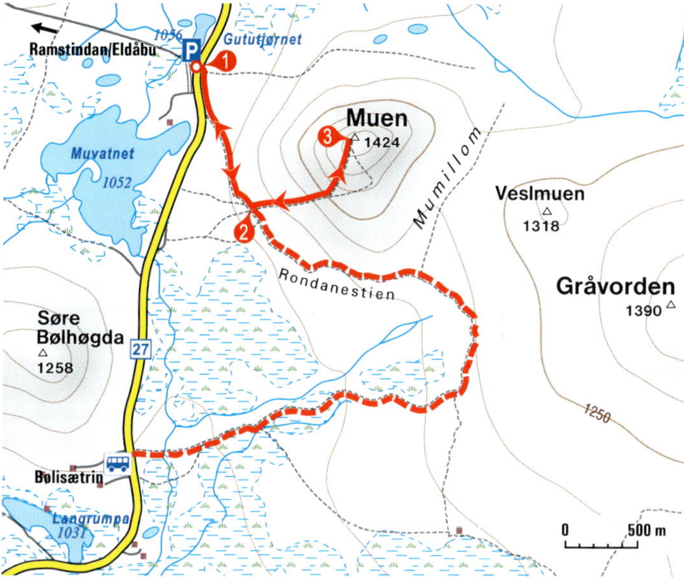

aus in Richtung der Selbstversorgerhütte Gråhøgdbu weiter (Variante 2), während wir links in die Flanke des Muen abzweigen. Für den Anstieg im steinigen, teils grobblockigen Geröll entschädigt eine immer imposantere Aussicht Richtung Jotunheimen und Rondane. Um eine Schädigung der spärlichen Vegetation zu verhindern, ist der Steig peinlich genau markiert. Der Gipfel des **Muen** ❸ ist einer der steinmännchenreichsten in Norwegen, Dutzende Steinmale haben Wanderer als Glücksbringer im Umfeld der wuchtigen Gipfelpyramide auf dem Gipfelplateau errichtet. Markanter Blickfang im Norden ist die faszinierende Silhouette des doppelgipfligen Sølnkletten im Alvdal Vestfjell, während im Nordwesten die Zweitausender der Rondane stehen. Der Rückweg zum Ausgangspunkt am See **Gututjørnet** ❶ erfolgt auf derselben Route.

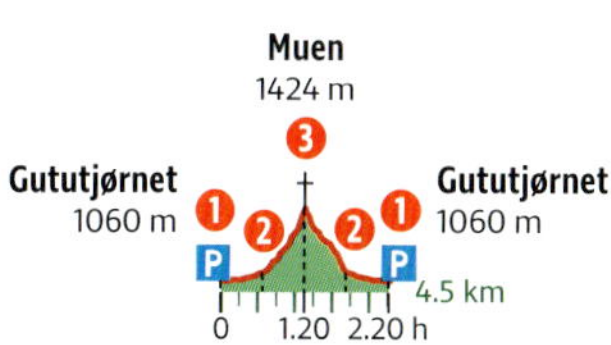

↗ 600 m | ↘ 600 m | 25.6 km

29 Gututjørnet – Ramstindan – Eldåbu

2 Tage

Hochlandwanderung auf dem Rondanestien

Vom See Muvatnet führt der Fernwanderweg Rondanestien im Osten des Nationalparks zur DNT-Hütte Eldåbu. Der Pfad durch das aussichtsreiche Hochland ist hin und zurück eine Traumtour und kann mit einer Übernachtung in der Hütte verbunden werden. Wer eine kürzere Wanderung unternehmen möchte, steigt von Wegpunkt 3 auf die aussichtsreiche Ramshøgda.

Ausgangspunkt: Parkplatz am See Gututjørnet, 1060 m, an der Grenze der Gemeinden Ringebu und Stor-Elvdal an der Fv 27 von Ringebu nach Enden.
Anforderungen: Kondition, Trittsicherheit beim Durchqueren von Bächen.
Unterkunft: Eldåbu, verproviantierte DNT-Selbstversorgerhütte mit 20 Betten.
Karte: Turkart 1:50.000 Rondane Sør.

1. Tag: Gututjørnet – Eldåbu (4.00 Std., 270 m An- und 320 m Abstieg)
Am Parkplatz am See **Gututjørnet** ❶ laufen wir direkt hinter einem Toilettenhäuschen zu einer gut sichtbaren Zufahrtsstraße, die uns zur privaten **Ramshytta** ❷ führt. Hinter der überwiegend von Schafen bewohnten Alm-

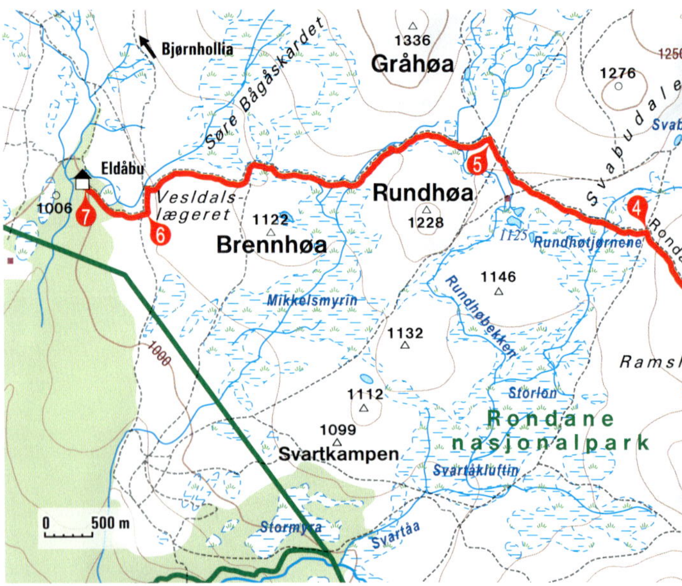

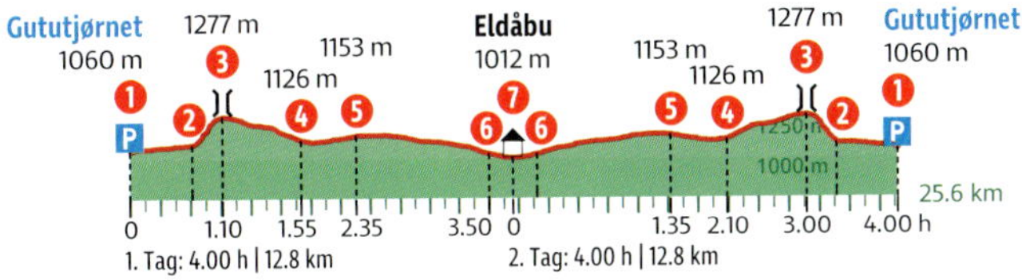

hütte führt der Rondanestien hinauf zum **Pass** ❸ zwischen Ramstindan und Store Ramshøgda, wo sich nordwestwärts der Blick auf die Hochflächen und Gipfel des Nationalparks öffnet, während sich im Osten der Muen im Muvatnet spiegelt. Hier lohnt sich nordwärts ein Abstecher auf den Gipfel Store Ramshøgda. Vom Sattel senkt sich der Pfad durch die Ausläufer des verlandeten Kars Ramsholet in das weite Hochland des oberen Svabudalen, das in seiner Abgeschiedenheit wie eine Welt für sich wirkt. Zwischen Bächen, Mooren, Seen, Heide, Rentierflechten und Blaubeersträuchern zeigen Steinmännchen in der waldlosen Landschaft schon von Ferne die Route an. Auf dem quer verlaufenden **Svabudalen-Pfad** ❹ geht es kurz rechts und sofort links weiter durch das seen- und moorreiche Gebiet der Rundhøtjørnene, in dem je nach Witterung der eine oder andere Bach durchwatet werden muss. Der Pfad umgeht das Moorgebiet nördlich, passiert die alte **Provinzgrenze** ❺ zwischen Hedmark und Oppland, schlängelt sich zwischen den Höhen Rundhøa und Gråhøa hindurch, senkt sich in passagenweise vermoortem Gelände im Storbekken-Tal bis zum **Bjørnhollia-Abzweig** ❻ und taucht in den Wald ein, in dessen oberem Bereich die verproviantierte Selbstversorgerhütte **Eldåbu** ❼ steht. Gekocht wird mit Gas, geheizt mithilfe des Holzofens. In den zwei Hütten liegen Decken bereit, sodass man sich eventuell auf die Mitnahme eines Hüttenschlafsackes beschränken kann.

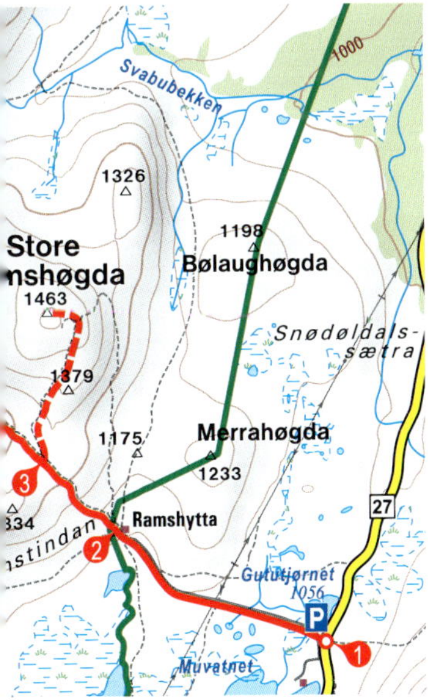

2. Tag: Eldåbu – Gututjørnet (4.00 Std., 320 m An- und 270 m Abstieg)

Der Rückweg zum Parkplatz am **Gututjørnet** ❶ folgt derselben Route.

↗ 290 m | ↘ 290 m | 6.1 km

30 Kvamsnysætrin – Geitberget

2.15 h

Aussichtswarte im Süden des Rondane

Das Gipfelplateau des Nørdre Geitberget stürzt an der Südgrenze des Rondane-Nationalparks in Felsflanken und -wänden ins obere Frydalen ab. Es bietet eine fantastische Aussicht auf den See Furusjøen, zur Blåhøe zwischen Gudbrands- und Ottadalen sowie bis zu den Bergen von Heidal und zum Jotunheimen-Gebirge.

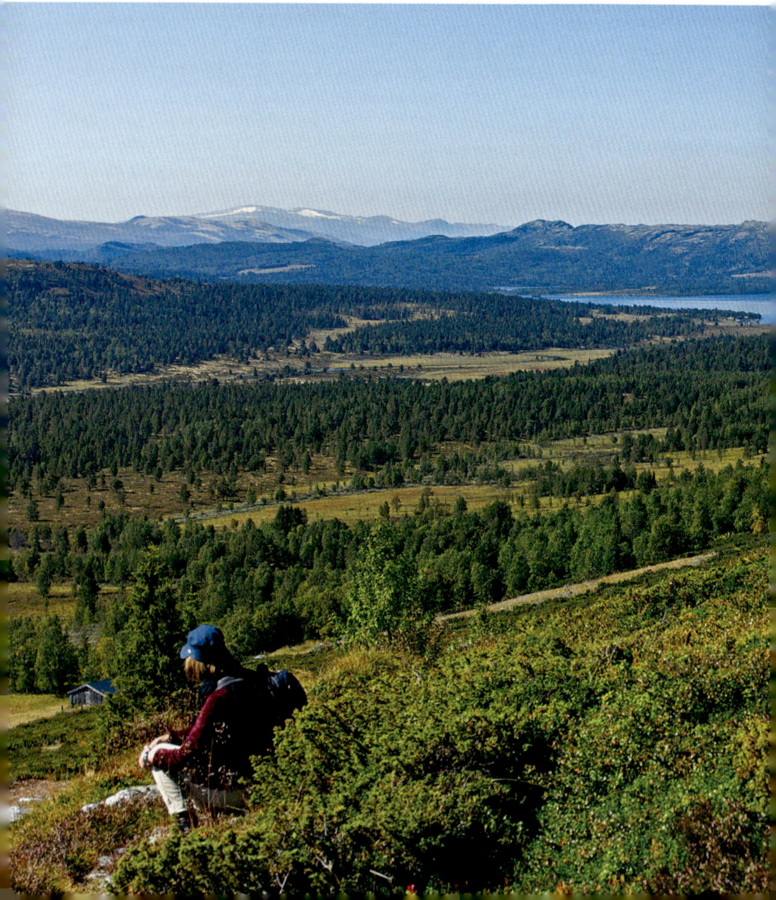

Ausgangspunkt: Kvamsnysætrin, 925 m, in der Gemeinde Nord-Fron. Anfahrt auf der Mautstraße Peer-Gynt-Seterveg. In Vinstra von der E 6 abzweigen und der Ausschilderung folgen. Alternativ kann man in Kvam von der E 6 abzweigen und im Zentrum des Ortes der Ausschilderung Peer-Gynt-Seterveg über die Straße Fv 2602 folgen. Östlich des Furusjøn auf die Schilder in Richtung Nysetrin achten.
Anforderungen: Kondition, Trittsicherheit beim Durchqueren von Bächen.
Variante: Zwischen dem Geitberget und dem von der Eldåa durchflossenen Steinbutal erstreckt sich ein flachwelliges grünes Hochland, in dem sich auch wilde Rentiere aufhalten. Die unmarkierte Runde ab Wegpunkt 3 dauert etwa 4 Std.
Karte: Turkart 1:50.000 Rondane Sør.

Blick zum Furusjøen und rechts zur Blåhoe.

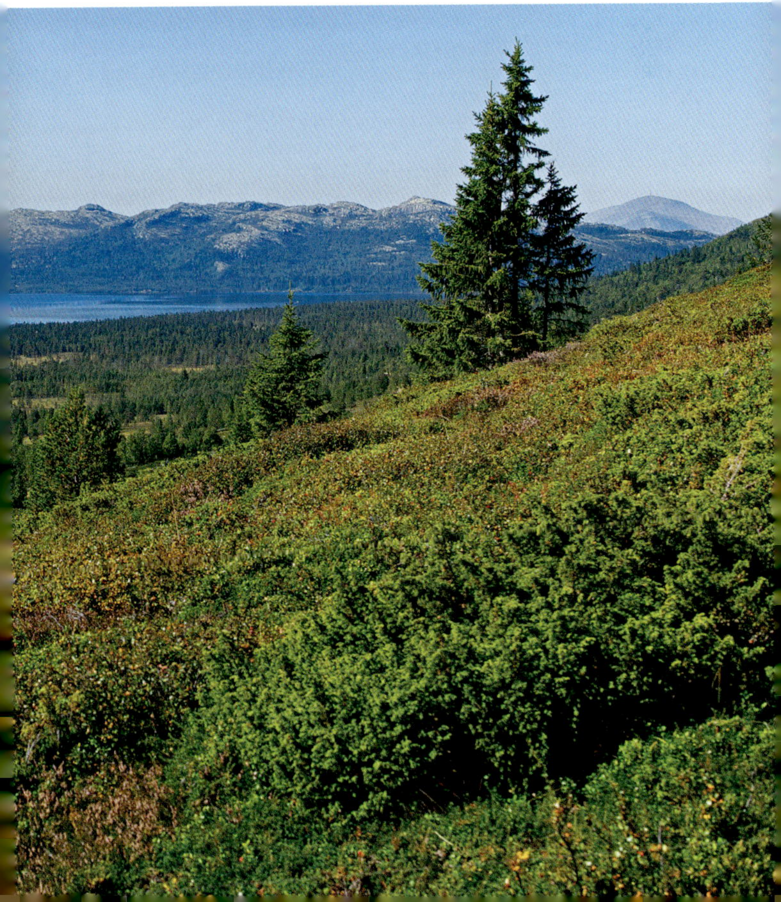

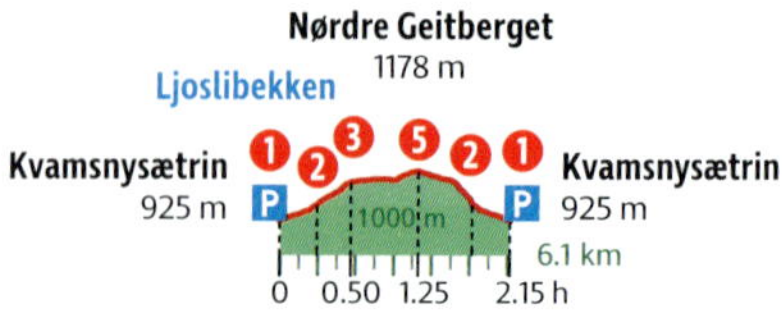

Der Parkplatz an der Alm Kvamsnysætrin ist auf dem Peer-Gynt-Seterveg erreichbar. Dieser Mautweg führt von den Peer-Gynt-Stätten in Sødorp bei Vinstra im mittleren Gudbrandsdalen – Peer Gynts Grabstein, Peer-Gynt-Hof Hågå usw. – 35 km durchs Fjell zum See Furusjøen vor dem Südrand des Rondane-Nationalparks. Der Badeplatz am See Årvillingen ist nur vom Mautweg aus erreichbar, sodass man mit der Mautgebühr den Eintritt zur Badestelle bereits entrichtet hat, wenn man sich nach der heißen Wanderung im Bergsee abkühlen möchte.

Vom Parkplatz an der Alm **Kvamsnysætrin** ❶ führt der Pfad in Verlängerung der Zufahrt in sachtem Anstieg ostwärts durch den Berghang, Blickfänge sind der Furusjøen und die funkturmüberhöhte Blåhøe, unten schlängelt sich die Frya, die wenig oberhalb aus dem See Furusjøen austritt, durch das Tal Frydalen, dahinter steigt der Hang zum Tjønsæterfjellet an (siehe Tour 31). In den Felsabstürzen oberhalb des Pfads ist links eine hohe Doppelhöhle zu erkennen; sie eignet sich bei Schneelage gut zum Biwakieren. Auf der oberen Abbruchkante sind mehrfach Steinmale zu se-

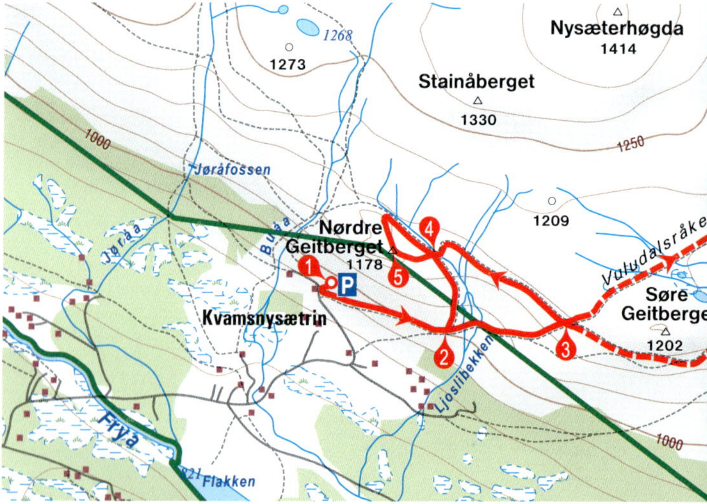

hen; sie wurden von Wanderern errichtet, die die superbe Aussicht genossen. Die Vielzahl der Steinmale ist ein Hinweis darauf, wie aussichtsreich die gesamte Abbruchkante ist. Vor dem Bach Ljoslibekken erreicht der Pfad eine **Verzweigung** ❷. Der Hangpfad durchquert zwei Ljoslibekken-Quellbäche, tritt in den Nationalpark ein und kurvt vor den Geithaugane-Hügeln schräg links zur **Kreuzung mit dem T-Pfad** ❸ vor dem Søre Geitberget. Der mit dem roten Touren-T markierte Pfad kommt von der östlich gelegenen Selbstversorgungshütte Eldåbu herüber. Wir folgen ihm westwärts Richtung Mysusæter/Rondvassbu, im Norden erstreckt sich der vermoorte Quellbereich der Senke Vuludalsråket. Nach Durchqueren des dritten **Ljoslibekken-Quellbachs** ❹ verlassen wir den T-Pfad, steigen auf Pfadspuren zur aussichtsreichen Südkante über dem Frydalen und folgen ihr rechts zum Gipfelplateau des **Nørdre Geitberget** ❺. Vom Gipfel geht es kurz nordwärts zum T-Pfad, der rechts zur **Verzweigung am Ljoslibekken** ❹ zurückführt. Hier muss man wählen, ob man den steilen Pfad längs des Ljoslibachs als Abstiegsroute nimmt oder auf der Aufstiegsroute zurück zum Parkplatz an der Alm **Kvamsnysætrin** ❶ wandert.

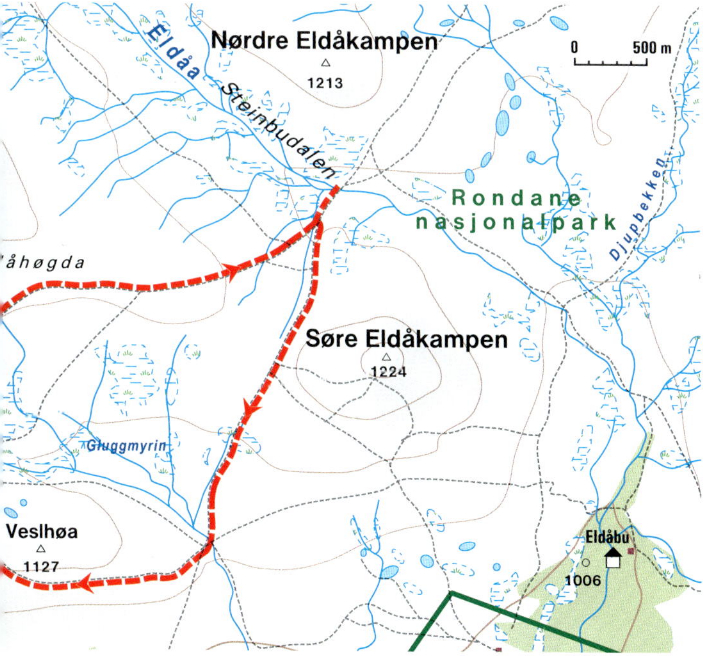

↗ 700 m | ↘ 700 m | 13.7 km

31 Bjørgebu – Sukkertoppen – Tjønnsæterfjellet

4.30 h

Zuckerhut und Rentiergipfel über dem See Furusjøen

Der Bergkamm Tjønnsæterfjellet-Gråhøa bietet hervorragende Ausblicke über den Furusjøen hinweg zum Rondane-Gebirge sowie südwärts zu den Jotunheimen-Zweitausendern. Die Nordostabdachung des Kamms zum Bergemillomdalen ist ein wichtiges Weidegebiet für Wildrens.

Ausgangspunkt: Bjørgebu, 890 m, Parkplatz vor dem gleichnamigen Campingplatz in der Gemeinde Nord-Fron. In Kvam von der E 6 abzweigen und in Richtung Kvamsfjellet (Straße 2602) fahren. Alternative Anfahrt auf dem Mautweg Peer-Gynt-Seterveg.
Anforderungen: Trittsicherheit erforderlich.

Karte: Turkart 1:50.000 Rondane Sør.
Tipp: Der Furusjøen ist eine blaue Perle im Süden des Rondane-Nationalparks. Das grandiose Panorama am glitzernden See zieht viele Ausflügler an. In der Hauptsaison fährt das Ausflugsschiff MB Glitra von Bucht zu Bucht, sodass sich die Wanderung auf dem Pfad rund um den See gut abkürzen lässt.

Am **Bjørgebu Camping** ❶ endet die aus dem Gudbrandstal heraufführende Straße 2602, gleichzeitig befindet sich hier das westliche Ende des Mautwegs Peer-Gynt-Seterveg. Vom Parkplatz geht es auf der Zufahrtsstraße südwärts wenige Meter Richtung Kvam und am Ende des Campingplatzgeländes links hinauf Richtung Sukkertoppen. Die Ferienhütten-

Blick über das Moorgebiet Hovdemyra zum Rondane.

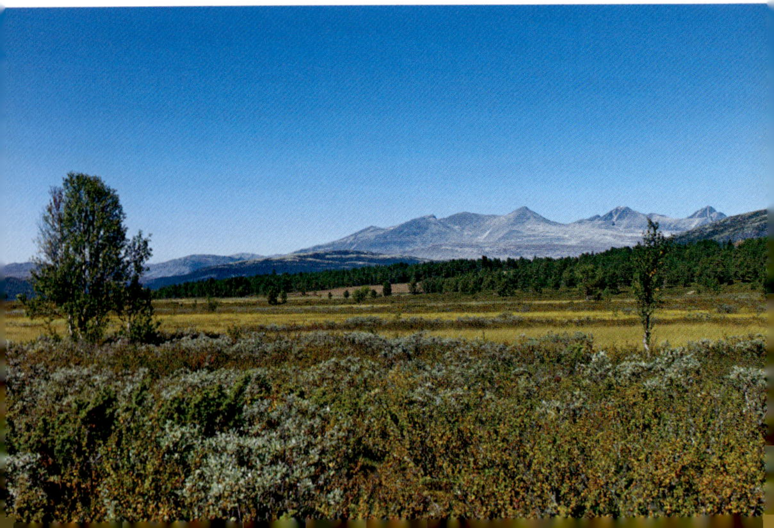

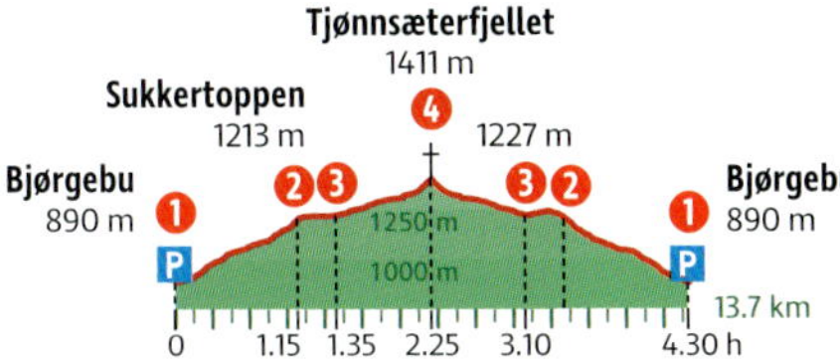

zufahrt setzt sich an der letzten Hütte als Pfad fort, der bald den lichter werdenden Nadelwald verlässt und auf den **Sukkertoppen** ❷ führt; schon hier ist die Aussicht beachtlich. Nach Überqueren des nächsten Hügels, des Middagshaugen, erreicht der Pfad am Sevaldholet eine **Verzweigung** ❸, hält schräg links auf den Kamm Geitryggen zu und wechselt vor ihm rechts zum **Tjønnsæterfjellet** ❹. An der aus Gesteinsplatten aufgeschichteten Gipfelpyramide lässt es sich im Windschatten aussichtsreich rasten; der Blick schweift über die Hovdemyra-Moore, den Furusjøen und das Bergemillomdalen, jenseits des Frydalen zeigt sich im Norden der Wasserfall Jøråfossen.

Der Rückweg folgt derselben Route zurück zum **Bjørgebu Camping** ❶.

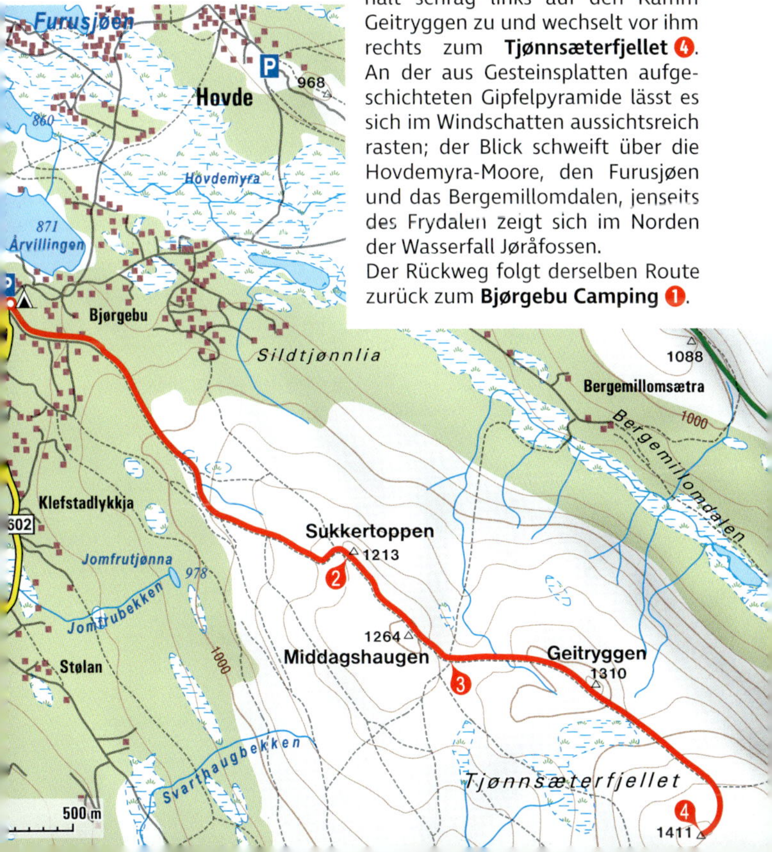

↗ 260 m | ↘ 260 m | 5.0 km

1.50 h

32 Høvringen – Haukberget

Auf den Spuren von Kristin Lavransdatter

Die siebenjährige Kristin, aufgewachsen auf dem noblen Jørundhof bei Nord-Sel im Gudbrandsdalen, reitet im Sommer 1313 mit ihrem Vater Lavrans und ihrem Freund Arne ins Fjell hinauf zur Familienalm Høvringen, wo sie erstmals das Rondane-Gebirge und die blauen Berge sieht: »Überall ragten graue Gipfel, goldgeflammt von Flechten, und über dem Teppich des Waldes und weithin bis zum Horizont standen schneegefleckt die blauen Berge.«

Ausgangspunkt: Ivars Plass, 941 m, Parkplatz im Höhenort Høvringen in der Gemeinde Sel. Anfahrt auf der Straße 2618, die gut 17 km nördlich von Otta von der E 6 abzweigt. In den Oster- und Sommerferien Bus Otta – Høvringen.
Anforderungen: Trittsicherheit.
Unterkunft: Rondane Haukliseter Fjellhotell mit 56 Betten.
Karte: Turkart 1:50.000 Rondane Nord.

Mit mehr als 30 Almen war Høvringen bis in die 1960er-Jahre eine der größten Almsiedlungen Norwegens, 1957 wurde hier Den Norske Fjellskolen gegründet, Norwegens erste ganzjährig betriebene Outdoorschule mit festem pädagogischem Konzept; sie ist heute Teil des Aktivferienzentrums Rondeheim in unmittelbarer Nähe des Ausgangspunkts. Anstelle von Almen dominieren Ferienhütten und Hotels das Bild der weit gestreuten Höhensiedlung, in der Bischöfin Solveig Fiske 2010 den Freiluftaltar Høvringen fjellalter weihte, um die vielen Touristen im Sommer in die Open-air-Kirche zu locken.

Zwischen Zwergsträuchern und Rentierflechten führt der Pfad aufs Haukberget.

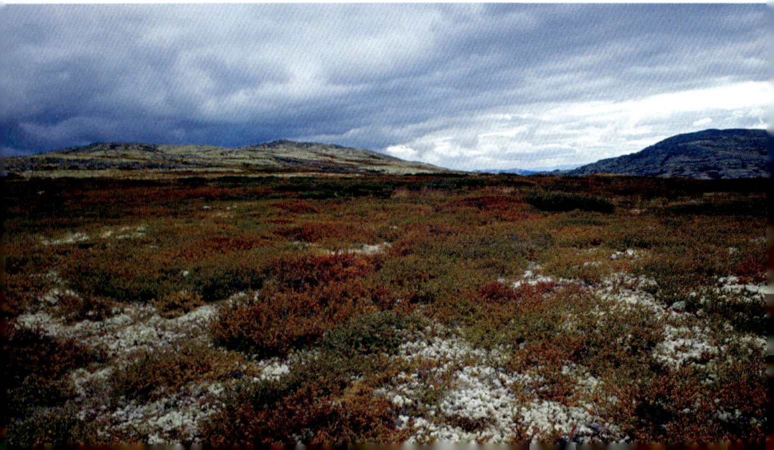

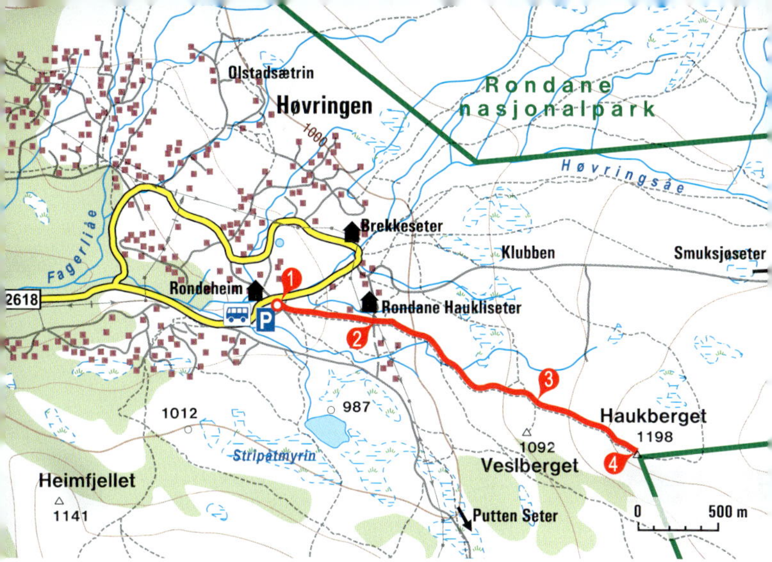

Vom **Parkplatz Ivars Plass** ❶ führt der blau markierte Pfad hangaufwärts Richtung Haukberget, quert beim **Rondane Haukliseter Fjellhotell** ❷ den Verbindungsweg zum Mautweg Puttenvegen, steigt aussichtsreich weiter an und erreicht einen Bach. Auch Kristin gelangt bei ihrem Aufstieg zur Alm an einen Bach; während die anderen mittags am Lagerfeuer schlafen, streift sie allein umher und sieht im spiegelnden Wasser eines Bachs, wie eine in Zweige und Blätter gekleidete Frau aus einer Felswand oder zwischen Bäumen hervortritt und ihr lockend mit einem goldenen Blütenkranz winkt: »Der Kranz« heißt der erste Teil des Monumentalepos »Kristin Lavransdatter«, für das Sigrid Undset 1928 mit dem Literaturnobelpreis geehrt wurde.

Nach Durchqueren des Bachs nähert sich der Pfad dem **Abzweig des Pfads zum Veslberget** ❸, einer aussichtsreichen Kuppe, die im Rahmen eines kurzen Abstechers erreichbar ist, und strebt dann dem Gipfelmal auf dem **Haukberget** ❹ zu. Hier enden die blauen Markierungen. Wer dem unmarkierten Pfad weiter nach Osten folgt, gelangt nach etwa einer Stunde zum Baksidevassberget mit Vogelflugtiefblick zum See Høvringsvatnet.

Vom Gipfel des Haukberget geht es auf derselben Route zurück zum **Ivars Plass** ❶ in Høvringen.

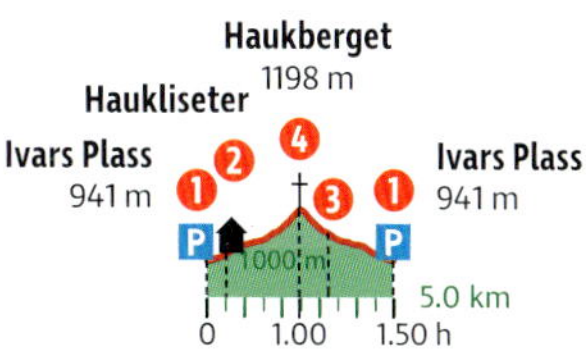

↗ 160 m | ↘ 160 m | 8.0 km

33 Smuksjøseter – Peer Gynt-hytta

3.45 h

Leichte Runde im Reich von Peer Gynt

Die Wanderung von der Herberge Smuksjøseter zur Vesperstube Peer Gynt-hytta am Canyon Imbertglupen ist zu Fuß und auf Ski ein Klassiker. Die Peer Gynt-hytta ist nach dem legendären Rondane-Rentierjäger Peer Gynt benannt; sie liegt an einem wichtigen Wanderpfadknoten und ist der Ausgangspunkt für die Ersteigung der westlichen Smiubelgin-Gipfel.

Ausgangspunkt: Smuksjøseter Fjellstue, 1130 m, in der Gemeinde Sel. Anfahrt über die Straße 2618, die gut 17 km nördlich von Otta von der E 6 abzweigt. In Høvringen auf den Mautweg Smuksjøsetervegen fahren. In den Oster- und Sommerferien Buslinie Otta – Høvringen – Smuksjøseter.
Anforderungen: Feste Wanderschuhe.
Unterkunft: Smuksjøseter Fjellstue, Herberge (Rabatt für DNT-Mitglieder) mit 50 Schlafplätzen. Die Peer Gynt-hytta bietet in den Oster- und Sommerferien sowie an Wochenenden Kaffee und Kuchen an, eine Übernachtung in Steinhütten oder Zelt nur nach Voranmeldung.
Variante: Für die anspruchsvolle Ersteigung des Bråkdalsbelgen ist die Zeit für zusätzlich 1000 Hm im An- und im Abstieg in grobblockigem Gratgelände einzukalkulieren.
Karte: Turkart 1:50.000 Rondane Nord.

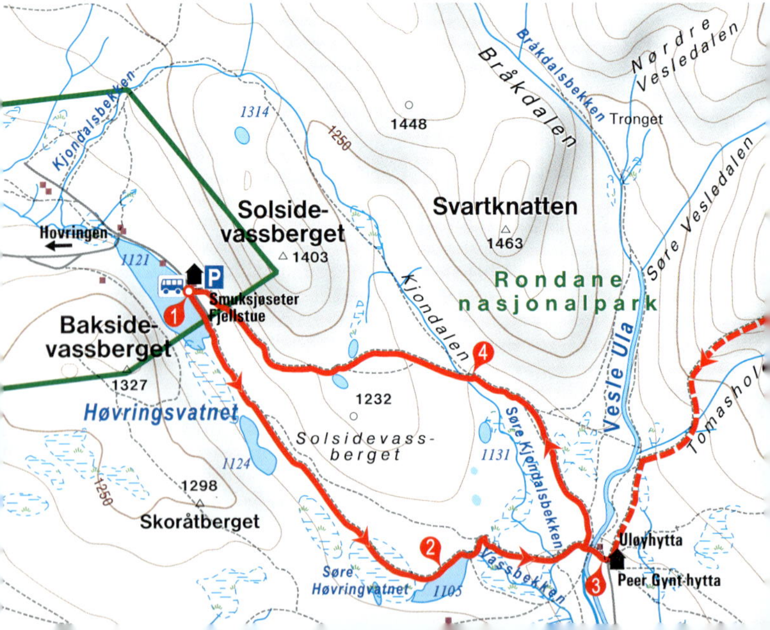

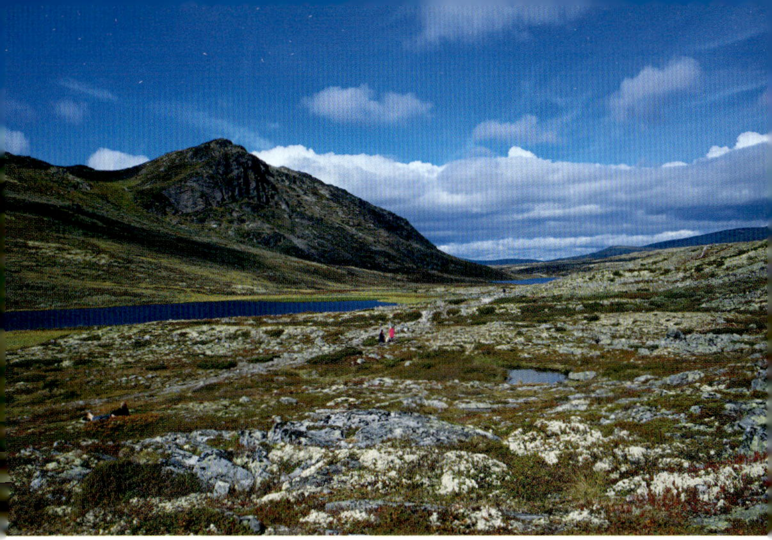

Am oberen Høvringsvatne mit Blick zum Baksidevassberget.

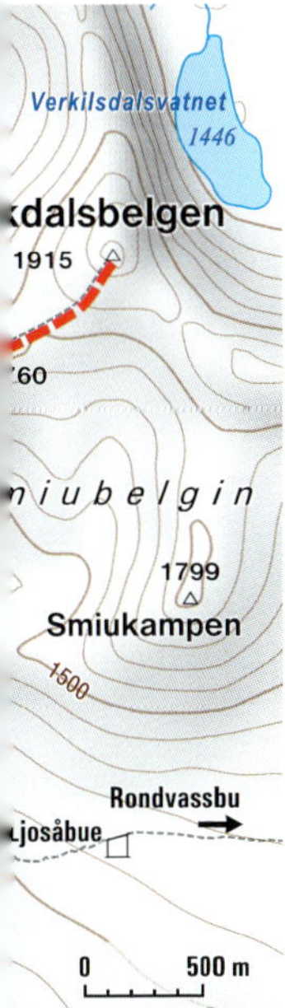

Die Herberge **Smuksjøseter Fjellstue** ❶ am Bergsee Høvringsvatne am Westrand des Nationalparks Rondane ist Ausgangspunkt von Wander- und Skiwanderwegen. Die seit einem halben Jahrhundert kontinuierlich modernisierte und erweiterte Herberge vermietet im 2011 eröffneten Anbau Ferienappartements, auf der Terrasse am Ruderbootanleger kann man abends frisch gefangenen Fisch braten.

In Verlängerung der Zufahrt geht es an den Herbergsgebäuden am Fuß des Solsidevassberget vorbei, nach Öffnen und Schließen des Zauntors am Ende des Herbergsgeländes fällt der Blick auf die Wanderwegeschilder: Von links schräg oben kommt der Rückweg hinunter, der Hinweg führt schräg rechts hinab und am See entlang, den am gegenüberliegenden Ufer das steile Baksidevassberget überragt. Noch während der Wanderung am See tritt der mit dem roten Touren-T markierte Pfad in den Nationalpark ein. Wenn der See endet, steigt das Gelände kaum merklich zum obersten Quellsee der Høvringsåe an und senkt sich dann ebenso sacht zum See **Søre Høvringvatnet** ❷, aus dem der Bach Vassbekken austritt. Hier öffnet sich der Blick hinauf ins Smiubelgin-Massiv. Der T-Pfad durchquert

auf Bohlen ein Moor, überquert den dem Vassbekken zufließenden Søre Kjondalsbekken auf einer Stegbrücke und erreicht den Canyon Imbertglupen, hinter dem das Hüttenensemble der Peer Gynt-hytta zu sehen ist. Wer sich fürchtet, das kristallklare Wasser auf wackligen Stegen zu überqueren, muss das nicht tun: Vor der Schlucht zeigt das Wanderwegschild »Kjondalen« links den Rückweg an. Wer die Vesle Ula überquert, kann sich an der aussichtsreichen **Peer Gynt-hytta** 3 Kaffee und Waffeln schmecken lassen. Die Bewirtschaftung wurde 1925 aufgenommen, zunächst in der Uløyhytta von Ottar Havn, dem Bruder des von der SS 1945 erschossenen Oluv Havn (siehe Tour 34). Er ließ 1932 die neue Hütte errichten, unterstützte von hier aus als Milorg-Mitglied den Widerstandskampf gegen die Besatzung durch Hitler-Deutschland und organisierte 1945 die Sprengung des mit deutschen Benzinkanistern angefüllten Lokomotivpumpenhauses in Otta; die Explosion soll im gesamten Gudbrandsdalen und weit hinauf ins Ottadalen zu hören gewesen sein.
Die Uløyhytta soll die geistige Geburtsstätte von Henrik Ibsens »Peer Gynt« gewesen sein: 1842 übernachtete der Märchen- und Sagensammler Peter Asbjørnson in der Steinhütte neben dem Fluss und lauschte der Erzählung von Peer Gynts Rondane-Rentierjagd, schrieb sie auf und veröffentlichte sie; die Publikation war eine Quelle für Ibsens dramatisches Gedicht. Außer der Vesper- und der Uløyhytta sind einige kleine Hütten zu sehen, in

Durch den Canyon Imbertglupen rauscht die Vesle Ula.

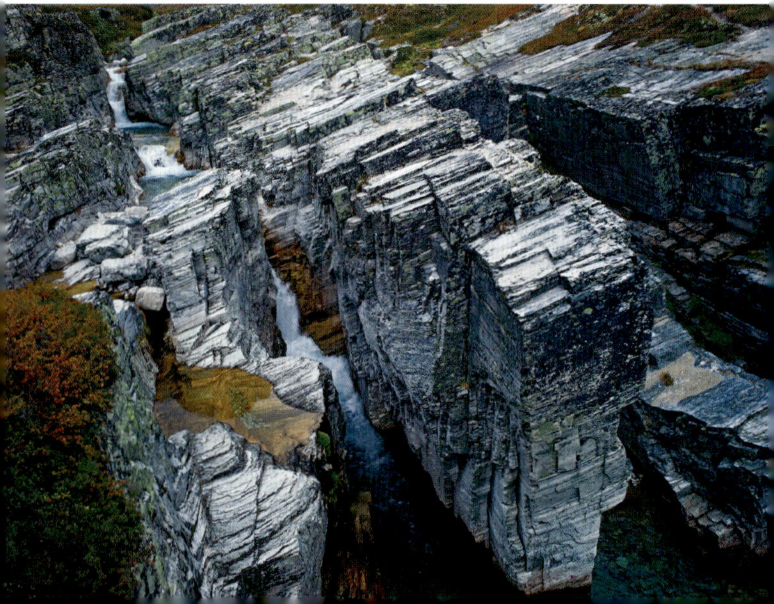

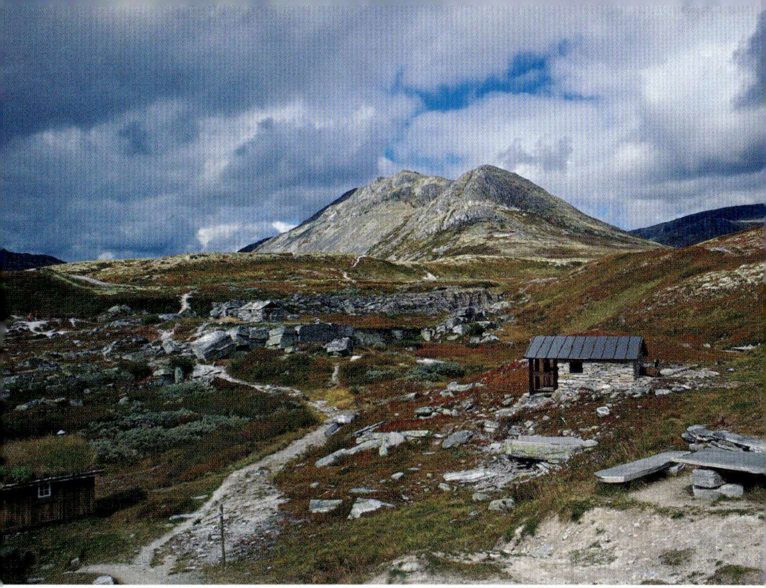

Blick von der Peer Gynt-hytta zur steinernen Uløyhytta vor dem Canyon Imbertglupen, hinter dem das Solsidevassberget aufsteigt; links eine Übernachtungshütte.

denen nach Voranmeldung übernachtet werden kann; auf der Wiese vor der Hütte kann gezeltet werden. Nach der aussichtsreichen Rast machen sich viele auf den lohnenden Weiterweg zur Herberge Rondvassbu (4 Std., knapp 10 km); er verläuft als Höhen-Panoramapfad im Zwergstrauch- und Rentierflechtengelände unterhalb der Blockzone des Smiubelgin-Massivs, im Anstieg sind lediglich 240 Höhenmeter zu bewältigen.
An der Peer Gynt-hytta machen wir kehrt, überqueren die Vesle Ula und folgen rechts der Canyonkante, bis das Schild »Kjondalen« den Weg weist. Der Pfad schwingt sich auf den aussichtsreichen Rücken zwischen Vesle Ula und Søre Kjondalsbekken und erreicht die **Verzweigung im südlichen Kjondalen** ❹: Schräg links steigt der Pfad hinauf zum Sattel zwischen nördlichem und südlichem Solsidevassberget und senkt sich dann zum Ausgangspunkt an der Herberge **Smuksjøseter** ❶.

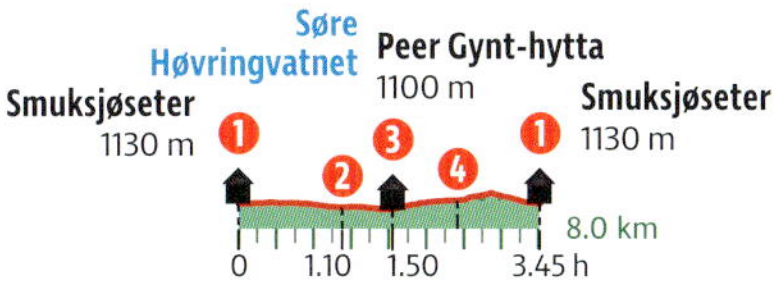

TOP

34

Kampen – Peer Gynt-hytta

↗ 200 m | ↘ 200 m | 7.2 km

2.10 h

Panoramen und Widerstand im Rondane-Gebirge

Mit atemberaubender Aussicht führt ein leichter Höhenweg von der Hüttensiedlung Kampen durch den Rondane-Nationalpark zur Peer Gynt-hytta am Fuß des Smiubelgin-Massivs. Das Gebiet war ein wichtiger Rückzugsraum der Widerstandsbewegung gegen das nationalsozialistische Deutschland.

Ausgangspunkt: Kampen, 1080 m, Parkplatz am Ende des Mautwegs Kampevegen in der Gemeinde Sel. Anfahrt auf der E 6, in Selsverket, 4 km nördlich von Otta abzweigen in Richtung Reiret und am Ende der Bebauung links Richtung Peer Gynt-hytta.

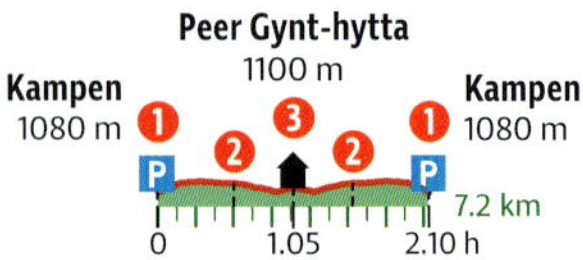

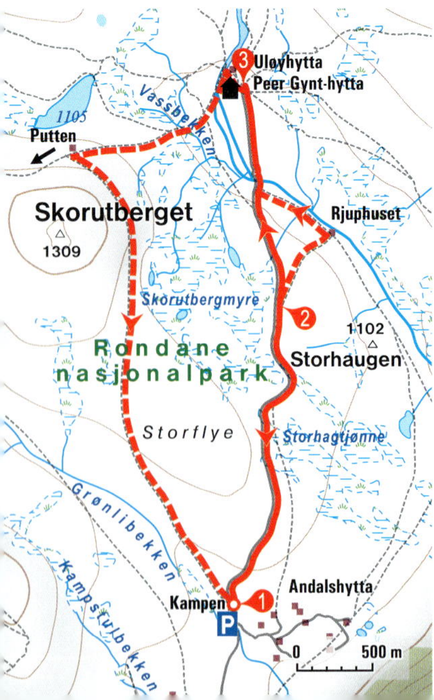

Anforderungen: Für den steinigen Weg ist festes Schuhwerk zu empfehlen.
Unterkunft: Die Peer Gynt-hytta bietet Kaffee und Kuchen an, eine Übernachtung in Steinhütten oder im Zelt ist nur nach Voranmeldung möglich.
Varianten: 1. Für den Pfad zum Rjuphuset und flussaufwärts sind zusätzlich 20 Min. zu veranschlagen. 2. Rückweg-Alternative: Von der Peer Gynt-hytta auf der Brücke über die Vesle Ula und ein Stück Richtung Putten Seter, bis im Hang des Søre Skorutberget der Trittsicherheit erfordernde Pfad zum Ausgangspunkt abzweigt (zusätzlich 45 Min.).
Karte: Turkart 1:50.000 Rondane Sør.

Der Parkplatz am Ende des Mautwegs Kampevegen befindet sich am Bach Grønlibekken oberhalb der kleinen Ferienhütten-Streusiedlung **Kampen** ❶ am Südrand des Rondane-Nationalparks. Hier beginnt der für den öffentlichen Verkehr gesperrte Transportweg zur Peer Gynt-hytta. Das alte Militärfahrzeug hinter der Transportwegschranke erinnert daran, dass das Rondane-Gebirge oberhalb des Gudbrandsdalen ein Rückzugsgebiet von Milorg war, dem militärischen Arm der Widerstandsbewegung gegen die nationalsozialistische Besat-

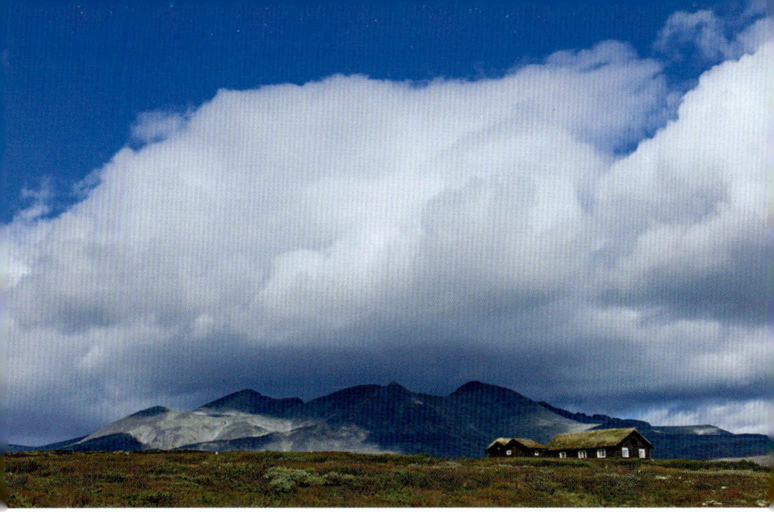

Aufblick ins Smiubelgin-Massiv an der Ferienhüttensiedlung Kampen.

zung. An der Zufahrt Kampevegen ist die Milorg-Hütte Reiret als Sehenswürdigkeit ausgeschildert.
Von der Sperre führt der Weg im Hang der Storflye, der Hochebene zwischen dem Grønlibekken und dem Fluss Vesle Ula, mit immer weiterem Ausblick sacht aufwärts: Hauptblickfang ist das Smiubelgin-Massiv, während von Storronden, Vinjeronden und Rondslottet die Gipfelaufbauten oberhalb der Randen-Kuppen hervorspitzen, im Südsüdosten ist der See Furusjøen in Sicht. Ehe sich der Weg ins Tal senkt, lädt ein aussichtsreicher Felsen als improvisierter Rastplatz zum Verweilen ein, dann führt der Weg hinab an den Rand des Moorgebiets **Skorutbergmyre** ❷. Dort besteht die Möglichkeit, rechts auf den Pfad zum restaurierten Haus Rjuphuset an der Vesle Ula abzuzweigen (Variante 1). In dem um 1900 von der Familie Havn errichteten Rjuphuset versteckten sich im Zweiten Weltkrieg Widerstandskämpfer. Als Oluf Havn, der Bruder des damaligen Peer Gynt-hytta-Wirtes Ottar Havn, im März 1945 ein Treffen der Widerstandsbewegung leitete, stürmten Wehrmachtssoldaten und Gestapo das kleine Haus, die Leiche des erschossenen Oluf Havn wurde auf einem Schlitten zu Verwandten im Gudbrandsdalen transportiert, während die Deutschen den Havn-Hof Øvre Hamnsætra (Øvre-Havn) bis auf die Grundmauern niederbrannten. Nach Überqueren der Vesle Ula leitet der Weg hinauf zur **Peer Gynt-hytta** ❸ neben dem von einem eiszeitlichen Schmelzwasserfluss geschaffenen Canyon Imbertglupen (siehe Tour 33).
Der Rückweg folgt derselben Route zum steinigen Parkplatz am Grønlibekken am Rand der aussichtsreichen Ferienhüttensiedlung **Kampen** ❶.

↗ 200 m | ↘ 200 m | 16.5 km

35 Spranget – Rondvassbu

4.45 h

Ins Zentrum des Nationalparks Rondane

Vom Parkplatz an der Spranget-Schlucht führt ein fahrradfähiger Weg mit erstklassiger Aussicht zur Herberge Rondvassbu am See Rondvatnet im Herzen des Nationalparks Rondane. Der Weg bildet das erste Teilstück aller Routen auf die höchsten Rondane-Berge, bei Badewetter nutzen ihn viele, um an den wilden Badestellen an der Store Ula zu picknicken oder in den Canyon Jutulhogget zu spähen.

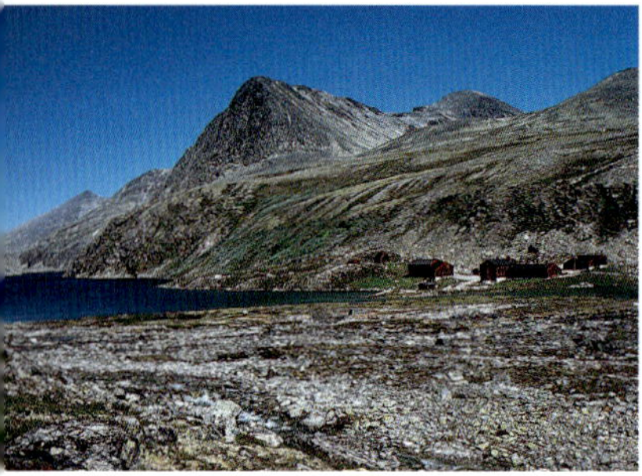

Die mit Fahrrad und zu Fuß erreichbare Herberge Rondvassbu am See Rondvatnet.

Ausgangspunkt: Spranget, 1080 m, Parkplatz mit Fahrradverleih am Westrand des Nationalparks Rondane in der Gemeinde Sel. Südlich von Otta von der E 6 auf die Straße 2628 (Rondanevegen) Richtung Rondane abzweigen und bis zur Alm- und Feriensiedlung Mysusæter fahren. Hier auf den Mautweg Tjønnbakkvegen abbiegen und bis zum Ende fahren. (Ferien- bzw. Wochenend-) Buslinie Otta – Mysusæter – Spranget.
Unterkunft: Rondvassbu, DNT-Herberge mit 128 Betten, 36 Betten im unverproviantierten Selbstversorgertrakt.
Varianten: 1. Etwa 1 Std. dauert die Wanderung auf dem Pfad längs der Store Ula zum 20 m hohen Wasserfall Storulfossen und zurück. 2. Gut 3 Std. sind es auf dem Pfad westlich der Store Ula zur Nothütte Kråkotbekkbue an der Mündung des Kråkotbekken und zurück.
Karten: Turkart 1:50.000 Rondane Sør oder Turkart 1:50.000 Rondane Nord.
Hinweis: Wenn der Fahrradverleiher am Parkplatz Spanget nicht anwesend ist, werden die Räder per Handy entliehen und bezahlt.

Der Parkplatz **Spranget** ❶ liegt auf einer weiten, unbesiedelten Hochfläche mit fantastischem Panorama: 17 Rondane-Hauptgipfel stehen im weiten Rund, Blickfang im Nordosten sind die höchsten Rondane-Gipfel Rondslottet und Storronden, während der Blick südwestwärts zum Jotunheimen-Gebirge schweift, wo als markanteste Erhebungen Glittertinden und Kvitingskjølen hervortreten. Der Transportweg führt aussichtsreich in den Nationalpark, begleitet vom Tosen des Flusses Store Ula. Wenn rechts im sanften Hang die verschlossene Hütte Grønnbue zu sehen ist, zweigen wir rechts auf einen Verbindungspfad ab, der weiter oben in den T-markierten **Rørosvegen einmündet** ❷, einen Strang des ab 1644 genutzten historischen Wegenetzes zwischen dem Gudbrandsdalen und der Bergwerksstadt Røros, die heute als Weltkulturerbe unter Schutz steht.

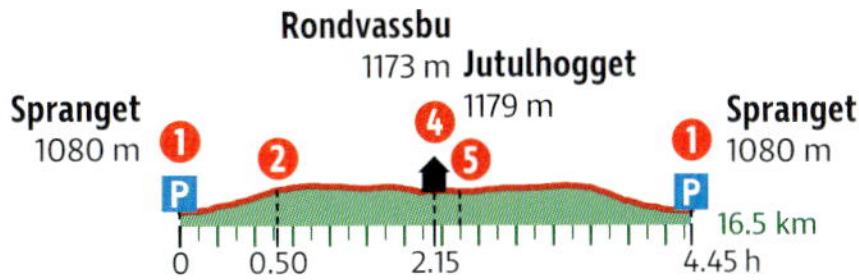

Aussichtsreich führt der Pfad im Hang der Fremre Illmannhøe nordwärts und mündet schließlich wieder in den Transportweg, der an der **Pfadkreuzung** ❸ an der Ausmündung des Illmanndalen und an der Brücke über die Store Ula vorbei zur Herberge **Rondvassbu** ❹ weiterleitet. Nach der Stärkung in der DNT-Hütte geht es auf demselben Weg zurück zur **Pfadkreuzung** ❸ an der Ausmündung des Illmanndalen, wo der Abstecher an den Rand des Canyons **Jutulhogget** ❺ an der Mündung des Bachs Kaldbekken in den See Rondvatnet lohnt. Der Bach stürzt in einem Wasserfall zwischen die wandartig steilen Felswände; bei seinem Austritt aus dem Canyon hat er einen deltaartigen Schwemmkegel aufgeschüttet, der von einer Vielzahl von Bacharmen durchzogen wird. Das Innere des Canyons – man muss teils im Bach aufwärts waten, teils über ein Felsband gehen und erblickt dann hinter einem Linksknick der Schlucht den Wasserfall – ist wegen der Steinschlaggefahr lebensgefährlich.

Bei trockener Witterung und niedrigen Wasserständen kann man vom Jutulhogget aus dem Pfad westlich der Store Ula zur Krokåtbekkhytta folgen und dann auf dem in der Karte als Variante eingezeichneten Pfad zum Parkplatz **Spranget** ❶ weitergehen, ansonsten wandert man auf dem Transportweg zurück.

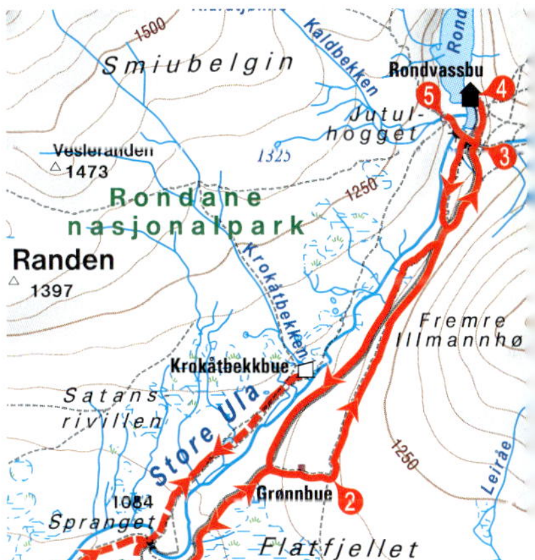

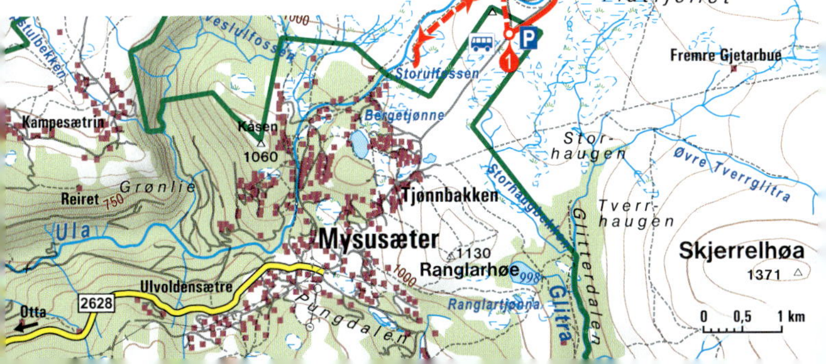

↗ 950 m | ↘ 950 m | 12.4 km

7.30 h

36 Rondvassbu – Veslesmeden

Zweitausender mit Bootsfahrt

Der aussichtsreiche Veslesmeden erhebt sich aus vier Karen und ist als einziger Gipfel des Smiubelgin-Massivs auf einem T-markierten Steig erreichbar. Oben schweift der Blick bis zum Dovrefjell. Wer im Abstieg Richtung Rondvassdalen weiterwandert, kann die Runde mit einer 20-minütigen Bootsfahrt auf dem See Rondvatnet schließen.

Ausgangspunkt: Rondvassbu, 1173 m, DNT-Herberge mit 128 Betten und 36 Betten im unverproviantierten Selbstversorgertrakt. Erreichbar zu Fuß und mit dem Fahrrad auf dem Transportweg vom Parkplatz Spranget (Gehzeit ca. 2 Std., siehe Tour 35).
Anforderungen: Trittsicherheit in passagenweise grobblockigem Gelände.
Karten: Turkart 1:50.000 Rondane Sør oder Turkart 1:50.000 Rondane Nord.
Hinweis: Bei starkem Wind verkehrt das Rondvatnet-Boot nicht. Das Boot zu chartern, um vom Fahrplan unabhängig zu sein, kostet derzeit 130 Euro pro Überfahrt (rondvassbu.dnt.no).

Von der Herberge **Rondvassbu** ❶ folgen die T-Markierungen kurz der Zufahrt, bis das Schild »Veslesmeden« rechts hinab zum Fluss Store Ula zeigt. An den Fundamentresten der ehemaligen Rørosvegen-Übernachtungshütte vorbei geht es auf einer Holzbrücke über den Fluss und dahinter rechts durch den Mündungsbereich des Bachs Kaldbekken, der aus dem steinschlaggefährdeten Canyon Jutulhogget herausfließt und mit Rondvassbu-Blick auf einer schmalen Stegbrücke überquert wird.
An der **Abzweigung** ❷ des nicht mehr markierten Pfads durch das Kaldbekktal Richtung Døralseter führen die T-Markierungen in die hochtalartige Senke Rondhalsen, in der nichts außer von Flechten bedecktes Geröll zu sehen ist; unter den Steinen fließt unsichtbar der in der Karte eingezeichnete Wasserlauf. An der **Pfadverzweigung** ❸ führt der Steig links hinauf zu einem alten, steinernen Jagdstand, dann wird das Gelände recht steil und grobblockig, doch schon wenig später ist das Gipfelmal auf dem **Veslesmeden** ❹ erreicht. Markanteste Blickfänge sind – jenseits des Rondvatnet-Einschnitts – das Rondslottet-Massiv, die Gipfeltrias Digerronden, Midtronden und Høgronden und – jenseits von Døralseter im Norden – der Höhenzug Stygghøin; mit dem Storsmeden im Südwesten ist der Veslesmeden durch einen passagenweise ausgesetzten Grat verbunden.

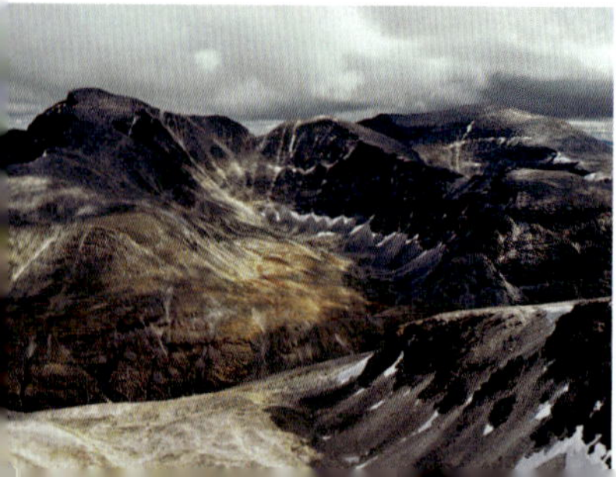

Blick auf Rondslottet.

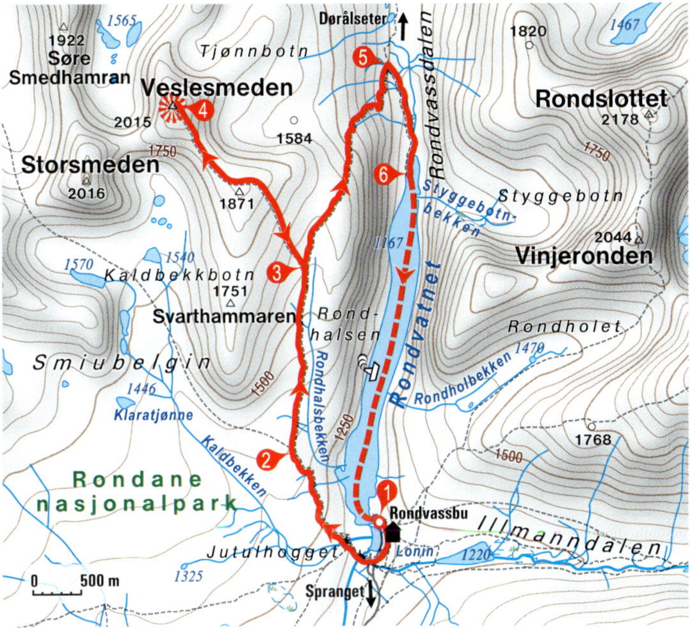

Der dahinter aufragende Trolltinden ist mit 2018 m die höchste Erhebung des Smiubelgin-Massivs. Vom Gipfel geht es zurück zur **Verzweigung** ❸ im Geröllhochtal Rondhalsen. Bleiben noch mindestens 2.30 Std. Zeit bis zur Abfahrt des letzten Boots, geht es links hinauf und bald aussichtsreich hinab in das Tal **Rondvassdalen** ❺ zum T-markierten Pfad Dørålseter – Rondvatnet; er führt rechts hinab zum Anleger **Nordvika** ❻ an der Nordbucht des Sees. Die Alternative zur Bootsfahrt ist, auf der Aufstiegsroute zurück zur Herberge **Rondvassbu** ❶ zu gehen.

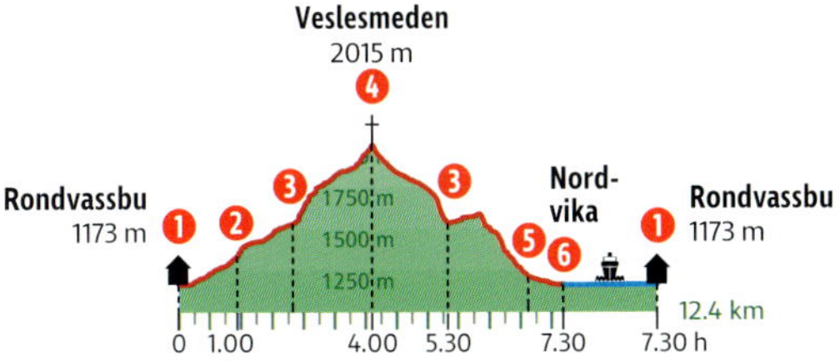

↗ 960 m | ↘ 960 m | 8.4 km

37 Rondvassbu – Storronden

6.45 h

Auf den zweithöchsten Rondane-Gipfel

Der Felskoloss Storronden ist der zweithöchste Gipfel im Rondane-Nationalpark. Erschlossen ist er durch einen Steig, der mit erstklassiger Aussicht in fast durchgehend grobplattigem und gerölligem Gelände von der Herberge Rondvassbu hinaufführt.

Ausgangspunkt: Rondvassbu, 1173 m, DNT-Herberge mit 128 Betten und 36 Betten im unverproviantierten Selbstversorgertrakt. Erreichbar zu Fuß und mit dem Fahrrad auf dem Transportweg vom Parkplatz Spranget (siehe Tour 35).
Anforderungen: Trittsicherheit auf Sandsteingeröll.
Karten: Turkart 1:50.000 Rondane Sør oder Turkart 1:50.000 Rondane Nord.

Auf der Rückseite der Herberge **Rondvassbu** ❶ windet sich der mit dem roten Touren-T markierte Pfad Richtung Storronden steil den Hang hinauf zu einer Aussichtsstelle mit eindrucksvollem Blick auf den Canyon Jutulhogget. Kurz darauf erreicht er eine Verzweigung: Rechts öffnet sich das Tal Illmanndalen, durch das der Pfad zur Herberge Bjørnhollia führt. Die Route auf den Storronden-Gipfel steigt geradeaus zur **Verzweigung am Ansatz des Storronden-Westrückens** ❷ an. Hier geht es links Richtung Rondslottet weiter (siehe Tour 38), während unser Pfad dem Westrücken des Storronden zwischen dem Illmandalen und dem Kartal Rondholet folgt. In steter Steigung führt der markierte Geröllpfad gipfelwärts, die Aussicht ist vom Feinsten. Wer zwischenzeitlich meint, den Gipfel gleich

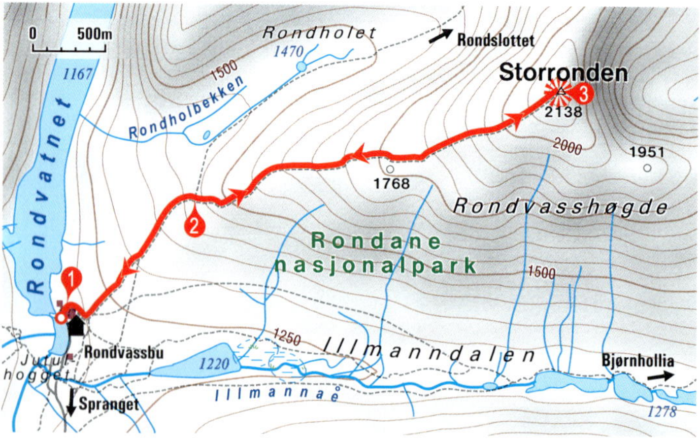

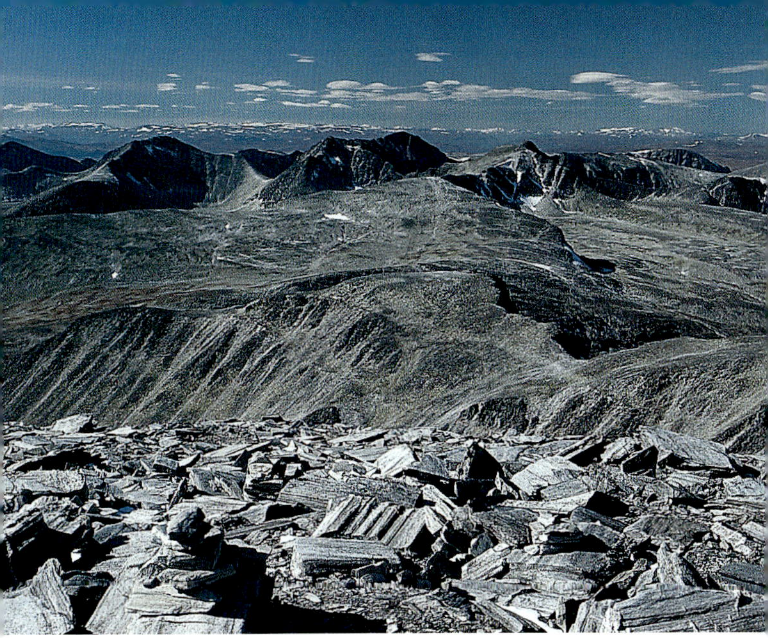

Während des Aufstiegs zum Storronden tritt markant das Smiubelgin-Massiv hervor, am Horizont sind die höchsten Berge Nordeuropas im Jotunheimen-Gebirge zu sehen.

erreicht zu haben, erliegt einer Täuschung: Es handelt sich um eine Zwischenerhebung, hinter der es noch ein Stück aufwärts geht, bis der **Storronden** 3 tatsächlich bezwungen ist. Vom Gipfel fällt der Blick ostwärts in das Kar Langbotn, im Norden trennt das Kar Storbotn den Storronden vom Vinjeronden, rechts vom Rondslottet erhebt sich jenseits des Tals Langglupdalen als dritthöchster Rondane-Berg der Høgronden. Im Südwesten ist bei klarer Sicht das 185 km entfernte Norefjell zu erkennen.

Wagemutige steigen auf dem steilen Nordgrat zum Pass zwischen Storronden und Vinjeronden sowie zwischen Langholet und Rondholet ab und wandern durch das Kartal Rondholet zurück zu Wegpunkt 2 am Ansatz des Storronden-Westrückens. Viel aussichtsreicher ist es, auf der markierten Aufstiegsroute zurück zur Herberge **Rondvassbu** 1 zu wandern.

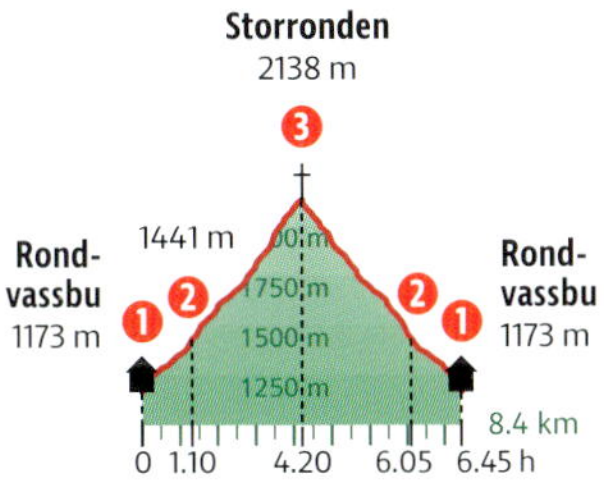

TOP 38

↗ 1200 m | ↘ 1200 m | 12.5 km

Rondvassbu – Vinjeronden – Rondslottet

9.00 h

Auf den höchsten Rondane-Gipfel

Der Rondslottet ist der höchste Gipfel des Rondane-Gebirges und einer der aussichtsreichsten Berge Skandinaviens. Von der Herberge Rondvassbu führt der Aufstieg über den Vinjeronden, der ebenfalls ein unvergessliches Panorama bietet und ein lohnenswertes eigenständiges Gipfelziel ist. Bei Nässe und/oder Neuschnee, der auch im Sommer fallen kann, steigt man nur bis zum Vinjeronden auf.

Ausgangspunkt: Rondvassbu, 1173 m, DNT-Herberge mit 128 Betten sowie 36 Betten im unverproviantierten Selbstversorgertrakt. Erreichbar zu Fuß und mit dem Fahrrad auf dem Transportweg vom Parkplatz Spranget (siehe Tour 35).
Anforderungen: Trittsicherheit, Kondition, Schwindelfreiheit, Wetterkenntnis, viel Wasser, Grundkenntnisse im Klettern.
Variante: Abstieg ins Langglupdalen und auf dem Rondanestien zur DNT-Herberge Bjørnhollia (ca. 11 Std. ab Rondvassbu); Rückkehr nach Rondvassbu durch das Illmanndalen (5 Std.).
Karte: Turkart 1:50.000 Rondane Nord.

Von der Herberge **Rondvassbu** ❶ schlängelt sich der T-Pfad Richtung Rondslottet steil den Hang hinauf, passiert am westlichen Eingang zum Illmanndalen die Abzweigung Richtung Bjørnhollia und erreicht den **Abzweig** ❷ am Ansatz des Storronden-Westrückens. Von hier senkt sich der Pfad ins Rondholet und führt in diesem Kartal aufwärts: kein Vogel, kein

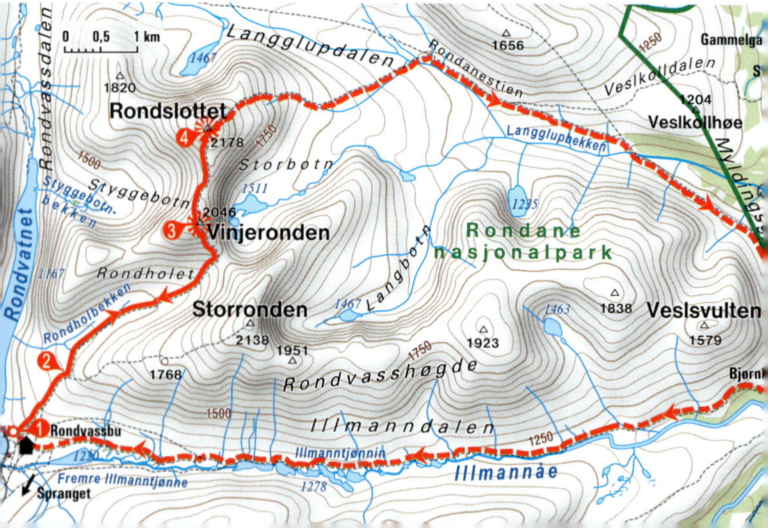

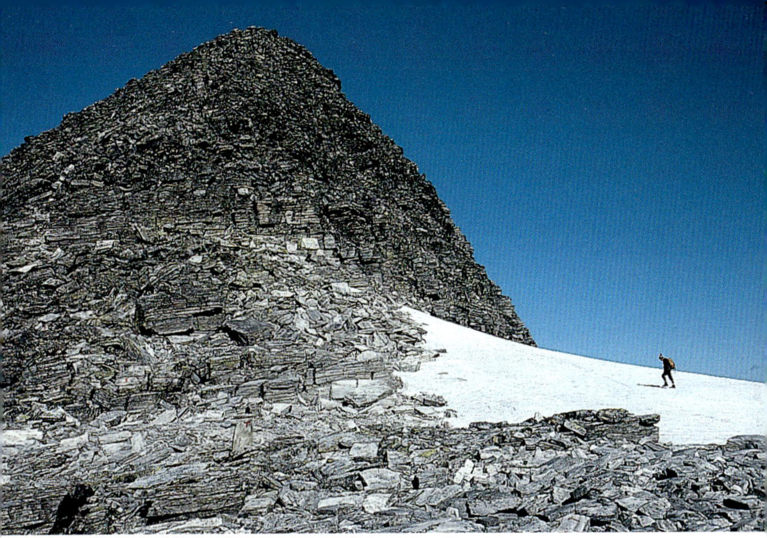

Auf dem Sattel zwischen Vinjeronden und Rondslottet beginnt der Schlussanstieg zum Rondslottet-Gipfel. Die sogenannte »Schlossbrücke« kann ganzjährig verschneit sein.

Wasser, keine Blume, kein Baum, nur gleißend helle Geröllplatten und Schneefelder, die in einer geradezu surrealen Szenerie zwischen den Felsflanken die Sonne reflektieren. Nach steilem Geröllanstieg öffnet sich auf dem Pass zwischen Storronden und Vinjeronden der Blick über das Storbotn-Kar und das schluchtartige Langglupdalen hinweg zum Høgronden, während der Blick zurück über den Einschnitt des Sees Rondvatnet hinweg auf das Smiubelgin-Massiv und bis zum Jotunheimen schweift. Am Pass beginnt der grobblockige Aufstieg zum Gipfel des **Vinjeronden** ❸. Der erste Zweitausender auf dieser Tour ist ein lohnenswertes Ziel. Vom Gipfelplateau leiten die T-Markierungen durch die grobblockige und mit geschieferten Platten bedeckte Nordflanke hinab zum Sattel zwischen Vinjeronden und Rondslottet sowie den Karen Storbotn und Styggebotn, dann erfolgt der steile Schlussspurt zum **Rondslottet** ❹. Die Aussicht vom Gipfel reicht weit über den Rondane-Nationalpark hinaus bis zur Snøhetta im Dovrefjell sowie zu den höchsten Bergen Nordeuropas im Jotunheimen-Gebirge.
Auf derselben Route geht es zurück zur Herberge **Rondvassbu** ❶.

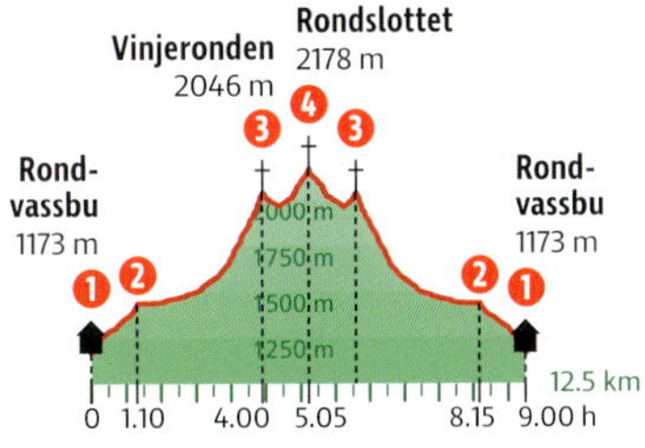

↗ 690 m | ↘ 690 m | 20.2 km

39 Straumbu – Bjørnhollia

2 Tage

Kiefernwälder, Rentierflechten, wildes Skjerdalen

Vom Parkplatz Straumbu im Atndalen führt die vergleichsweise leichte Kiefernwald- und Hochflächenwanderung durch das Myldingi-Naturschutzgebiet zur Herberge Bjørnhollia am Fernwanderweg Rondanestien; das Skjerdalen südlich der Herberge zählt zu den Pflanzenoasen des Nationalparks Rondane.

Ausgangspunkt: Straumbu, 716 m, Parkplatz an der Fv 27 in der Gemeinde Folldal. Bushaltestelle Straumbu der Linie Ringebu – Enden – Straumbu.
Anforderungen: Kondition, Trittsicherheit.
Unterkunft: Bjørnhollia, DNT-Herberge mit 90 Betten sowie 14 Betten im unverproviantierten Selbstversorgertrakt.
Variante: Wer auf dem Rückweg den Transportweg zwischen den Wegpunkten 7 und 10 nutzt, reduziert die Anstiege auf 480 Hm und die Länge der Tour auf 16,3 km.
Karte: Turkart 1:50.000 Rondane Sør.

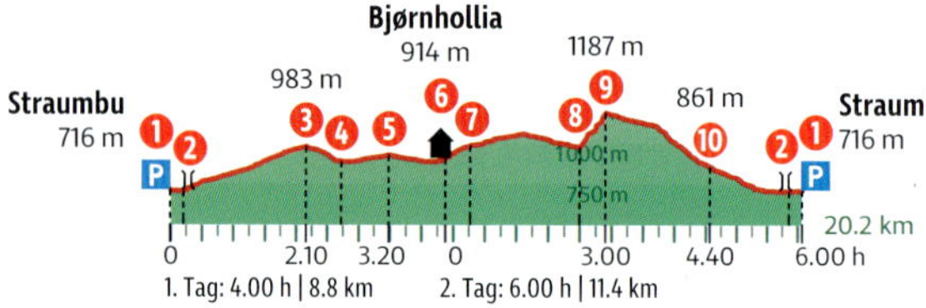

1. Tag: Straumbu – Bjørnhollia (4.00 Std., 330 m Aufstieg, 130 m Abstieg)

Der Parkplatz **Straumbu** 1 mit der Bushaltestelle Straumbu ist der wichtigste Ausgangspunkt für Wanderungen, die den Nationalpark Rondane von Osten aus erschließen; der T-markierte Pfad von Straumbu westwärts zu den Wegpunkten 10 und 9 bildet die Normalroute zum Rondanestien im Langglupdalen (in dem sich einige gute Zeltmöglichkeiten finden) mit der Möglichkeit, von Wegpunkt 9 zum Høgronden aufzusteigen. Literarisch ist der Platz an den Mündungsarmen des vom Rondane-Gebirge herabfließenden Flusses Stormyldingi aus Henrik Ibsens Versdrama »Peer Gynt« bekannt: Die Titelfigur trifft in der 7. Szene des zweiten Akts auf den Troll Bøygen. Bei der Hängebrücke über den durch das Tal mäandrierenden Fluss Atna erinnert ein Bautastein mit der Inschrift »Her trefte Peer Gynt Bøygen« daran.

Von der **Stegbrücke** 2 über den südlichen Mündungsarm der Stormyldingi leiten die roten T-Markierungen durch rentierflechtenreichen Wald südwestwärts, der Westhang des im Hintergrund über den Bäumen aufragenden Musvolkampen bildet die Orientierungsmarke. Ein eindrucksvoller Blick auf die Berge beidseitig des Atndalen öffnet sich auf der Verebnung

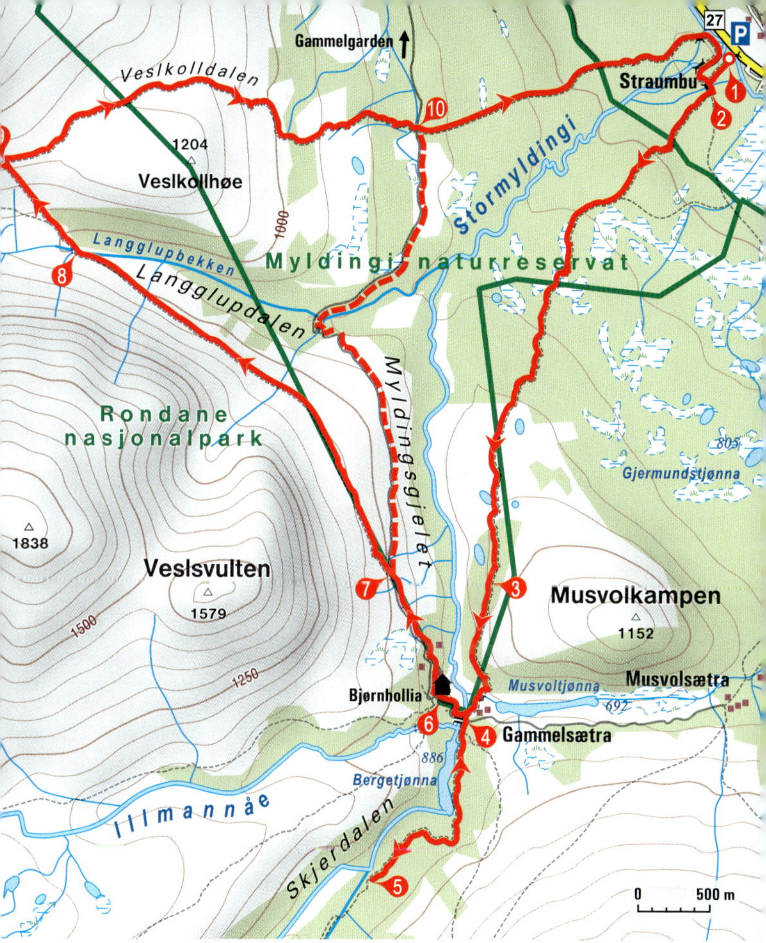

nach Überwinden der ersten Steilstufe. Im Wechsel aus Wald, kurzen Moorpassagen und flechtenbedecktem Aussichtsgelände gewinnt der Pfad den aussichtsreichen **Westhang des Musvolkampen** ❸ oberhalb der Schlucht Myldingsgjelet, senkt sich zur Alm Gammelsætra und zur Brücke über den Ausfluss des Sees Bergetjønna an der **Mündung des Flusses Illmannåe** ❹. Ohne die Brücke zu überschreiten wandern wir links am See Bergetjønna entlang in das artenreiche Tal **Skjerdalen** ❺. Wenn der Pfad auf Höhe einer von Norden her eingeschnittenen Seitenschlucht zu verwildern beginnt,

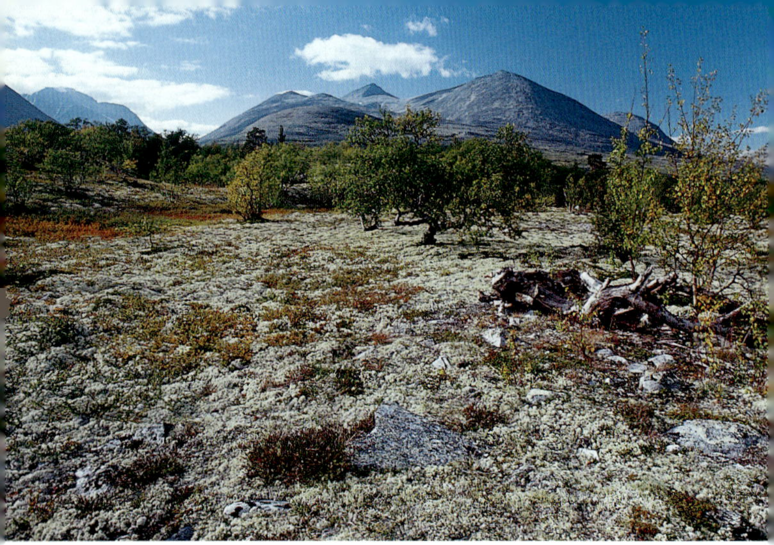

Aufblick im Myldingi-Naturreservat auf dem Pfad zur Herberge Bjørnhollia: Rondslottet links des Langglupdalen, rechts Midtronden, Høgronden (mittig im Hintergrund) und Storsvulten.

kehren wir zurück zur **Mündung der Illmannåe** ❹ und erreichen jenseits der Brücke die Herberge **Bjørnhollia** ❻, wo wir übernachten.

2. Tag: Bjørnhollia – Straumbu (6.00 Std., 360 m Aufstieg, 560 m Abstieg)

Am nächsten Tag führt der mit dem roten Touren-T markierte Rondanestien von der Herberge auf der für den öffentlichen Verkehr gesperrten Zufahrt oberhalb der Schlucht Myldingsgjelet durch den Hang des Veslsvulten. Wo das **Touren-T den Weg verlässt** ❼, besteht die Möglichkeit, auf dem nicht asphaltierten Transportweg zur Pfadkreuzung ❿ abzukürzen (Variante), während der Rondanestien links im Hang des Veslsvulten ins imposante **Langglupdalen** ❽ hinaufführt. An der Verzweigung kurz nach Überqueren des Langglupbekken zieht der Rondanestien talaufwärts davon, während wir den T-Markierungen Richtung Høgronden ein Stück hangaufwärts zum **Rückweg-Abzweig** ❾ folgen: Der Richtung Straumbu ausgeschilderte Pfad führt ostwärts durch das Veslkolldalen hinab zum **Transportweg** ❿ im Bergedalen und geradeaus zurück zur **Stegbrücke** ❷ im Stormyldingi-Mündungsdelta, wo nach Überschreiten der Atna-Hängebrücke der Ausgangspunkt **Straumbu** ❶ wieder erreicht ist. Am Hof Gammelgarden 2,7 km weiter nördlich zweigt der unasphaltierte Transportweg nach Bjørnhollia ab, der sich bestens fürs Mountainbike eignet.

↗ 1210 m | ↘ 1210 m | 20.8 km

9.15 h

TOP

Dørålseter – Høgronden 40

Gletschergarten und dritthöchster Rondane-Berg

Der Høgronden ist der dritthöchste Rondane-Gipfel. Von der Gletschergartenlandschaft bei Dørålseter geht es über eine aussichtsreiche Hochfläche, ehe im grobblockigen Terrain der Aufstieg beginnt. Ein eigenes Kurzausflugsziel ist die Toteistrichter-Landschaft Skranglehaugan.

Ausgangspunkt: Dørålseter, 1070 m, ehemalige Almsiedlung am Ende des Mautwegs Dørålsvegen im Süden der Gemeinde Dovre. Anfahrt auf der Fv 27, 11 km südlich von Folldal auf den mautpflichtigen Dørålsvegen abzweigen, der nach weiteren 13,5 km endet.
Anforderungen: Trittsicherheit, Kondition, Wetterkenntnis.
Unterkunft: Øvre Dørålseter, Herberge mit 100 Betten und Schlafplätzen im Selbstversorgertrakt. Nedre Dørålseter, Herberge mit 25 Betten. DNT-Mitglieder erhalten jeweils Rabatt.
Variante: Der grobblockige Grat Høgronden – Midtronden – Digerronden ist unmarkiert (12 Std., 25 km, 2100 Hm ab Dørålseter). Auf- und Abstieg nur Dørålseter – Digerronden 6–7 Std.
Karte: Turkart 1:50.000 Rondane Nord.

Dørålseter ❶ liegt am Oberlauf der Atna in der Gletschergartenlandschaft im Nordosten des Rondane-Nationalparks und besteht aus mehreren Hütten der zwei Beherbergungsbetriebe Nedre und Øvre Dørålseter. Vom Herbergsgelände führen die T-Markierungen Richtung Høgronden talaufwärts.

Der Høgronden, der dritthöchste Rondane-Gipfel, erhebt sich links, rechts daneben zeigen sich der doppelgipflige Midtronden und die Pyramide des Digerronden.

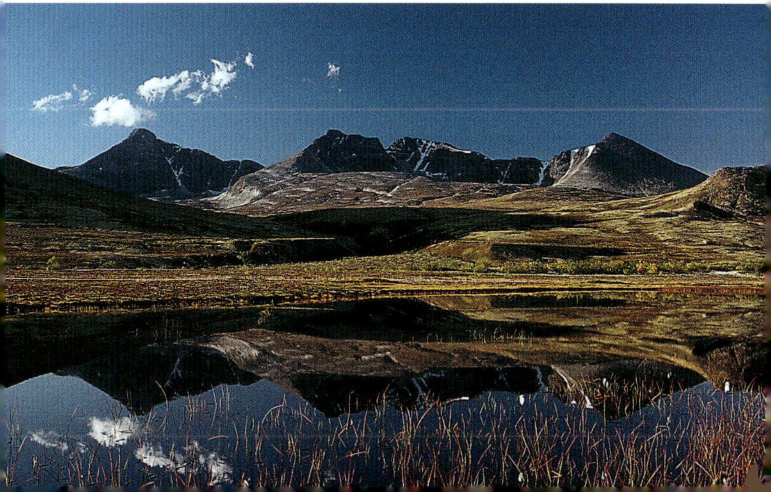

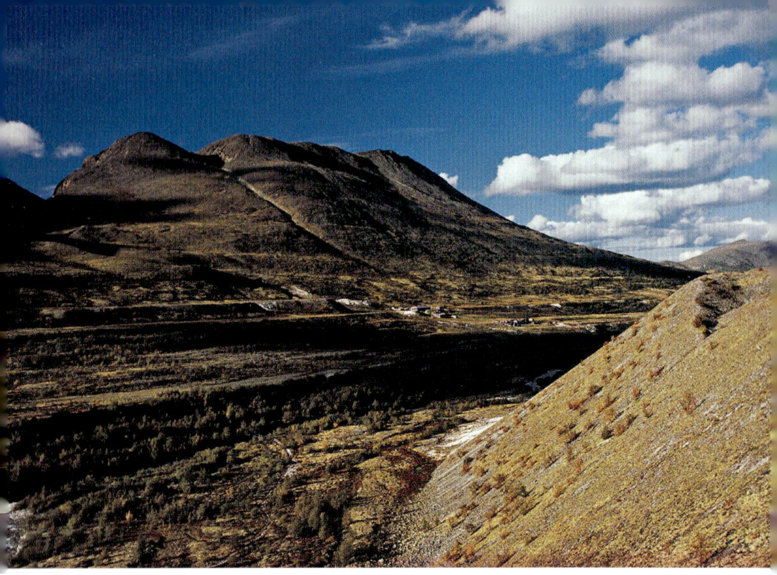

Blick auf Dørålseter und den Höhenzug Stygghøin.

Kurz nach Überqueren der Atna auf einer **Ganzjahresbrücke** ❷ zeigen die Høgronden-Wegweiser links auf einen Pfad, der steil die Moränenflanke hinaufsteigt und oben den östlichen Rand der Skranglehaugan erreicht, eine Toteistrichter-Landschaft mit bis zu 50 m tiefen, teils wassergefüllten Söllen.
Von der Höhe senkt sich der T-Pfad in das grüne Tal des Vidjedalsbekken und folgt dem Bach aufwärts. Im Süden steigt das Gelände zum Digerronden an, von dem der Variantenpfad herunterkommt, der auf knapp 1200 m in unseren Pfad einmündet. Wenn der Vidjedalsbekken südwärts in Richtung des Quellkars Vidjedalsbotn abwinkelt, geht es sacht ansteigend geradeaus zum See **Neverbutjønne** ❸, der im Sommer meist aus-

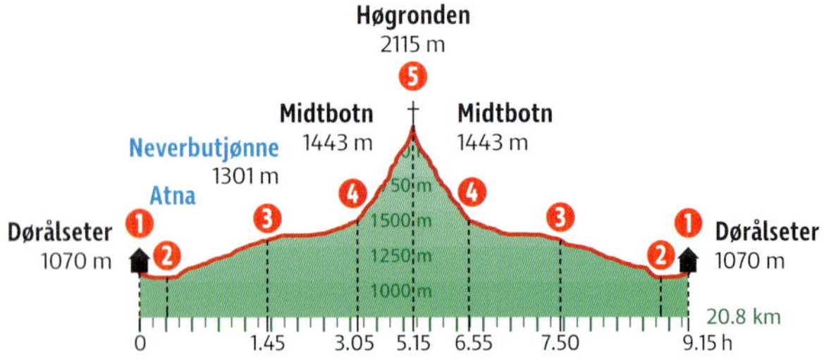

getrocknet ist. Vom See führt der Pfad mit weiter Aussicht über die sacht geneigte Hochfläche Vidjedalsflye. Nach und nach verschwinden selbst die Rentierflechten, steinig geht es zum Gletschersee im Kar **Midtbotn** ❹. Nach Durchschreiten des Ausflusses beginnt der grobblockige Aufstieg auf den **Høgronden** ❺. Bis zum Gipfel schweift der Blick ostwärts über die Landschaften des nördlichen Østerdalen, dann öffnet sich zusätzlich der imposante Blick über das schluchtartige Langglupdalen hinweg zum Rondslottet, dem höchsten Rondane-Gipfel. Auf dem Høgronden besteht die Möglichkeit, auf dem T-Pfad zur Herberge Bjørnhollia abzusteigen, doch da wir in **Døràlseter** ❶ parken, kehren wir auf derselben aussichtsreichen Route zurück zum Ausgangspunkt.

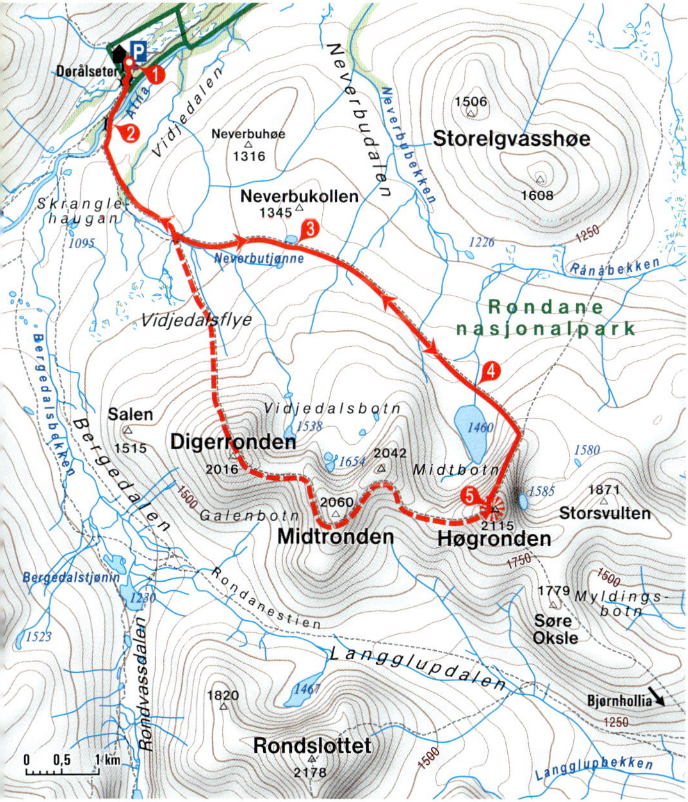

↗ 1550 m | ↘ 1550 m | 31.4 km

41 Dørålseter – Grimsdalshytta

2 Tage

Bizarre Felshöhen, grüne Almtäler

Durch die Fels- und Blocklandschaften der Schlucht Dørålsglupen im Norden des Rondane-Nationalparks schlängelt sich der Fernwanderweg Rondanestien ins fruchtbare Almtal Haverdalen und erreicht nach Überqueren der Gravhøe das Grimsdalen mit der Herberge Grimsdalshytta. Die anstrengende Tour ist eine Königsetappe des Rondanestien, der von der Grimsdalshytta zur Herberge Hageseter weiterführt (Tour 46).

Ausgangspunkt: Dørålseter, 1070 m, ehemalige Almsiedlung am Ende des Mautwegs Dørålsvegen im Süden der Gemeinde Dovre. Anfahrt auf der Fv 27, 11 km südlich von Folldal auf den mautpflichtigen Dørålsvegen abzweigen, der nach weiteren 13,5 km endet.
Anforderungen: Trittsicherheit und Kondition.

Unterkunft: Øvre Dørålseter, Herberge mit 100 Betten und Schlafplätzen im Selbstversorgertrakt. Nedre Dørålseter, Herberge mit 25 Betten. DNT-Mitglieder erhalten jeweils Rabatt. Grimsdalshytta, DNT-Herberge mit 54 Betten sowie einem verproviantierten Selbstversorgeranbau mit 12 Betten.
Karte: Turkart 1:50.000 Rondane Nord.

Der Name der »Grabhöhe« Gravhøe geht wohl auf die historischen Fangvorrichtungen für Rentiere zurück: Rentiergrab (reingrav) genannte Gruben wurden mit Zweigen bedeckt – trat ein Tier darauf, stürzte es hinab.

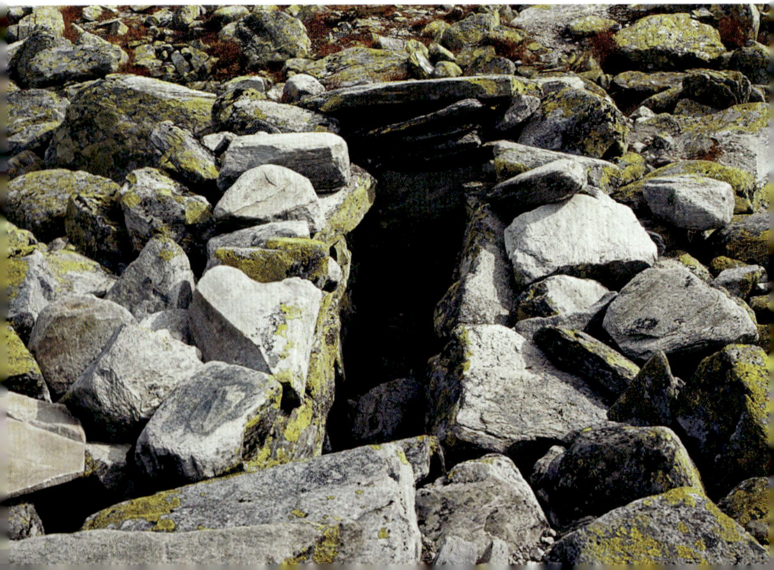

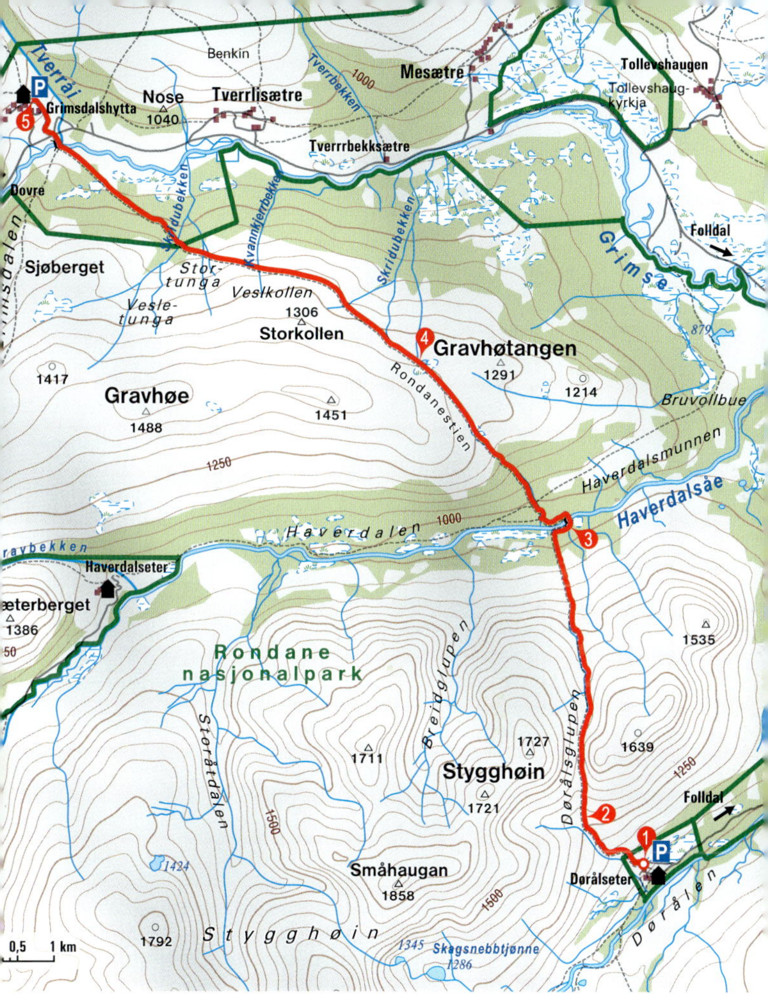

1. Tag: Dørålseter – Grimsdalshytta (7.15 Std., 740 m Anstieg und 810 m Abstieg)

Von der Herberge **Dørålseter** ❶ folgt der T-markierte Fernwanderweg Rondanestien einem Bachlauf steil und aussichtsreich nordwärts hinauf zum markanten Einschnitt **Dørålsglupen** ❷, an dessen Südrand sich ein beeindruckendes Rondane-Panorama bietet. Der Pfad folgt dem Einschnitt

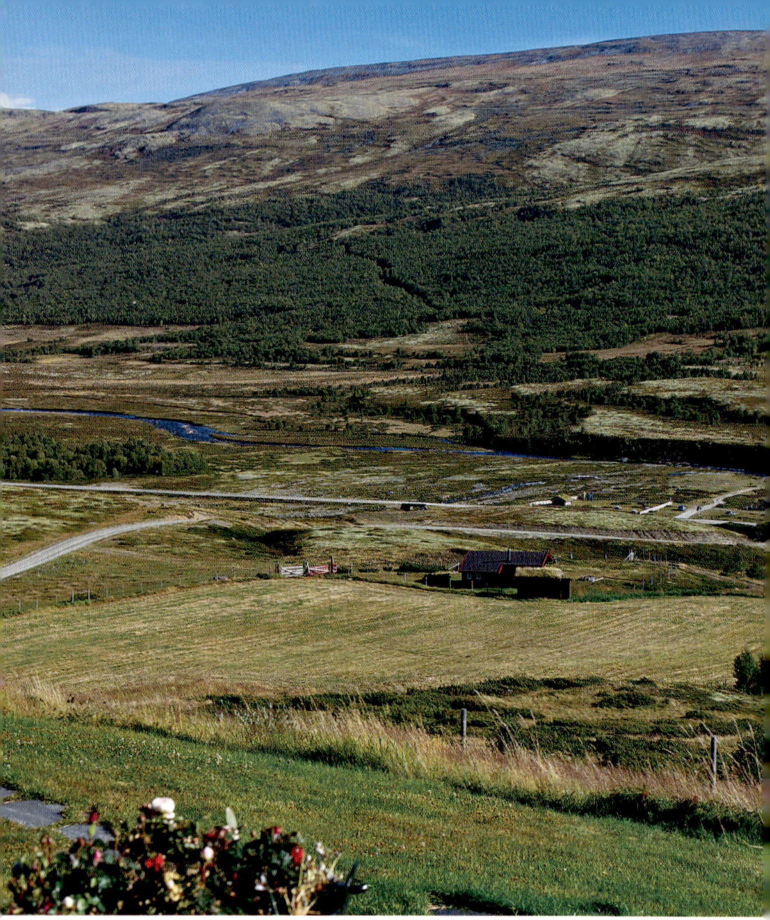

Blick von der Terrasse der Grimsdalshytta auf die Gravhøe: unten die Brücke über die Grimse, dahinter steigt der Pfad schräg links im Wald an, deutlich als Schneise erkennbar.

durch das Stygghøin-Massiv, die Hänge rechts und links richten sich zu Wänden auf, das Glucksen des Bachs unter den Felsblöcken kann zuweilen das einzige Geräusch sein. Nach Überqueren der Wasserscheide verliert der mit Steinplatten ausgelegte Pfad rasch wieder an Höhe. Am Nordausgang der Schlucht bietet sich ein hervorragendes Dovre-Panorama, dann führt der Steig hinab zur Hängebrücke über die **Haverdalsåe** 3 im fruchtbaren Haverdalen. Hier geht es kurz flussaufwärts in Richtung der Herberge Ha-

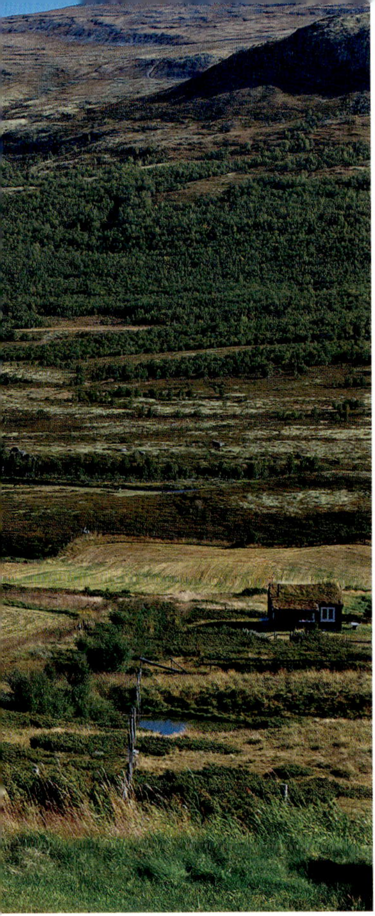

verdalseter, bis der Rondanestien rechts abzweigt und die mehrkuppige **Gravhøe** ❹ gewinnt, die ihren Namen – Grabhöhe – angeblich den Renfanggruben verdankt, die hier in vergangenen Jahrhunderten in großer Zahl angelegt wurden. Wo der Hang wieder steiler wird, senkt sich der Rondanestien ins Almtal Grimsdalen und erreicht nach Überqueren der Grimse-Brücke die Wandervereins-Herberge **Grimsdalshytta** ❺.

2. Tag: Grimsdalshytta – Døràlseter (8.00 Std., 810 m An- und 740 m Abstieg)
Folgt man dem Rondanestien nicht wie Tour 46 nordwärts durch den Nationalpark Dovre, wandert man von der **Grimsdalshytta** ❺ auf derselben Route zurück nach Dørålseter: hinab zur Brücke über den Fluss Grimse, dahinter schräg links über die Wiesen und durch den Wald hinauf auf die **Gravhøe** ❹. Nach dem Zwischenabstieg ins **Haverdalen** ❸ geht es wieder hinauf zur Schlucht **Dørålsglupen** ❷, wo sich das Rondane-Panorama öffnet und der Abstieg zum Herbergsgelände **Dørålseter** ❶ beginnt.

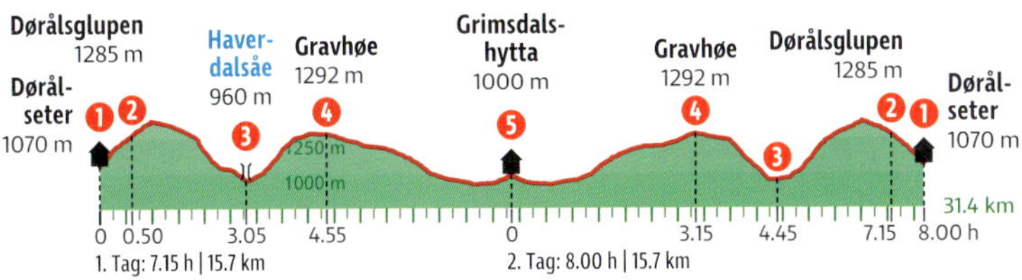

↗ 610 m | ↘ 610 m | 16.0 km

42 Hellberget – Hornsjøhøe – Sletthøe

5.15 h

Aussichtsberg im Nationalpark Rondane

Die Sletthøe ist eine sanfte Aussichtskuppe im Westen des Rondane-Nationalparks am T-markierten Wanderpfad zwischen der Herberge Haverdalseter und der Feriensiedlung Høvringen. Dank des hoch gelegenen Ausgangspunkts ist sie leicht erreichbar, der Pfad in der Flechtenlandschaft oberhalb der Baumgrenze bietet ab der Hornsjøhøe eine wundervolle Aussicht und führt zudem durch ein Gebiet, in dem häufig Rentiere zu beobachten sind.

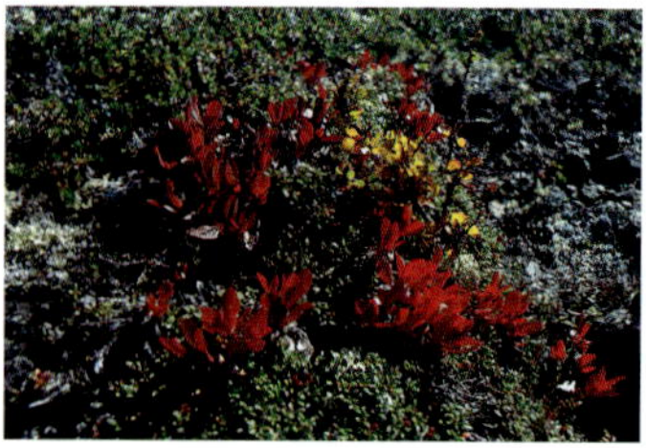

Herbstfarben im Fjell.

Ausgangspunkt: Hellberget, 1300 m, Parkmöglichkeit am Mautweg Haverdalsvegen in der Gemeinde Dovre. Von der E 6 nach Dovre abzweigen, dort auf der Straße 2656 kurz nordwärts fahren und dann rechts abzweigen Richtung Grimsdalen, an den nebeneinander liegenden Mautstellen Grimsdalsvegen/Haverdalsvegen rechts abzweigen auf den Haverdalsvegen.
Anforderungen: Trittsicherheit.
Karte: Turkart 1:50.000 Rondane Nord.

Der Ausgangspunkt **Hellberget ❶** am Storvassberget ist ein Schiefersteinbruch, der nur noch gelegentlich im Sommerhalbjahr betrieben wird, aber dafür verantwortlich ist, dass genau dieser Bereich aus dem Nationalpark und dem Landschaftsschutzgebiet Grimsdalen herausgenommen wurde. Abgebaut wird Dovreschiefer, der inselartig zu Tage tritt und zu Fliesen, Dachpfannen und Natursteinen für Trockenmauerwerk verarbeitet wird. Östlich des Steinbruchs quert der T-Pfad Richtung Høvringen die Straße und senkt sich südwärts ins Tal des **Skortbekken ❷**, der hier die Nationalparkgrenze bildet. Nach Durchqueren des Bachs auf Trittsteinen beginnt im Gegenhang der kurze, steilere Anstieg auf den weiten, flachen **Rücken der Hornsjøhøe ❸**, dem der aussichtsreiche Pfad oberhalb des Quellgebiets der Haverdalsåe in Richtung der Raudhamran folgt; die Rotfärbung

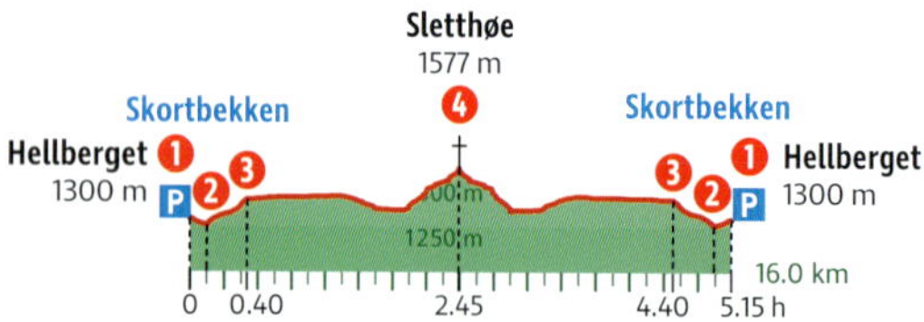

der Felsen ist auf Eiseneinschlüsse zurückzuführen. Der Blick fällt auf die Rondane-Zweitausender, während der Pfad mehrere Quellbäche der Haverdalsåe durchquert und sich schließlich relativ steil zum mächtigen Gipfelmal auf der **Sletthøe** ❹ hinaufschwingt. Die Aussicht umfasst außer den nahen Rondane-Bergen und dem See Furusjøen die fernen Jotunheimen-Gipfel im Südwesten sowie im Norden die höchsten Dovrefjell-Gipfel.
Auf derselben Route geht es zurück zum Ausgangspunkt am **Hellberget** ❶.

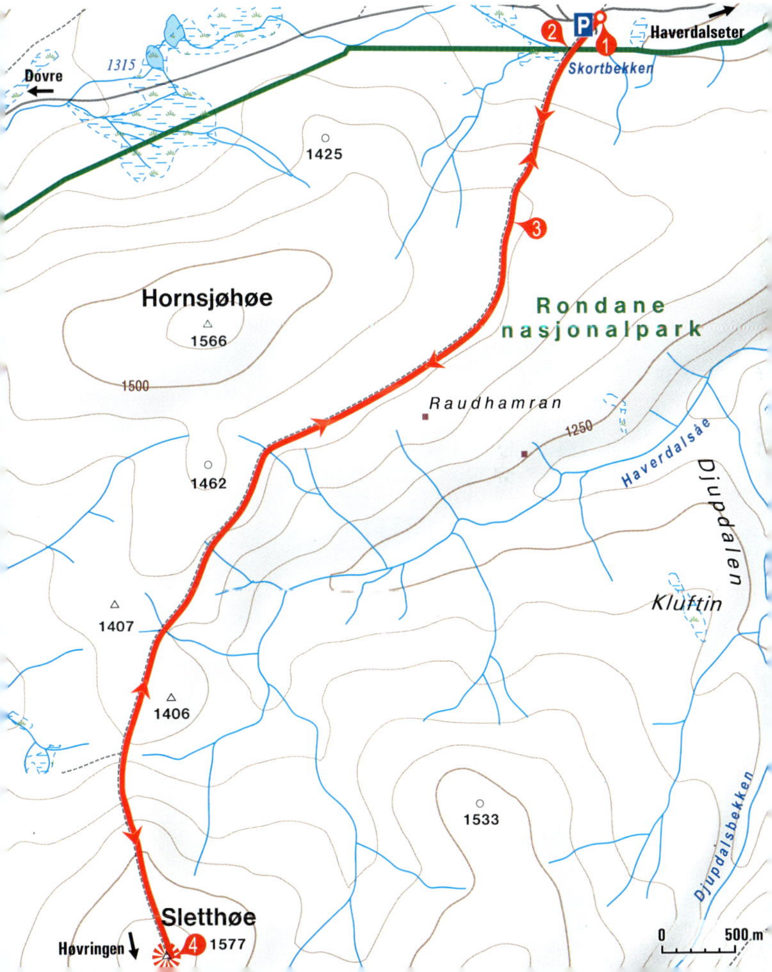

↗ 290 m | ↘ 290 m | 15.8 km

43 Haverdalseter – Storrvatnet

6.00 h

Seenreiche Hochfläche und artenreiche Wälder

Das Haverdalen wartet mit einer für Rondane-Verhältnisse üppigen Vegetation auf. Haverdalseter ist die einzige Alm, der größte Abschnitt des Tals gehört zum Nationalpark, westlich der Alm liegt der See Storrvatnet im Landschaftsschutzgebiet Grimsdalen. Die leichte Rundtour um den See besticht durch den Wechsel von Bergwäldern und aussichtsreichen Hochflächen.

Ausgangspunkt: Haverdalseter, 1040 m, am Haverdalsvegen in der Gemeinde Dovre. Von der E 6 nach Dovre abzweigen, dort auf der Straße 2656 kurz nordwärts fahren und dann rechts abzweigen Richtung Grimsdalen, an den nebeneinander liegenden Mautstellen Grimsdalsvegen/Haverdalsvegen rechts abzweigen und bis zum Ende des Haverdalsvegen fahren.
Anforderungen: Trittsicherheit.
Unterkunft: Haverdalseter, Herberge mit 44 Betten (Rabatt für DNT-Mitglieder).
Karte: Turkart 1:50.000 Rondane Nord.

Seit drei Jahrhunderten werden auf der Alm **Haverdalseter** ❶ sechs bis acht Kühe gehalten, die die Zutaten für hausgemachte Milchprodukte liefern. Vom Rentierreichtum der Umgebung zeugen historische Fanganlagen ebenso wie der Name der Alm: Bocktalalm. 1962 öffnete die traditionsreiche Alm ihre Pforten für Wanderer und Jäger.

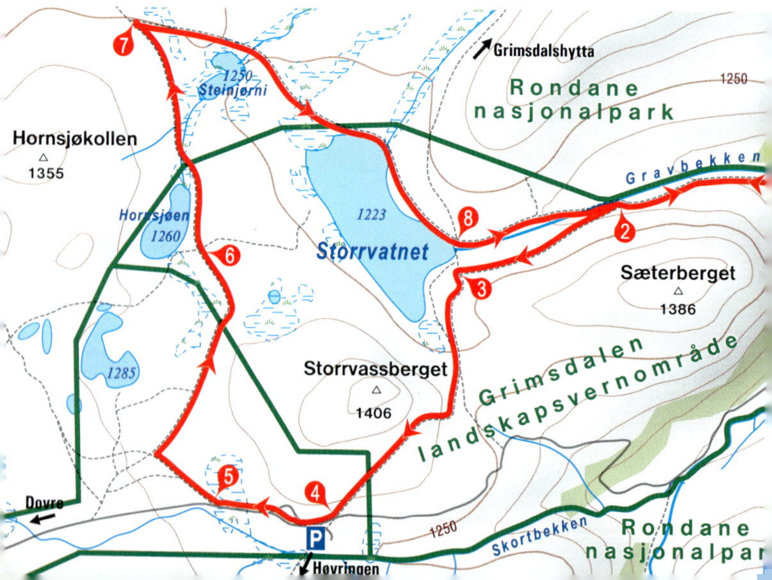

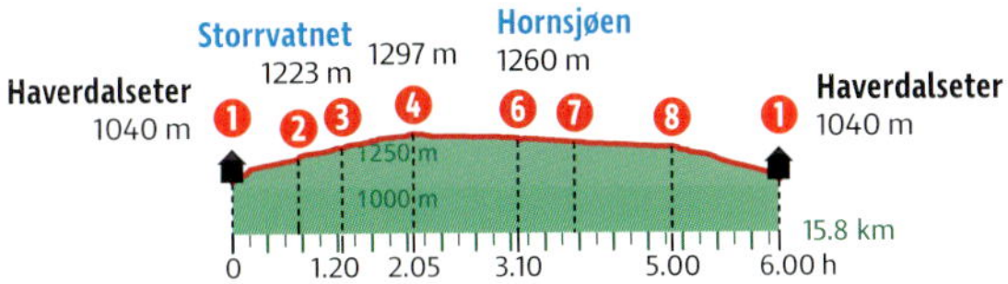

Der mit dem roten Touren-T markierte Wanderpfad Richtung Grimsdalshytta führt westwärts hinauf ins Gravdalen, das seinen Namen ebenso wie die nördlich aufragende Gravhøe den Renfang-»Gräbern« der Umgebung schuldet. Eine der historischen Fanggruben liegt direkt am Pfad, nahe der Stelle, an der sich der **Pfad** ❷ gabelt: Während der Pfad Richtung Grimsdalshytta hier den Bach Gravbekken überquert, folgen wir dem Pfad diesseits des Bachs hinauf zum See **Storrvatnet** ❸, wo der Pfad in die Wanderroute von Høvringen zur Grimsdalshytta mündet. Schon hier ist das Gelände weit und aussichtsreich, zahlreiche Plätze laden zur Rast ein. Mit bald bestechender Rondane-Aussicht führt der Pfad Richtung Høvringen links im Hang des Storrvassberget hinauf und trifft dann auf die **Haverdalseter-Zufahrt** ❹, der wir rechts am Steinbruch vorbei folgen, bis gegenüber eines Stichwegs schräg rechts ein **Pfad abzweigt** ❺, der mit weitem Blick zur **Pfadkreuzung** ❻ am See Hornsjøen hinabführt. In dem aussichtsreichen Rentierflechtengelände, das auch gern zum Zelten aufgesucht wird, hat sich eine Vielzahl von Pfaden ausgebildet, sodass sich die Wanderung vielfach variieren lässt. Am Ostufer des Hornsjøen geht es nordwärts und nach Durchqueren des Seeausflusses im Hang des Hornsjøkollen am See Steintjørni vorbei, bis auf der **Verebnung** ❼ im Norden des Hornsjøkollen ein beschilderter Pfad rechts Richtung Haverdalseter abzweigt und durch das weite Hochland sowie an den Seen Steintjørni und Storrvatnet entlang zur **Kreuzung** ❽ mit dem T-Pfad Grimsdalshytta – Høvringen führt. Hier geht es geradeaus und durch das Gravdalen zurück zum Ausgangspunkt an der Alm **Haverdalseter** ❶.

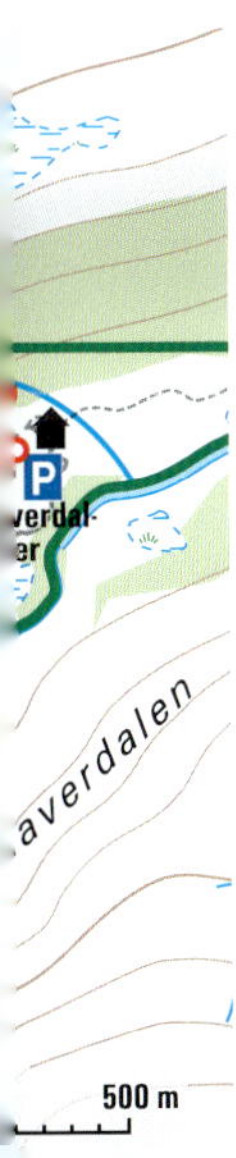

Kleine Seen und Rentierflechtenhänge prägen das Gelände.

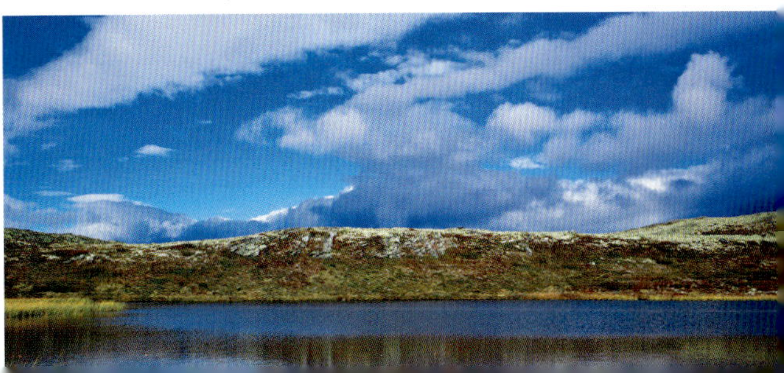

↗ 120 m | ↘ 120 m | 3.5 km

44 Tollevshaugen – Nedre Paradis

1.30 h

Paradiesrunde am Tollevshaugen im Grimsdalen

An den bis zu 300 Jahre alten Gebäuden der paradiesisch ruhig gelegenen Alm Tollevshaugen beginnt der Kultur- und Natursteig Paradisrunda, der einmalige Ausblicke auf das nordöstliche Rondane-Gipfelquartett bietet.

Ausgangspunkt: Tollevshaugen, 993 m, Parkplatz an der gleichnamigen Alm in der Gemeinde Dovre. Anfahrt auf dem Mautweg Grimsdalsvegen, der bei Folldal von der Fv 27 (Landschaftsroute Rondane) abzweigt und Richtung Dovre an der E 6 führt.
Anforderungen: Beschilderter Pfad, bei feuchter Witterung morastig.
Variante: Abstecher auf den Panoramaberg Streitkampen.
Karte: Turkart 1:50.000 Rondane Nord.
Tipp: Am Ausgangspunkt beginnt auch der 8 km lange Montanlehrpfad Gruvelistien; er besteht aus zwei Schleifen und kann auf 5,5 km abgekürzt werden.

Tollevshaugen ❶ ist eine teils freilichtmuseale, teils bewirtschaftete Alm, die aus elf restaurierten Einzelalmen besteht. Der Wanderweg beginnt an der Alm Bergsengsæter, an der maximal drei Autos parken können, oder an einem kleinen Parkplatz weiter unten an der Zufahrt. Bergsengsæter besteht aus sieben restaurierten Holzhütten, die älteste stammt aus dem Jahr 1793; in diesen Häuschen kann man übernachten. Mitte Juli findet auf

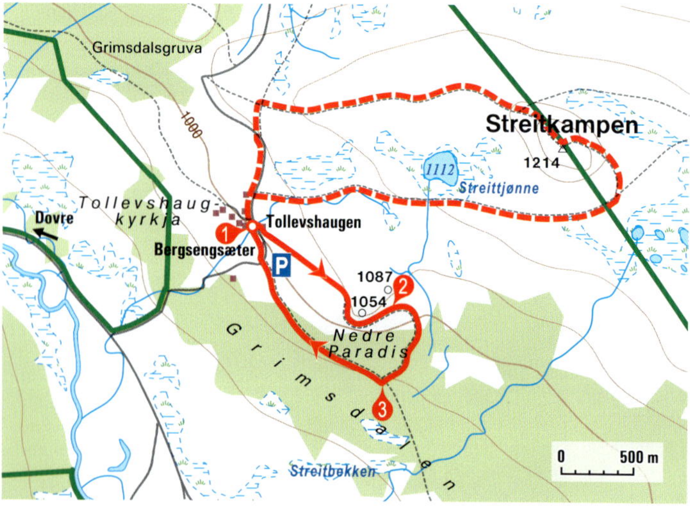

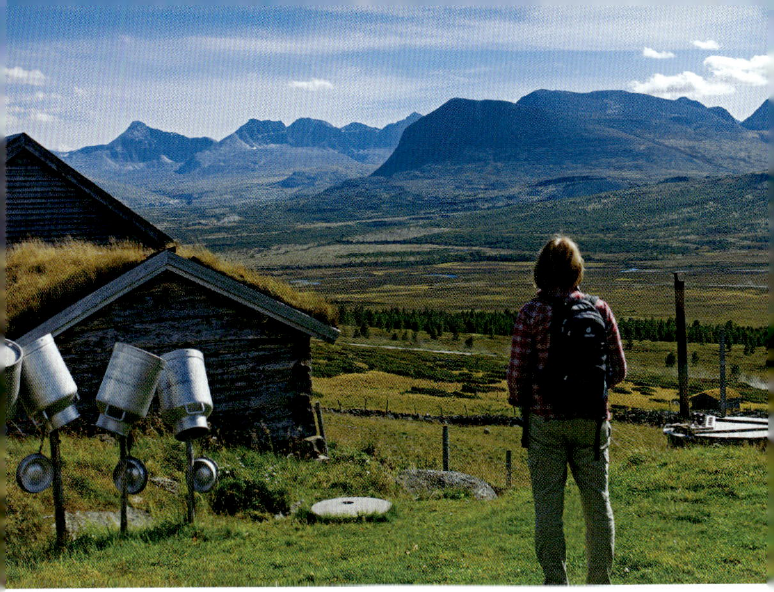

Auf der Alm Bergsengsæter wird die Milch der Tiere zu Rømme, Käse und Butter veredelt; es gibt einen kleinen Hofladen und man kann etwas zu trinken kaufen, bevor man nach der Wanderung zum erfrischenden Bad in der Grimse aufbricht.

der Alm die traditionelle Almmesse statt, ein Freilichtgottesdienst mit Blick auf die Rondane-Gipfel; die setermesse wurde früher wenige Gehminuten weiter westlich auf der Kuppe Kyrkja (»die Kirche«) veranstaltet, in der Karte »Tollevshaugkyrkja« genannt. Das »Paradisrunda«-Wanderschild zeigt ostwärts, ein Lattenweg überquert einen Bach, und nach Öffnen und Schließen eines Weidegattertors beginnt ein Panoramaspaziergang wie im Paradies; Hauptblickfang sind die Rondane-Zweitausender Høgronden, Midtronden Ost und West sowie der Digerronden. Vor dem Hügel Øvre Paradis senkt sich der Pfad schräg rechts in die Senke **Nedre Paradis** 2, führt oberhalb der Baumgrenze kurz geradeaus weiter und leitet dann im Wald rechts hinab; als die Alm bis in die 1950er-Jahre in Betrieb war, verbissen mehr als 100 Ziegen die angeflogenen Bäume, seither haben sich die Fjellbirken waldartig vermehrt. An der Informationstafel **Stakstosæter** 3 mündet der Lehrpfad in den historischen Hauptweg der Alm und folgt ihm rechts zurück zur Alm **Tollevshaugen** 1, das letzte Stück auf der Zufahrt.

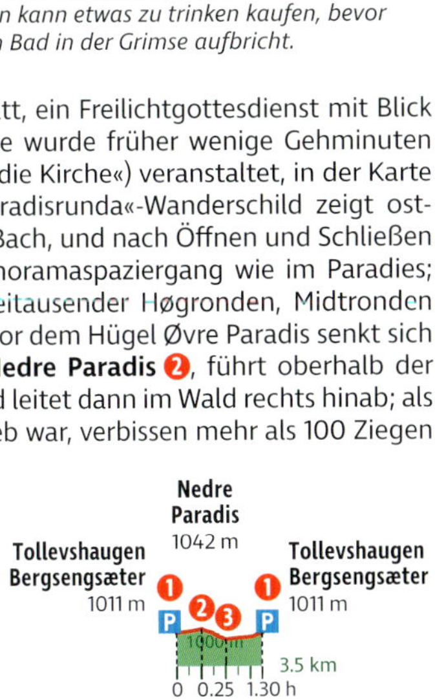

↗ 490 m | ↘ 490 m | 13.5 km

6.45 h

45 Nysætrin – Pikhetta

Aussichtsberg im Nationalpark Dovre

Die Pikhetta ist ein relativ leicht erreichbarer Aussichtsberg mit Blick auf die Rondane-Zweitausender, die höchsten Höhen des Dovrefjells und das Bergland im Grenzgebiet zu Schweden. Unterwegs lohnt der Abstecher in die vogelreiche Schlucht Glupen.

Ausgangspunkt: Nysætrin, 1015 m, Parkplatz an der gleichnamigen Alm in der Gemeinde Folldal. Anfahrt auf der Fv 29 von Hjerkinn Richtung Folldal und gut 13 km bis zum Reit- und Ferienhof Sletten Fjellgard fahren. Kurz danach rechts auf den Nysætervegen (Mautweg) Richtung Nysætrin abzweigen.
Anforderungen: Bergwanderung auf ausgeschildertem Pfad, der bei feuchter Witterung nur langsam zu begehen ist.
Karte: Turkart 1:50.000 Rondane Nord.

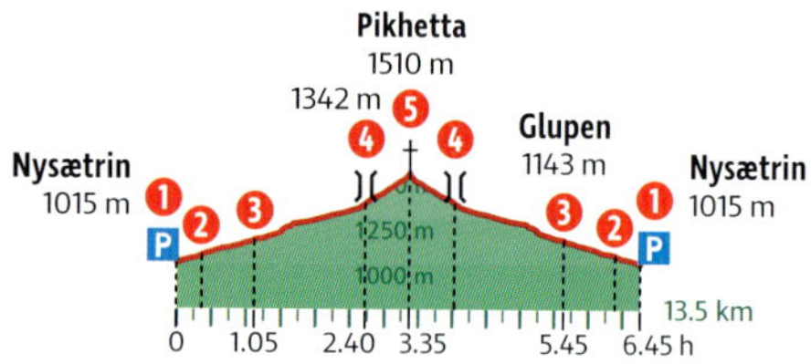

Der Wanderparkplatz und die wenigen Almhütten von **Nysætrin** ❶ liegen aussichtsreich oberhalb der Baumgrenze am Nordostrand des Nationalparks Dovre am T-markierten Pfad vom Reit- und Naturferienhof Sletten Fjellgard zur DNT-Herberge Grimsdalshytta. Die roten T-Markierungen, die dem Anfahrtsweg auf dem letzten Stück folgen, bleiben ab dem Parkplatz außer Acht, der Richtung Pikhetta beschilderte Wanderpfad leitet im Hang der Hovda westwärts hinauf, tritt in den Nationalpark ein und mündet in einen **quer verlaufenden Pfad** ❷, der links in anfangs stark moorigem Gelände aufwärts führt, während der Blick nordwärts zur Snøhetta fällt, dem höchsten Dovrefjell-Gipfel. Neben den Mooren prägen teppichweiche Flechten und Zwergsträucher das Gelände. Bald öffnet sich rechts un-

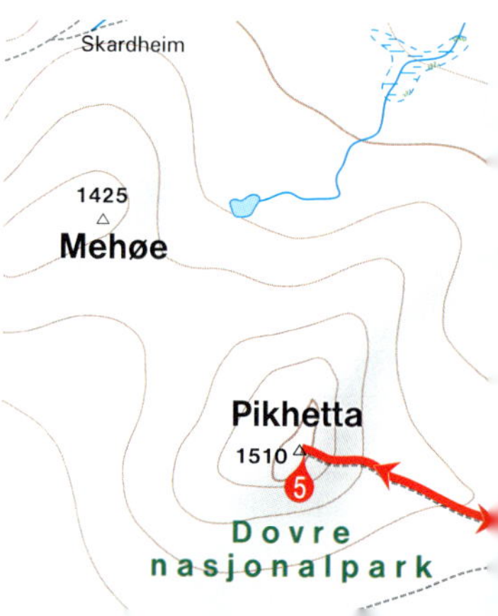

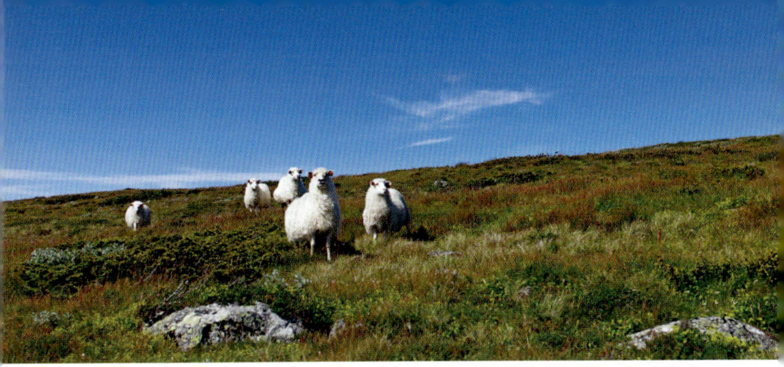

Zwei Millionen Bergschafe weiden in Norwegen, wie hier an der Hovda, den Sommer über im Freien und bestaunen neugierig jeden Wanderer.

terhalb der Felshöhe Kyrkja die auch als Tverrgjelet bezeichnete Schlucht **Glupen** ❸. Sie ist als Raubvogelrefugium und für ihre artenreiche Vogelwelt bekannt. Im weiteren Verlauf passiert der mäßig ansteigende Pfad eine Holzhütte und mehrere Verzweigungen und führt dann durch den Nordhang des Felskopfs Veslkollen, der rechts durch einen **Pass** ❹ mit der nahen **Pikhetta** ❺ verbunden ist. Das Gipfelmal ist nach kurzem steilerem Aufstieg erreicht; oben bietet sich Aussicht in alle Himmelsrichtungen, von der vergletscherten Snøhetta im Norden bis zu den Rondane-Zweitausendern im Süden.

Der Rückweg zum Ausgangspunkt **Nysætrin** ❶ folgt derselben Route – eventuell mit einem Abstecher in die Schlucht Glupen.

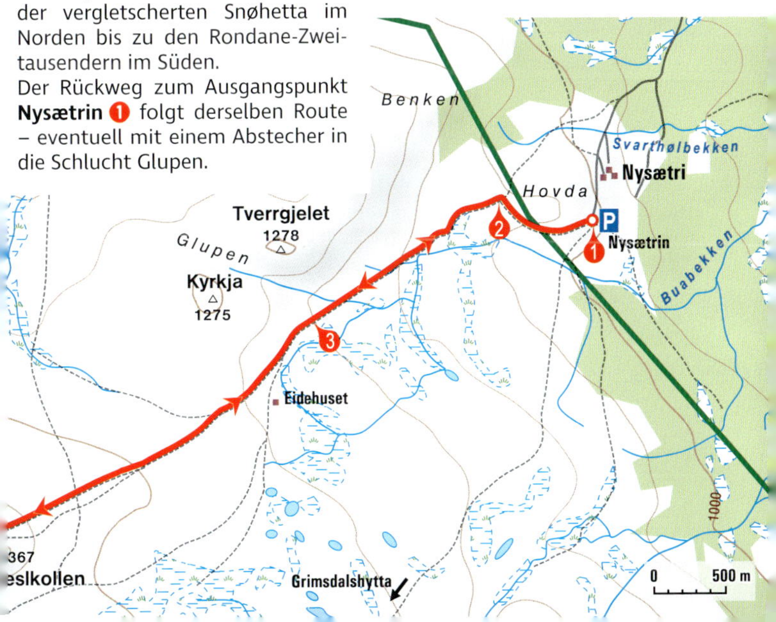

↗ 1020 m | ↘ 1020 m | 33.1 km

46 Grimsdalshytta – Hageseter

2 Tage

Hüttentour im Nationalpark Dovre

Die zweimalige Durchquerung des Nationalparks Dovre ist eine Traumtour. Auf dem Weg nach Norden gibt der Fernwanderweg Rondanestien die Route vor, der Rückweg ist mit Steinmännchen markiert. Die arktische Kuppenlandschaft beheimatet ungeachtet der Permafrostböden ein reiches Pflanzenleben. Bei gutem Wetter kann man die Tour mit der Snøhetta-Ersteigung (Tour 51) kombinieren: Von Hageseter fährt der Shuttlebus nach dem Frühstück via Hjerkinn nach Snøheim.

Ausgangspunkt: Grimsdalshytta, 1000 m, im Osten der Gemeinde Dovre. Anfahrt auf dem Mautweg Grimsdalsvegen, der über das Fjell Dovre bzw. Folldal verbindet.
Anforderungen: Kondition, Trittsicherheit, Orientierungssinn.
Unterkunft: Grimsdalshytta, DNT-Herberge mit 54 Betten und Selbstversorgeranbau mit 12 Betten. Hageseter Turisthytte, Herberge mit 70 Betten und Campingplatz.
Karten: Turkart 1:50.000 Rondane Nord.
Tipp: Die Kattuglehøe ist von Westen her einfach zu besteigen; der Aufstieg von der Grimsdalshytta aus dauert etwa 2 Std.

1. Tag: Grimsdalshytta – Hageseter (5.45 Std., 380 m An- und 460 m Abstieg)

An der DNT-Herberge **Grimsdalshytta** ❶ beginnt die letzte Etappe des Rondanestien; wer dem Fernwanderweg bis zum Ziel, dem Bahnhof Hjerkinn an der Dovrebahn, weiterfolgen will, hat ab der Herberge Hageseter noch knapp vier nahezu steigungsfreie Kilometer vor sich bzw. kann von Hageseter derzeit um 8.10 Uhr mit dem Shuttlebus zum Bahnhof Hjerkinn und weiter nach Snøheim fahren, um die Snøhetta zu ersteigen; der Skyttelbus fährt abends zurück nach Hageseter, wo er derzeit um 20.25 Uhr eintrifft. Die Grimsdalshytta liegt inmitten grüner Almen an der Südgrenze des Nationalparks Dovre oberhalb der Einmündung des Flusses Tverrâi in die Grimse. Die Herberge genießt den Ruf, familienfreundlich zu sein;

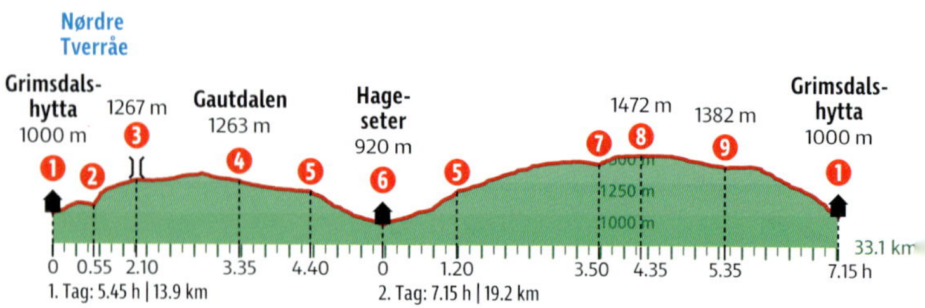

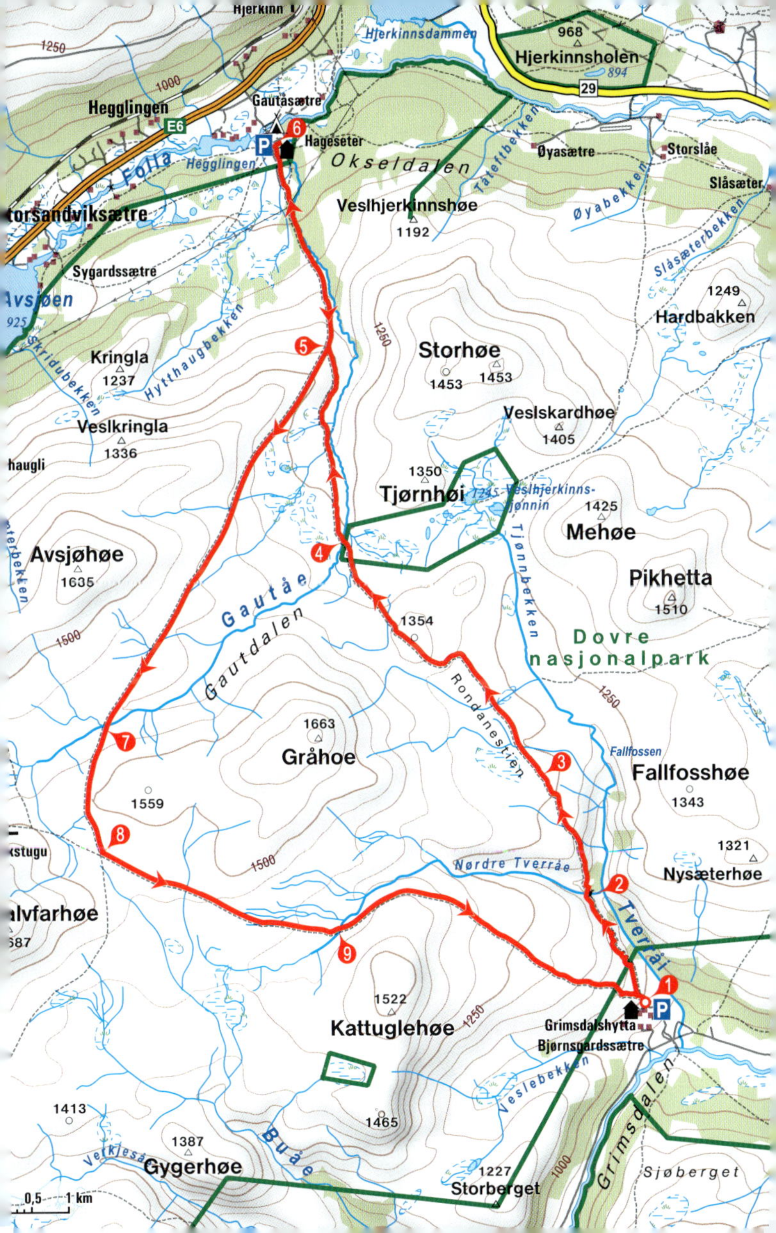

Hjerkinn
Hjerkinnsdammen
968
Hjerkinnsholen
894
29
1250
1000
Hegglingen
E6
Gautåsætre
Hageseter
Folla
Hegglingen
Okseldalen
Øyasætre
Storslåe
Slåsæter
Tåteftbekken
Øyabekken
Slåsæterbekken
Veslhjerkinnshøe
1192
Storsandviksætre
Sygardssætre
Avsjøen
925
Skridubekken
Hytthaugbekken
Kringla
1237
1249
Hardbakken
Storhøe
1453
1453
Veslkringla
1336
Veslskardhøe
1405
1350
Tjørnhøi
1245
Veslhjerkinns-tjønnin
1425
Mehøe
Avsjøhøe
1635
Gautåe
Pikhetta
1510
1354
Tjønnbekken
Gautdalen
Dovre nasjonalpark
1500
Rondanestien
1663
Gråhoe
Fallfossen
Fallfosshøe
1559
1343
1321
Nysæterhøe
Nordre Tverråe
Tverråi
Kattuglehøe
1522
Grimsdalshytta
Bjørnsgardssætre
Veslebekken
Grimsdalen
1413
1465
1387
Verkjesåe
Gygerhøe
Buåe
1227
Storberget
Sjøberget
0,5
1 km

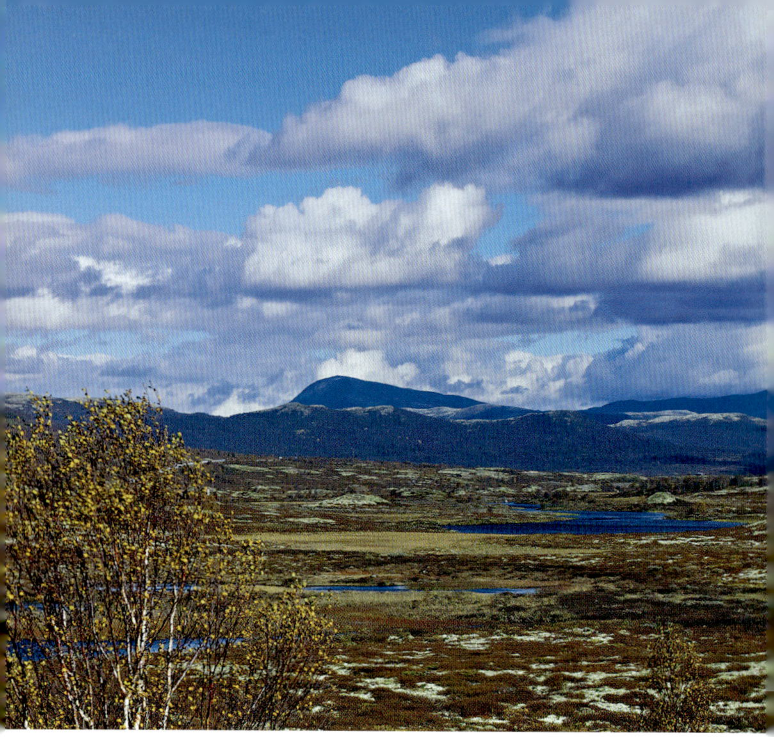

Die Herberge Hageseter liegt im weiten oberen Folla-Tal.

zugleich ist sie ein beliebtes Standquartier bei Mountainbike-Touren auf dem Grimsdalsvegen. Der Artenreichtum der Umgebung macht sie zum Ausgangspunkt für Blumenfreunde mit Botanisiertrommel.

Die Wanderpfade beginnen direkt vor dem Eingang der Herberge: Schräg links ist der Pfad Richtung Fokstugu/Furuhaugli ausgeschildert, geradeaus geht es Richtung Hageseter. Die T-Markierungen leiten im Westhang des Tverrådalen aufwärts. Ab der Nationalparkgrenze geht es vorübergehend durch relativ ebenes Gelände, ehe nach Überqueren des durch eine Schlucht tosenden Zuflusses **Nørdre Tverråe** ❷ auf einer Sommerbrücke der anfangs steile Anstieg zur aussichtsreichen **Passhöhe** ❸ zwischen den markanten Kuppen Pikhetta und Gråhøe beginnt. Hinter der Passhöhe überquert der Pfad einen Bach und senkt sich ins **Gautdalen** ❹ an der Grenze des als Naturschutzgebiets ausgewiesenen Feuchtgebiets Veslhjerkinnstjønnin mit zwei größeren und mehreren kleinen Seen inmitten eines angesichts der Höhenlage artenreichen Moorlandes, das einen wichtigen

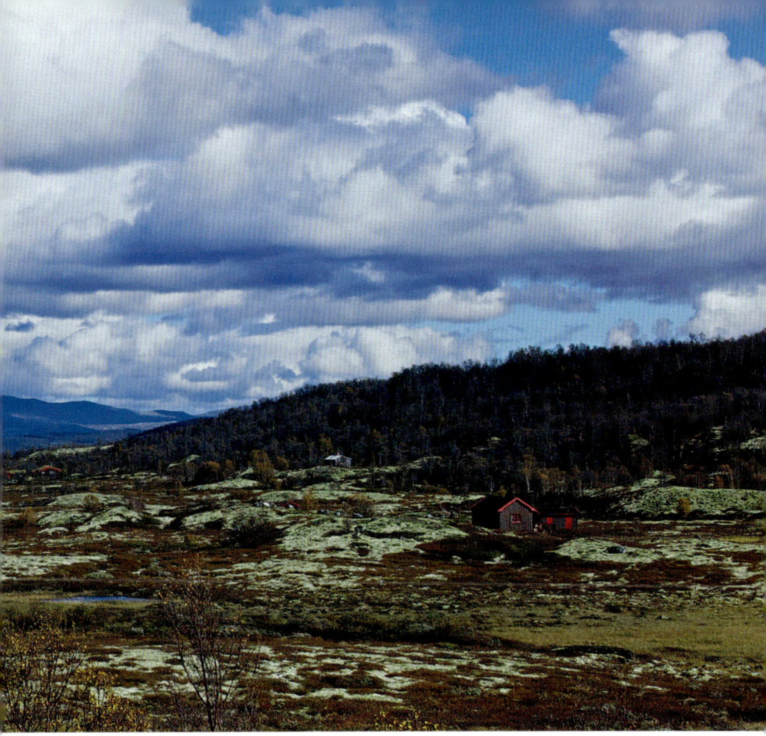

Nistplatz für Enten und Watvögel darstellt; Teile des Feuchtgebiets sind ein Permafrostmoor, das auch im Sommer von gefrorenem Boden unterlagert ist. Nach Durchqueren der Gautåe folgt der Rondanestien dem Tal abwärts, nimmt den mit Steinmännchen markierten **Gautstigen 5** – den ältesten bekannten Weg durch den Nationalpark Dovre – auf und senkt sich zur Herberge **Hageseter 6** nahe der Mündung der Gautåe in die Folla.

2. Tag: Hageseter – Grimsdalshytta (7.15 Std., 640 m An-, 560 m Abstieg)
Der Rückweg von der **Herberge Hageseter 6** zur Grimsdalshytta folgt derselben Route zur **Abzweigung des Gautstigen 5**. Der Gautstigen führt mit immer weiterem Ausblick ins **obere Gautdalen 7** und erreicht im Sattel zwischen Gråhøe und Halvfarhøe die **Pfadkreuzung 8** Fokstugu/Furuhaugli/Grimsdalshytta. Der Pfad Richtung Grimsdalshytta senkt sich mit exzellentem Rondane-Panorama in den Hang der aussichtsreichen **Kattuglehøe 9**. Im Linksbogen geht es durch den Hang des Bergstocks und hinab zum Ausgangspunkt an der **Grimsdalshytta 1**.

↗ 440 m | ↘ 440 m | 10.9 km

3.40 h

47 Hjelle Seter – Hardbakken

Höchste Höhe am Königs- und Pilgerweg

Der Hardbakken im Nationalpark Dovre rundet sich an der höchsten Stelle des Königs- und Pilgerwegs, der von Oslo durch das Gudbrandsdalen bis nach Trondheim führt. Der Berg bietet eine Rundschau auf die Gipfel von Jotunheimen, Rondane, Romsdalen und Reinheimen sowie auf die Snøhetta im Dovrefjell.

Ausgangspunkt: Hjelle Seter, 910 m, Parkplatz Hondyrju an der E 6, 6 km nordöstlich von Dombås in der Gemeinde Dovre.
Anforderungen: Mit Ausnahme des steilen Anstiegs am Anfang eher leichte Pfade und Wege.
Unterkunft: Hjelle Seter, Herberge mit Hüttengelände.
Karte: Turkart 1:50.000 Rondane Nord.

Vom **Parkplatz Hondyrju** ❶ an der E 6 führt die Zufahrt hinauf zur **Hjelle Fjellstue** ❷. Am Weg hinter der oberen Grundstücksumzäunung zeigt das Wanderschild »Kongevegen« links und sofort rechts. Der Weg führt in aussichtsreichem Gelände bergwärts, unterquert eine Stromleitung und hält am Rand eines Moores auf eine **Landwirtschaftsfläche** ❸ zu; hier zweigen wir links auf den Wanderpfad Richtung Pilegrimsleia ab. Nach Unterqueren einer weiteren Stromleitung gewinnt der Pfad rascher an Höhe, tritt in den **Nationalpark Dovre** ❹ ein und erreicht den **Königs- und Pilgerweg** ❺.

Der Gudbrandsdalsleden (Olavsweg) ist mit einem Kreuz im skandinavischen Sehenswürdigkeiten-Zeichen markiert; Trondheim hieß zu König Olavs Zeiten Nidaros.

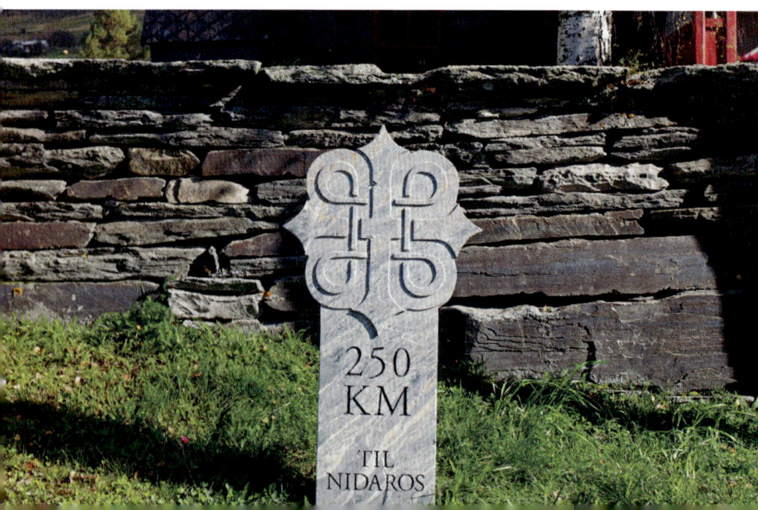

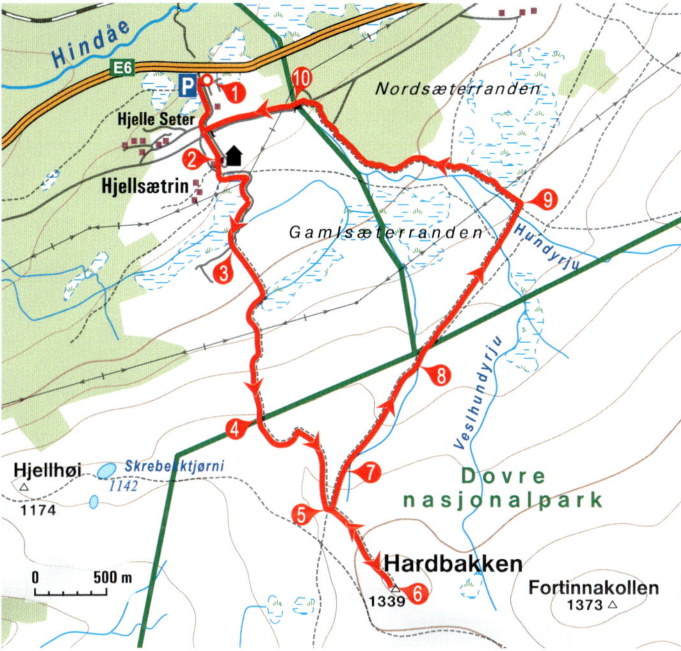

Hier beginnt der Aufstieg auf den **Hardbakken** 6, der eine fantastische Aussicht in alle Himmelsrichtungen bietet; das Gipfelbuch befindet sich in einer Box.

Vom Gipfel geht es zurück zum **Pilgerweg** 5, der rechts weiterführt und bald den **Allmannrøysa** 7 genannten Steinhaufen erreicht; über Jahrhunderte haben Pilger hier Steine niedergelegt. Aussichtsreich senkt sich der Weg in einem Bachtal Richtung Fokstugu, überquert den Bach **Gamlsæterbekken** 8 und wenig später die Bäche Veslhundyrju und Hundyrju. An der **Pfadkreuzung** 9 verlassen wir den Königs- und Pilgerweg und folgen der Hundyrju flussabwärts unter der Stromleitung hindurch zur ersten **Brücke** 10. Hier führt ein Wirtschaftsweg links über den Bach und zurück Richtung Hjelle Seter; er mündet in die Zufahrt, die rechts zurück zum Ausgangspunkt, dem Parkplatz **Hondyrju** 1 an der E 6, leitet.

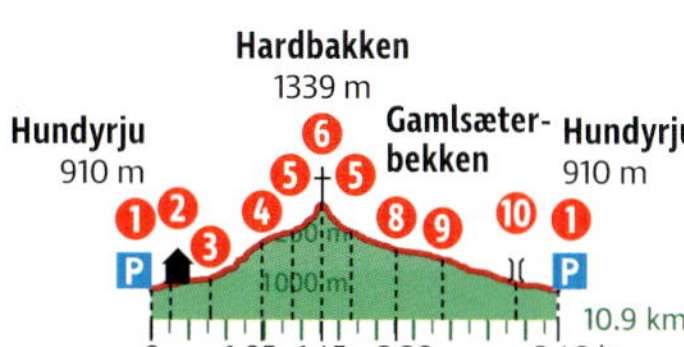

TOP

48 Fokstugu – Fokstumyra

↗ 60 m | ↘ 60 m | 7.0 km
2.10 h

Naturlehrpfad durch Norwegens berühmtestes Moor

Fokstumyra in der weiten Senke im Quellgebiet der Folla ist Norwegens berühmtestes Moor. Ein Lehrpfad erschließt das eindrucksvolle Naturreservat, das unter Ornithologen international bekannt und zudem ein idealer Lebensraum für seltene Orchideen ist.

Ausgangspunkt: Fokstugu, 954 m, Parkplatz am ehemaligen Bahnhof Fokstua stasjon in der Gemeinde Dovre. Anfahrt auf der E 6, ca. 11 km nordöstlich von Dombås nach Fokstumyra abzweigen.
Anforderungen: Der Bohlenweg im Moor kann bei Nässe rutschig sein und erfordert Balancierfähigkeit, da er passagenweise nur zwei Schuh schmal ist.

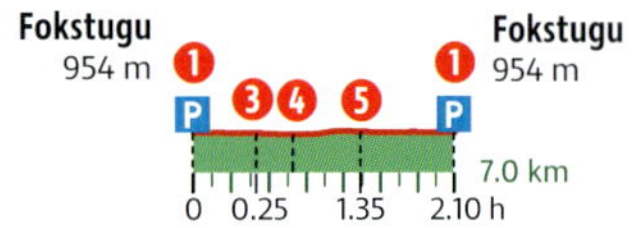

Karte: Naturlehrpfad-Übersichtskarte vor Ort, sowie Turkart 1:100.000 Dovrefjell vest.

Die Zufahrt von der E 6 zum ausgeschilderten Parkplatz erfolgt an der Fokstugu Fjellstue, einem Schafzuchtbetrieb mit Hüttenvermietung und Gästezimmern (Gemeinschaftsküche). Die Herberge liegt am Pilgerweg nach Trondheim, die erste Unterkunft für Pilger an dieser Stelle ließ König Eystein I. Magnusson im frühen 12. Jh. errichten. Im 19. Jh. entstanden die heutigen Hauptgebäude als Hochgebirgshotel im Schweizerstil. Von

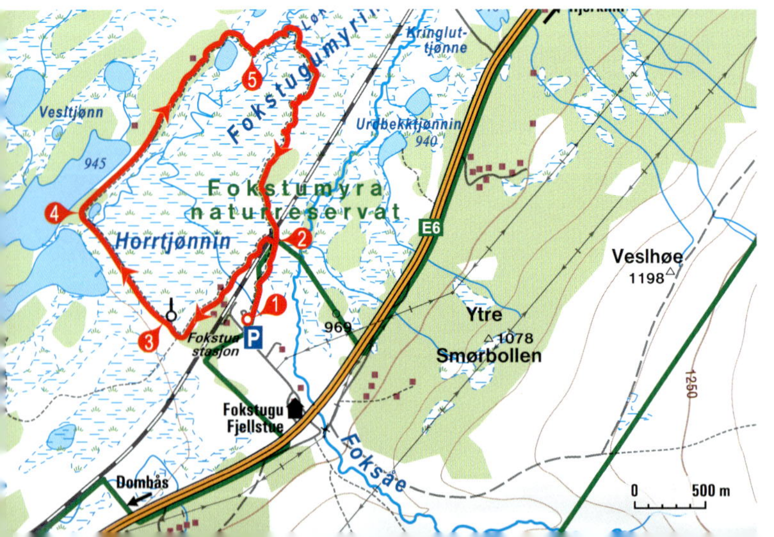

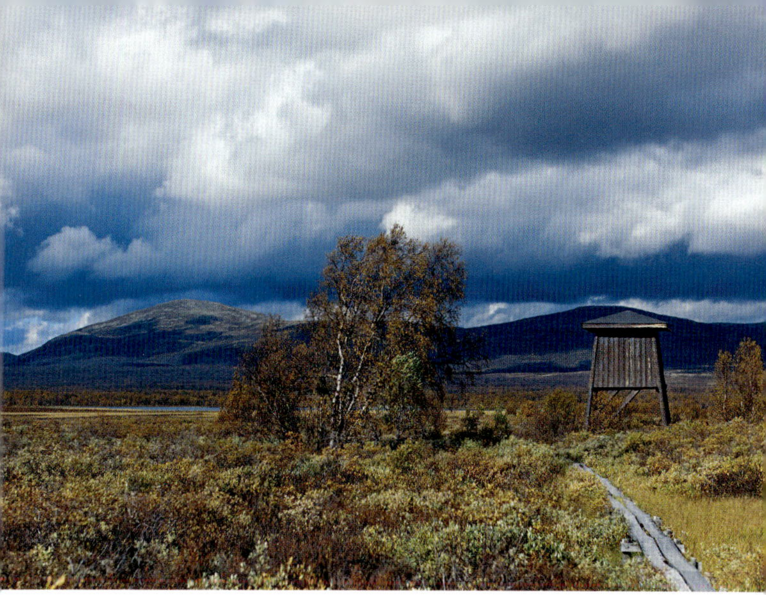

Vogelbeobachtungsturm am Bohlenweg durch das Moor Fokstumyra.

der Eröffnung der Dovrebahn 1921 bis 1990 hatte das Hotel einen eigenen Bahnhof.

Der **Parkplatz ❶** befindet sich in Sichtweite des historischen hölzernen Bahnhofsgebäudes Fokstua stasjon, das im Stil des norwegischen Neobarock errichtet wurde und unter Denkmalschutz steht; Architekt war wie bei allen anderen Bahnhofsgebäuden von Dombås bis Støren Erik Glosimodt. An der Naturreservats-Übersichtstafel gegenüber der Parkplatz-Zufahrt beginnt der wegen des feuchten Untergrundes überwiegend auf aufgeständerten Holzbohlen geführte Naturlehrpfad, der aussichtsreich mooreinwärts führt, nach Unterqueren der **Dovrebahntrasse ❷** in einer wasserreichen Unterführung links im Uhrzeigersinn durch das Moorgebiet Fokstumyra leitet und nach einer Rechtskurve einen **Vogelbeobachtungsturm ❸** erreicht – ein aussichtsreicher Platz für eine Rast. Die ältesten Berichte vom Vogelreichtum des Moores stammen aus dem 19. Jh. Als 1916–21 die Dovrebahn durch das Moor gebaut wurde, verschwanden fast alle Vögel; Ornithologen befürchteten, dass sie nie mehr zurückkehren würden. Doch die Vögel gewöhnten sich an die Feuer und Rauch speienden Dampfrösser, und 1923 wurde das Moor als erstes großflächiges Naturschutzgebiet Norwegens ausgewiesen. Vom Aussichtsturm und während des Rundgangs lassen sich Kraniche, Kampfschnepfen, Moorfalken, Kornweihen, Sumpfohreulen, Blesshühner, Bachstelzen und viele andere Vögel beobachten. 140 Arten sind registriert, darunter 70, die hier brüten. Damit ist das Moor als Brutgebiet ebenso wichtig wie als Rastplatz für Zugvögel, sein Seenreichtum macht es zudem zu einem wichtigen Rückzugsgebiet für Wasservögel. Seine landschaftliche Schönheit gründet unter anderem darin, dass das Moor an der Baumgrenze liegt und beeindruckende Aufblicke in die umgebende Bergwelt gewährt. Den Untergrund dominieren Glimmerschiefer und Tonglimmerschiefer, die zu einem reichen Nährboden für Pflanzen verwittern.

Der schmale Bohlenweg, an dem erweiterte Wartebuchten das Passieren entgegenkommender Wanderer ermöglichen, führt am südlichen Horrtjønnin-See vorbei und erreicht nach Überqueren des Wasserlaufs Løken vorübergehend **trockeneres, von Bäumen bestandenes Gebiet** 4; in dem

Am See Horrtjønnin mit Aufblick auf die Höhenzüge im westlichen Dovrefjell.

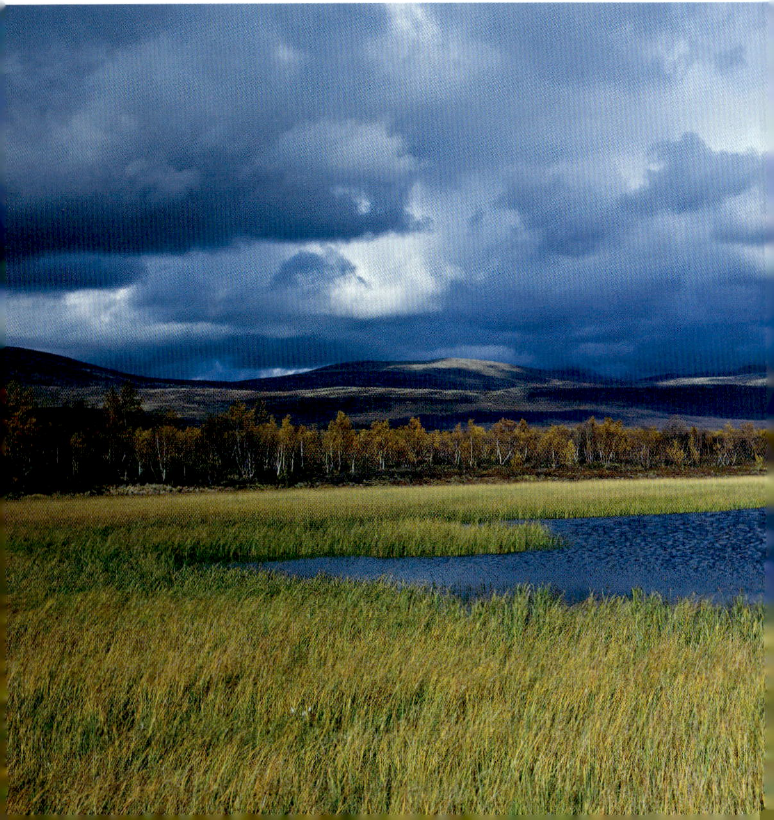

der Naturlehrpfad rechts auf den historischen Almweg Gamle Nysetervegen wechselt. Auf dem nun folgenden Wegabschnitt beeindrucken die Drumlins, lang gestreckte, ovaloide oder tropfenförmige Höhenrücken, die beim Gletschervorstoß unter dem Eis aus unverfestigten Sedimenten und Grundmoränenmaterial aufgehäuft wurden. Die Flachseite eines Drumlins zeigt stets in Gletschervorstoßrichtung, die Steilseite befindet sich auf der Gletscherherkunftsrichtung; im Moor Fokstumyra bewegten sich die Gletscher von Südwesten nach Nordosten. Am Nordrand des Moores führt der Naturlehrpfad über einen **Drumlin** 5 mit markanter Walrückensilhouette hinweg, ehe er erneut den Løken überquert – er mündet wenig unterhalb in die Veslåa, einen Quellbach der Folla – und auf Holzbohlen zurück zur wasserreichen **Unterführung** 2 und zum **Parkplatz Fokstugu** 1 beim ehemaligen Bahnhof führt.

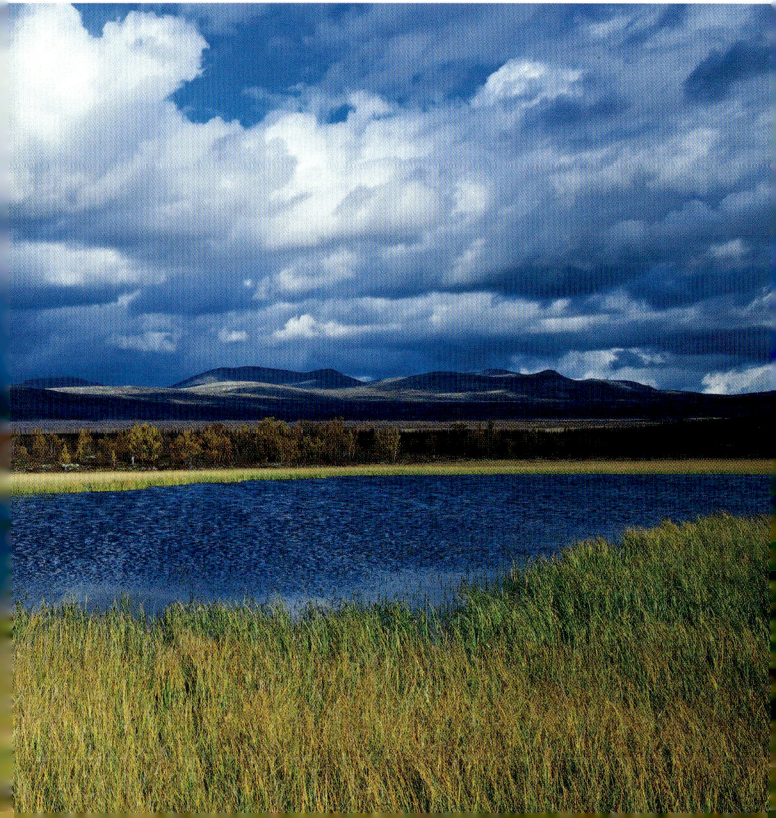

↗ 600 m | ↘ 600 m | 21.2 km

10.00 h

49 Hjerkinn – Hjerkinnshøe

Königsweg über das Dovrefjell

Die aussichtsreiche Überquerung der Hjerkinnshøe mit Blick auf die höchsten Dovrefjell- und die Rondane-Gipfel ist die Top-Etappe des in Deutschland »Olavsweg« genannten Königs- und Pilgerwegs. Das »Tor« im Nordhang der Hjerkinnshøe auf der Grenze von Mittel- und Südnorwegen markiert den symbolischen Übergang von Süd- nach Mittelnorwegen – von hier führt der Königs- und Pilgerweg hinab ans Meer zu seinem Ziel, dem Nidarosdom in Trondheim, die Krönungskirche der Könige Norwegens.

Ausgangspunkt: Hjerkinn Fjellstue, 960 m, in der Gemeinde Dovre. Anfahrt auf der E 6 von Dombås Richtung Oppdal, in Hjerkinn rechts auf die Fv 29 nach Folldal abzweigen.

Anforderungen: Leichte Wanderung.
Unterkunft: Hjerkinn Fjellstue, Herberge mit 70 Betten, 12 Schlafplätzen im Selbstversorgerbereich und Campingplatz.
Karte: Turkart 1:50.000 Snøhetta.

Die Bergherberge **Hjerkinn Fjellstue** ❶ ist Norwegens ältester Familienbetrieb; Hotel, Restaurant, Campingplatz und Pilgerherberge werden derzeit in der 12. und 13. Generation von der Familie Hjerkind betrieben. Die Eysteinkirche wenige Hundert Meter westwärts wurde 1969 zu Ehren von König Eystein I. Magnusson eröffnet, der während seiner Herrschaft 1103–23 als Erster Schutzhütten für Reisende am Königsweg hatte bauen lassen; Eystein war es auch, der die rorbuer genannten roten Fischerunterkünfte auf den Lofoten errichten ließ. In der Saga der Magnussöhne lässt Snorri Sturluson König Eystein zu seinem königlichen Bruder, dem Kreuzfahrer Sigurd I., sagen: »In Dovre habe ich Berghütten errichten lassen. Dort sind viele Reisende früher erfroren. Vielleicht ist das nur eine Kleinigkeit, aber dem norwegischen Volk ist besser damit gedient, dass ich Berghütten errichten lasse, als wenn du im Sarazenenland Mohren umbringst und zur Hölle schickst.«
Von der Herberge führt der Königs- und Pilgerweg Richtung Kongsvold zwischen Fjellbirken aufwärts, vereinigt sich mit dem von der Kirche heraufführenden Weg, passiert die Baumgrenze und tritt in das Landschaftsschutzgebiet Hjerkinn/Kongsvold/Drivdalen ein. Das Schutzgebiet bildet

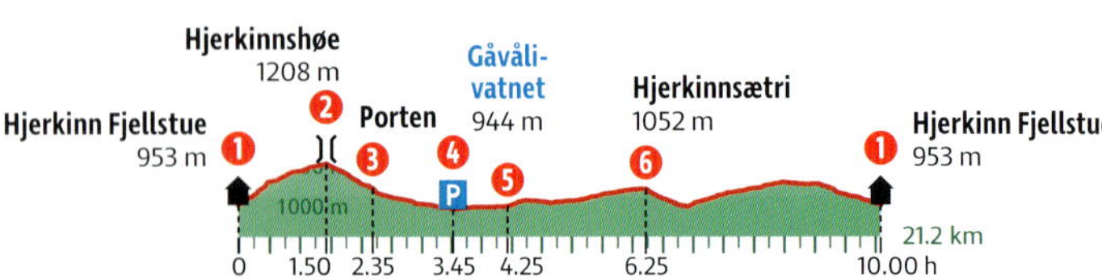

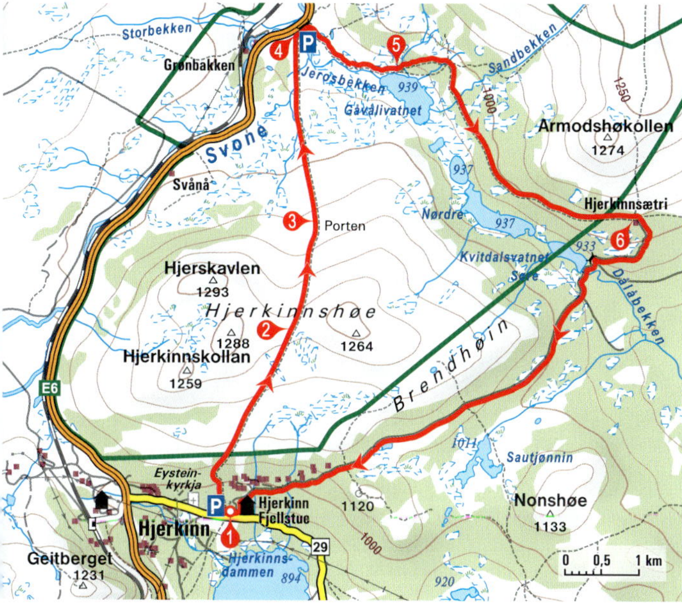

das Bindeglied zwischen den von der E 6 durchschnittenen Teilen des Nationalparks Dovrefjell-Sunndalsfjella. Der Hang ist relativ steil, der Weg bequem und aussichtsreich: Seit dem Mittelalter soll er von 41 norwegischen Königen benutzt worden sein, die übers Dovrefjell zur Krönung nach Trondheim zogen. Auf der **Hjerkinnshøe** ❷ lohnt es sich, die sanften Kuppen östlich und westlich des Sattels zu begehen und die gigantische Aussicht zu genießen: Blickfang im Westen ist die Snøhetta, der höchste Dovrefjell-Gipfel, südwärts schweift der Blick über den Nationalpark Dovre hinweg zu den Rondane-Zweitausendern, im Nordosten ist die Forollhogna im gleichnamigen Nationalpark in Sicht, und im Südosten grüßen die markanten Berggestalten von Sølnkletten und Sølen herüber, während sich nordwärts die Trøndelag-Berggebiete bis hinab zum Trondheimsfjord erstrecken.

Von der Passhöhe senkt sich der Königsweg zum **Porten** ❸; an das historische »Tor« zwischen Süd- und Mittelnorwegen erinnert ein Pfahl mit den Aufschriften Dovre (südlich), Oppdal und Porten. Der letzte König, für den hier ein Willkommenstor errichtet wurde, war Karl XV. von Schweden und Norwegen, der die Hjerkinnshøe während seiner Krönungsfahrt 1860 überschritt. Anlässlich jeder Krönungsfahrt wurde ein neues Tor errichtet,

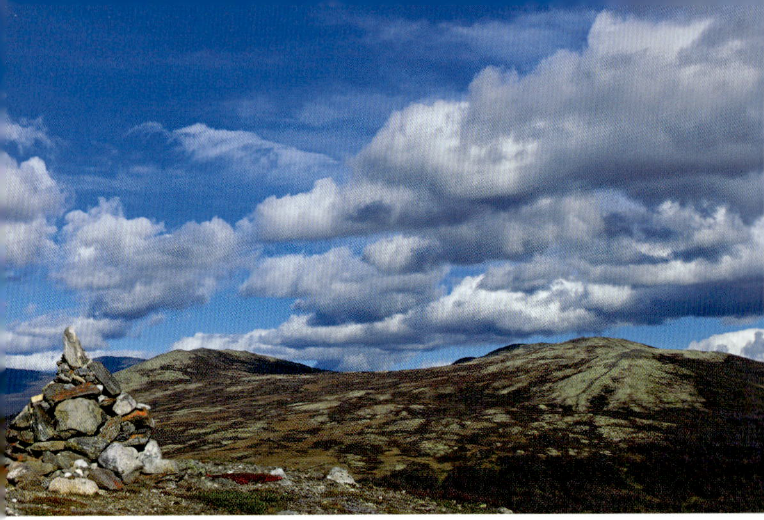

Rentierflechten schmücken die doppelkuppige Hjerkinnshøe.

die Nachbildung eines Tors aus dem 18. Jh. steht am **Pilgerweg-Parkplatz Grønbakken** 4, zu dem der Königs- und Pilgerweg aussichtsreich hinabführt. Der Parkplatz befindet sich an der E 6 im oberen Drivdalen nahe des ehemaligen Bauhofs Grønbakken und wird auch als Parkplatz Grønbakken sør bezeichnet; der Quellfluss heißt hier noch Svone, ab der Einmündung der Kaldvella wenige Hundert Meter weiter talwärts trägt der Fluss den Namen Driva.

Vom Parkplatz geht es wenige Dutzend Meter nordwärts an der Europastraße entlang, über die Brücke an der Mündung des Bachs Jerosbekken und dahinter scharf rechts (während der Pilgerweg ein Stück weiter nördlich den Hang hinaufführt). Ein Weg – später Pfad – folgt dem Jerosbekken in aussichtsreichem Gelände aufwärts zum **Gåvålivatnet** 5 und an weiteren Angelseen vorbei zur Wegekreuzung an der Pferde-Alm **Hjerkinnsætri** 6 im Quellgebiet des Jerosbekken. Hier stoßen wir auf den früheren Pilgerweg, der durch das Kvitdalen und östlich der Knutshøa durchs Fjell führte; die heutige Route auf dem Vårstigen durch das Drivdalen wurde erst 1704 angelegt, damit König Frederik IV. in der Kutsche reisen konnte. Bei klarer Sicht ist es lohnend, nordwärts auf die aussichtsreiche Armodshøi zu wandern. Der beschilderte Weg zurück nach Hjerkinn folgt dem mittelalterlichen Pilgerweg hangabwärts in den Fjellbirkenwald. Nach Überqueren des Dålåbekken auf einer festen Brücke führt der für den öffentlichen Verkehr gesperrte Wirtschaftsweg Kvitdalsvegen – ein beliebter Ski- und Radwanderweg – mit immer wieder weiter Aussicht hinab zum Ausgangspunkt an der **Hjerkinn Fjellstue** 1.

↗ 160 m | ↘ 160 m | 3.6 km

TOP **50**

1.35 h

Hjerkinn – Viewpoint Snøhetta – Tverrfjellet

Naturlehrpfad mit Snøhettablick und Moschusochsen

Der Naturlehrpfad zum Aussichtsraum Viewpoint Snøhetta am Tverrfjellet ist zum meistbegangenen Wanderweg neben dem Besseggen avanciert. Das Tverrfjellet ist der am leichtesten erreichbare Panoramahügel im Dovrefjell und ein lohnenswertes Ziel mit exzellentem Blick zur Snøhetta. Der Viewpoint ist auch ein Infopoint und fungiert als Wildren- und Mochusochsen-Beobachtungsstätte: Die Mitnahme eines Fernglases ist zu empfehlen.

Ausgangspunkt: Parkplatz Tverrfjell gruver, 1100 m, in Hjerkinn in der Gemeinde Dovre. Anfahrt auf der E 6, in Hjerkinn der Beschilderung Richtung »Viewpoint Snøhetta« folgen.
Anforderungen: Leichter Weg, Pfad.
Karten: Turkart 1:50.000 Snøhetta oder Turkart 1:100.000 Dovrefjell-Sunndalsfjella.

Während die militärischen Altlasten zwischen Hjerkinn und Snøheim die Annäherung an den höchsten Dovrefjell-Gipfel erschweren, ist der Viewpoint Snøhetta im Rahmen einer kurzen Wanderung jederzeit erreichbar.
Der Parkplatz auf dem renaturierten Gelände der ehemaligen **Tverrfjell gruver** ❶ oberhalb von Hjerkinn bietet schon ein beachtliches Panorama: Im Nordwesten leuchtet der Gletscher im Snøhetta-Kar, im Nordosten runden sich die Hjerkinnshøe und die doppelgipflige Knutshøa, zwischen Parkplatz und Snøhetta-Massiv öffnet sich das weite Svånådalen, durch das der höchste Quellfluss des Raftingflusses Driva fließt.
Vom Parkplatz führt der Naturlehrpfad relativ aussichtsreich aufwärts und informiert über die Jagd auf Rentiere seit dem Ende der letzten Eiszeit vor 10.000 Jahren. Die Errichtung des Naturlehrpfads wurde vom Wildrenzentrum Norsk Villreinsenter Nord (am Bahnhof Hjerkinn) angeregt.
Geruhsam führt der Wanderweg hinauf zum sehenswerten Holz-Glas-Gebäude **Viewpoint Snøhetta** ❷. Es wurde 2011 vom Architekturbüro

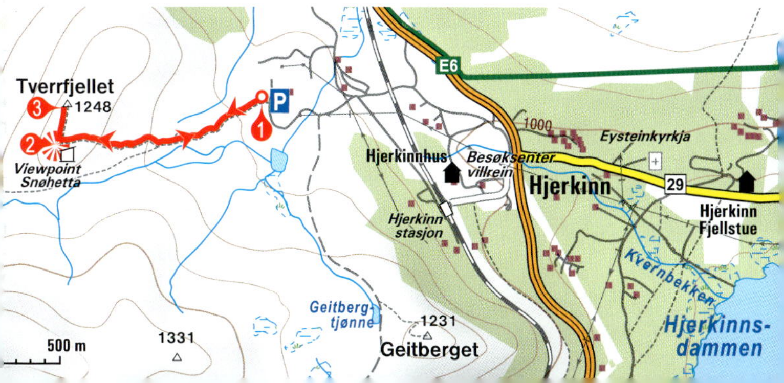

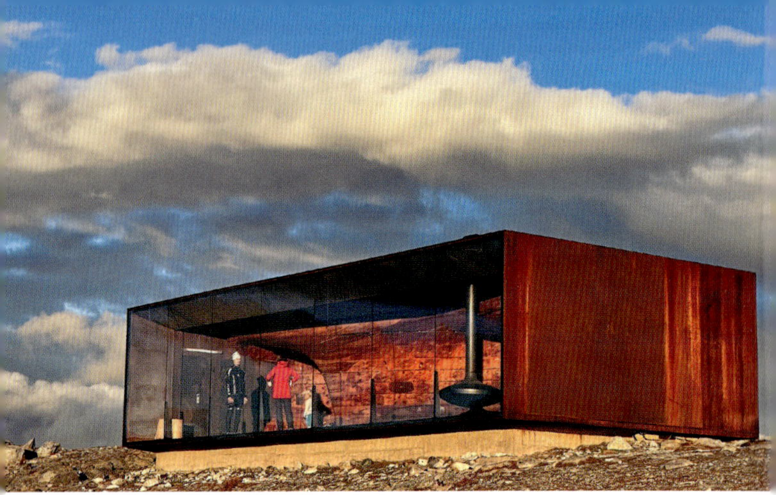

Moderne Architektur, der Viewpoint Snøhetta.

Snøhetta Arkitektur og Landskap entworfen, von dem auch die Pläne für die schneeweiße Osloer Oper stammen. Wenn der Wind pfeift, findet man im Viewpoint Schutz und kann durch die Glasscheibe, die die gesamte Vorderfront einnimmt, nach Wildrens und Moschusochsen Ausschau halten. Die mit den Ziegen verwandten Moschusochsen sind Symboltiere der Arktis, das über einem kaschmirweichen Unterfell fast bis zu den Hufen herabhängende Winterfell verleiht dem Wappentier der Gemeinde Dovre ein massiges Aussehen. 1931 wurde eine Herde aus den Tundren Grönlands im Dovrefjell eingebürgert, heute leben hier mehr als 300 Tiere. Wanderer halten wegen der spitzen Hörner und der Verteidigungsdistanz einen Sicherheitsabstand von mindestens 200 m.
Zwischen dem Viewpoint und dem Snøhetta-Massiv ist im arktischen Svånådalen das Gelände des ehemaligen Truppenübungsplatzes Hjerkinn in Sicht. 2005 begann unter der Regie der Bauabteilung Forsvarsbygg des Verteidigungsministeriums die Renaturierung des zerschossenen Geländes, das noch voller Blindgänger ist; die größte Renaturierungsmaßnahme in der Geschichte Norwegens soll 2030 abgeschlossen sein.
Vom Viewpoint führt ein breiter Pfad aussichtsreich auf den nahen Gipfel des **Tverrfjellet** ❸. Hier kann man neben einem kleinen gelben Funkturm noch einmal das Panorama auf sich wirken lassen. Dann geht es auf demselben Weg zurück zum Parkplatz auf den ehemaligen **Tverrfjell gruver** ❶.

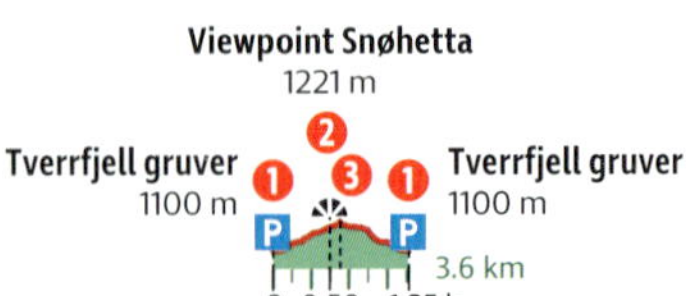

↗ 815 m | ↘ 815 m | 11.7 km

5.40 h

TOP

51 Snøheim – Snøhetta

Auf das Dach des Dovrefjells

Die vergletscherte Snøhetta ist die höchste Erhebung des Nationalgebirges Dovrefjell und Norwegens höchster Gipfel außerhalb des Jotunheimen-Gebirges. Die majestätische Schneehaube überragt das Umland um 1675 m und galt bis Mitte des 19. Jahrhunderts als höchster Gipfel des Landes. Anders als bei den vergleichsweise dicht beieinander aufragenden Gipfeln im Jotunheimen ist hier im Umkreis von 82 km kein Berg zu finden, der auch nur annähernd so hoch ist – entsprechend umfassend ist die Aussicht.

Ausgangspunkt: Snøheim, 1474 m, DNT-Herberge, in der Gemeinde Dovre. Vom Bahnhof Hjerkinn an der Dovrebahn in 30 Min. mit dem Bus erreichbar. Der Bus fährt derzeit täglich von Hjerkinn nach Snøheim: um 8.30, 9.45, 13.00, 16.30 und 19.00 Uhr. In Snøheim fährt der Bus um 9.00, 10.15, 14.30, 17.30 und 19.40 Uhr Richtung Hjerkinn ab. An schönen Sommertagen können sich an der Bushaltestelle Schlangen bilden, weshalb es ratsam ist, an der Herberge Hageseter in den Bus zu steigen; der Bus fährt dort täglich um 8.10 Uhr ab und ist um 18.15 Uhr wieder zurück.
Anforderungen: Trittsicherheit und Kondition, bei starkem Wind und/oder Wolken soll die Snøhetta nicht erstiegen werden.
Unterkunft: Snøheim, DNT-Herberge mit 80 Betten, geöffnet von Mitte Juni bis Mitte Okt.
Variante: Besteigung des Snøhetta-Westgipfels (900 Hm, 8 Std.).
Karten: Turkart 1:50.000 Snøhetta oder Turkart 1:100.000 Dovrefjell-Sunndalsfjella.

Blick zur Snøhetta.

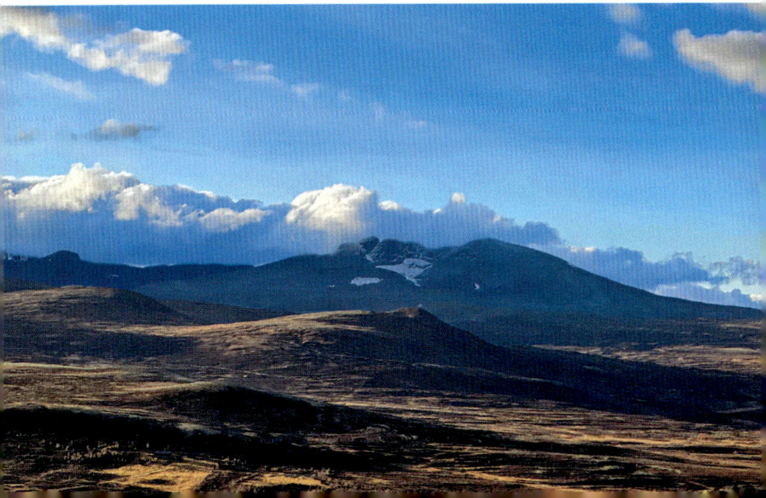

Die Herberge **Snøheim** ❶ mit Blick zur Snøhetta liegt an einem See im Tal des Flusses Stridåi, sie ist bereits die zweite DNT-Herberge an dieser landschaftlich beeindruckenden Stelle. Die 1952 eröffnete erste Herberge hieß Reinheim; das damalige Flaggschiff des Wandervereins wurde 1959 vom Verteidigungsministerium übernommen und in »Snøheim« umbenannt; während militärischer Übungen wurde das Gebäude unbewohnbar. Nach der Auflösung des Truppenübungsplatzes begann die Restaurierung, begleitet von einem Streit über den Namen: Snø- oder Reinheim? 2012 wurde die neue Herberge unter dem Namen Snøheim eröffnet, weil es mittlerweile schon eine andere Hütte namens Reinheim gab: die 1961 im benachbarten Stroplsjødalen eröffnete Selbstversorgerhütte. Vor der Herberge überquert der ausgeschilderte Weg auf einer Brücke den Seeausfluss und führt westlich des Sees aussichtsreich aufwärts zu einer **Verzweigung** ❷: Während die Route zum Snøhetta-Westgipfel (Vesttoppen) hier links zum Gletschersee Istjørni abzweigt (Variante), leiten die T-Markierungen Richtung Stortoppen grob geradeaus aufwärts, durchqueren den aus dem Gletschersee austretenden höchsten Quellbach der Stridåi – bei hohem Wasserstand muss man trotz der Trittsteine die optimale Furt suchen – und führen hinauf zur ehemaligen Berghütte **Gamle Reinheim** ❸. Von der Ruine, an der viele eine aussichtsreiche Rast einlegen, führt der T-Steig hinauf auf den Ostkamm, wo er die **Reinheim-Aufstiegsroute** ❹ aufnimmt. Von der Verzweigung geht es auf dem Kamm aufwärts zum **Stortoppen** ❺, zuletzt auf Schnee. Eine dieselgeneratorbetriebene Radiosendestation sowie ein Helikopterlandeplatz beeinträchtigen die ansonsten vollkommene Ästhetik des Snøhetta-Hauptgipfels (weshalb viele den niedrigeren Vesttoppen vorziehen). Der Blick schweift vom Rondane-Gebirge bis zu den Zweitausendern im Nationalpark Jotunheimen, von den alpinen Gipfeln im Trollheimen über die Hochflächen, die sich an der Grenze zu Schweden erstrecken, bis hin zum Sølnkletten, zum Tron und zum Sølen-Massiv.

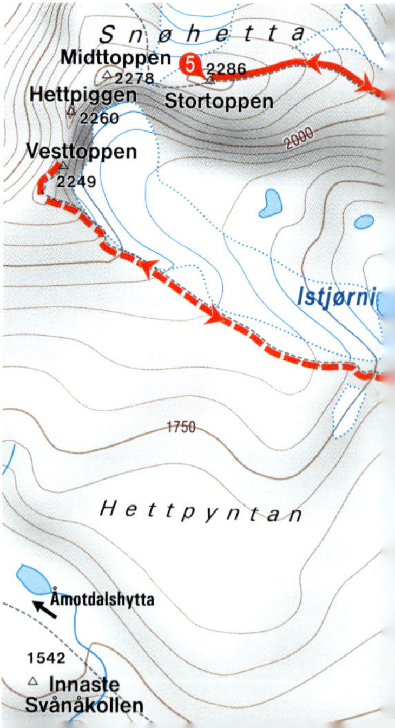

Der Geologe Jens Esmark erwanderte die Snøhetta 1801 von den Hjerkinn-Erzgruben aus; es war die erste dokumentierte Besteigung eines Hochgipfels in Norwegen. Zu dieser Zeit galt die Snøhetta als höchster Berg Norwegens, und als nach der Unabhängigkeit des Landes von Dänemark eine gewählte Reichsversammlung in Eidsvoll am 17. Mai 1814 die bis heute gültige Verfassung beschwor, ging das Dovrefjell als vermeintlich höchstes Gebirge in die Eidesformel ein, mit der die Verfassung verabschiedet wurde: »einig und treu, bis Dovre fällt«. Esmark ermittelte mit dem Barometer eine Höhe von 2510 m (tatsächlich sind es 2286 m) und vermied in seinem Bericht den Hinweis darauf, dass es sich um den höchsten Gipfel Norwegens handele, denn er hatte von Bauern gehört, dass es weiter westlich höhere gebe: jene des Jotunheimen, die erst ab den 1850er-Jahren erstiegen und vermessen wurden.

Der Abstieg nach **Snøheim** ❶ folgt derselben Route. Der letzte Bus fährt derzeit um 19.40 Uhr zum Bahnhof Hjerkinn zurück bzw. um 15.15 Uhr nach Hageseter.

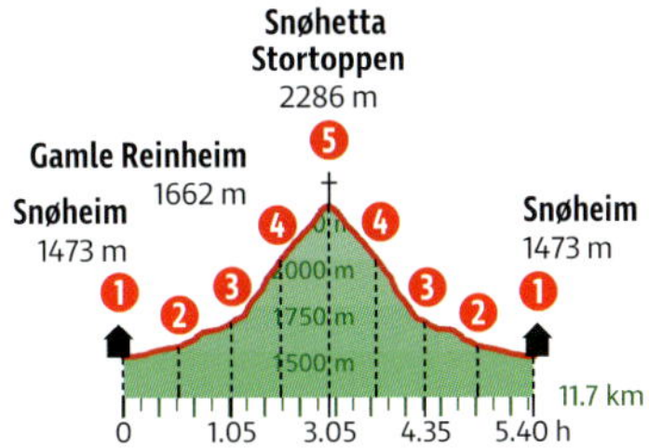

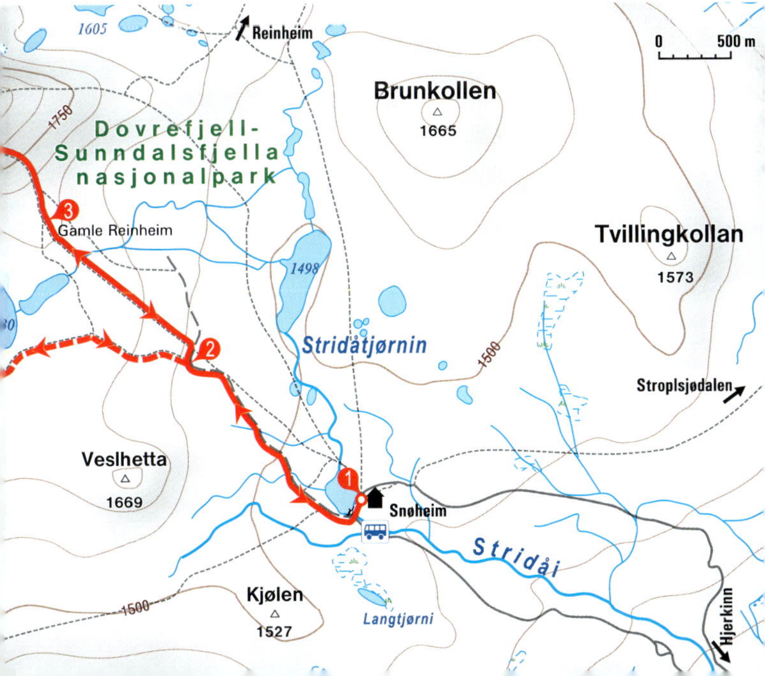

↗ 730 m | ↘ 730 m | 28.9 km

52 Snøheim – Åmotdalshytta

2 Tage

Rund um das Snøhetta-Massiv

Die Umrundung des höchsten Dovrefjell-Bergmassivs führt vor allem im Westteil durch eine glazial überformte Landschaft mit arktischem Gepräge. Übernachtet wird in der verproviantierten Selbstversorgerhütte Åmotdalshytta.

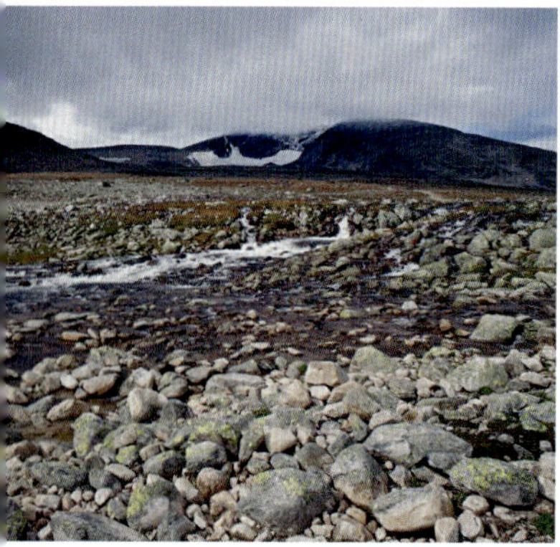

Die Snøhetta vor uns.

Ausgangspunkt: Snøheim, 1474 m, DNT-Herberge in der Gemeinde Dovre. Anfahrt siehe Tour 51.
Anforderungen: Trittsicherheit und Kondition in passagenweise grobblockigem Gelände.
Unterkunft: Snøheim DNT-Herberge mit 80 Betten. Åmotdalshytta, verproviantierte DNT-Selbstversorgerhütte mit 30 Betten.
Karten: Turkart 1:50.000 Snøhetta oder Turkart 1:100.000 Dovrefjell-Sunndalsfjella.

1. Tag: Snøheim – Åmotdalshytta (5.00 Std., 320 m An- und 490 m Abstieg)

Von der Herberge **Snøheim** ❶ führt der ausgeschilderte und mit dem roten Touren-T markierte Pfad in Richtung der verproviantierten Selbstversorgerhütte Reinheim. Er folgt in steinig-grasigem Gelände einem der Quellbäche der Stridåi an kleineren Seen und dem größeren See Stridåtjørnin vorbei zur **Reinheim-Verzweigung** ❷ im Sattel zwischen Snøhetta und Brunkollen; hier verläuft die Wasserscheide zum Stroplsjødalen, in dem Reinheim liegt. Der Name der Hütte verweist auf den Wildrenstamm im Snøhettagebiet.
Die Schilder Richtung Åmotdalshytta zeigen links hinauf zur **Kreuzung** ❸ mit der Reinheim-Snøhetta-Aufstiegsroute, dahinter überschreitet der T-Steig den Snøhetta-Nordostrücken und senkt sich aussichtsreich zu einer weite-

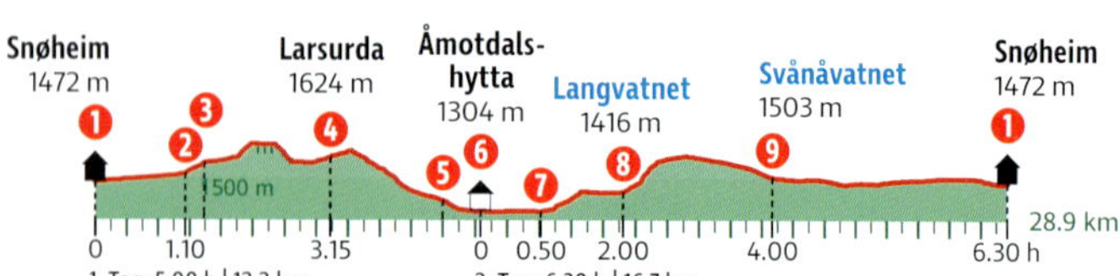

ren Reinheim-Verzweigung im grobblockigen Gebiet **Larsurda** ❹. Wenig später beginnt auf Höhe P 1698 der Abstieg: Der Pfad vereinigt sich mit dem Reinheim-Åmotdalshytta-Wanderpfad, nimmt die **Snøhetta-Åmotdalshytta-Abstiegsroute** ❺ auf und erreicht die verproviantierte Selbstversorgerhütte **Åmotdalshytta** ❻ im hochflächenartig weiten obersten Bereich des Åmotsdalen. Die Åmotselva ist ein linker Nebenfluss der Driva; sie mündet nahe der Zickzackschlucht Magalaupet oberhalb von Oppdal.

2. Tag: Åmotdalshytta – Snøheim (6.30 Std., 410 m An- und 240 m Abstieg)

Von der Hütte **Åmotdalshytta** ❻ führen die T-Markierungen südwestwärts am See Åmotsvatnet entlang zur **Pfadverzweigung** ❼ im Südbuchtbereich: Hier beginnt der Anstieg zur Pfadverzweigung am See **Langvatnet** ❽, wo man rastend Kraft schöpft für den letzten größeren Anstieg im schluchtartigen Gelände zwischen Larstinden und Store Langvasstinden. Am höchstgelegenen See zwischen den vergletscherten Massiven von Snøhetta und Svånåtindan, dem **Svånåvatnet** ❾, ist der Aufstieg geschafft; aus dem Svånåvatnet tritt die Svone aus, der höchste Quellfluss der Driva. Vom See leiten die Markierungen im steinigen Hang über dem Svonetal zurück zur Herberge **Snøheim** ❶.

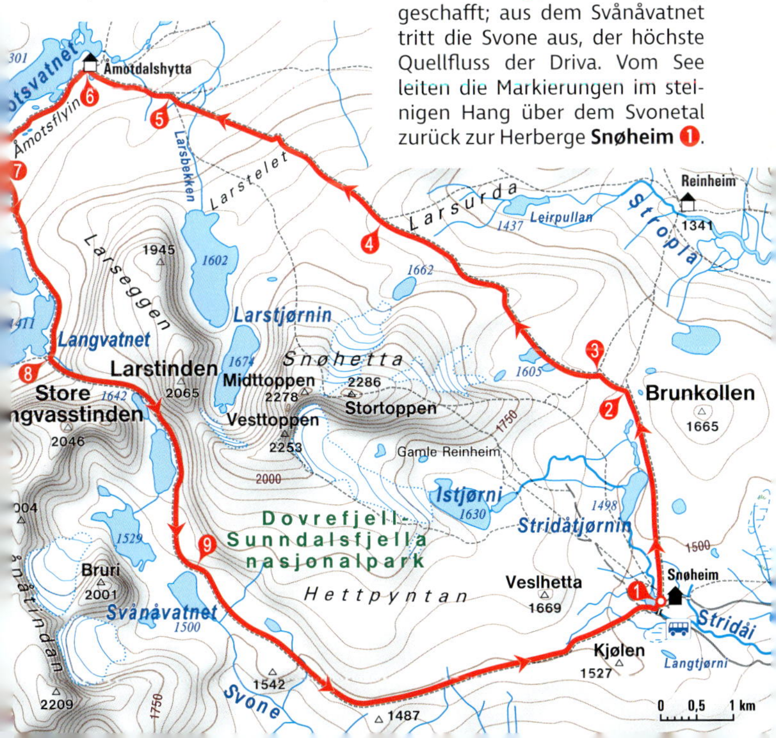

STICHWORTVERZEICHNIS

Umschlagbild: Blick zum Austanbottstinden-Massiv in der Hurrungane-Gruppe des Jotunheimen-Gebirges.

Bild im Innentitel: An der Grenze zum Jotunheimen nasjonalpark am Rasletinden.

Bild auf S. 42/43: Blick auf das Massiv der Snøhetta (rechts) und das Massiv des Svånåtindan (links).

Alle 90 Fotos von Bernhard Pollmann, ausgenommen die Fotos der Seiten 1, 2, 9 oben rechts, 24, 25, 38, 39, 87, 102, 176 und 177 (Tobias Kostial), 11, 13, 17, 18, 21, 26, 27, 36, 37 (Jakob Kostial).

Kartografie:
52 Wanderkärtchen im Maßstab 1:50.000, 1:75.000, 1:100.000 und 1:300.000
Geodaten © OpenStreetMap und Mitwirkende, kartografisches Design: Freytag & Berndt Prag, freytagberndt.cz
sowie 2 Übersichtskarten im Maßstab 1:1.000.000 und 1:2.000.000
© Freytag & Berndt, Wien

Werk-Nr.: 4435

4., überarbeitete Auflage 2023

ISBN 978-3-7633-4674-5

MIX
Papier aus verantwortungsvollen Quellen
FSC® C021956

Wir freuen uns über jeden Korrekturhinweis zu diesem Wanderführer!
Bitte per E-Mail an: leserzuschrift@rother.de

ROTHER BERGVERLAG · Keltenring 17 · D-82041 Oberhaching
Tel. +49 89 608669-0 · rother.de